"博学而笃志,切问而近思。"
（《论语》）

博晓古今,可立一家之说;
学贯中西,或成经国之才。

复旦博学·复旦博学·复旦博学·复旦博学·复旦博学·复旦博学

作者简介

孙荣，男，1953年3月生于上海。1983年毕业于复旦大学分校后留校工作。曾任上海大学行政管理学系主任、文学院副院长（主持工作），现为同济大学文法学院教授、中国行政管理学教学研究会常务理事、上海市行政管理学会副秘书长、上海市政治学会副秘书长。主要从事行政学、政治学方面的教学与科研工作，发表《系统论、信息论、控制论在行政管理中的应用》、《官僚主义问题》、《行政管理教学改革刍议》、《我国公民的权利和义务制度》等论文数十篇，出版《行政管理学概论》、《行政公关》、《办公室管理》等著作15种。1993年起享受国务院授予的政府特殊津贴。

许洁，女，1973年12月生于宁波。1998年毕业于合肥工业大学人文经济学院，获法学硕士学位。同年起于同济大学文法学院任教，主要从事经济学、可持续发展理论研究与教学。曾发表有关论文若干篇。

公共管理基础系列

政府经济学

孙荣　许洁　编著

复旦大学出版社

内容提要

本书侧重从行政学、政治学的视角（这也是本书较之同类书的最大特色），采用历史和逻辑相结合的方法，考察市场经济中政府的经济职能，着重探讨下列五个问题：1.为何需要政府在市场经济中担任角色；2.政府如何在市场经济中管理经济；3.政府管理宏观经济的基本原理与方法（包括如何处理中央与地方的关系）；4.政府如何改进管理效能；5.在社会主义市场经济条件下，我国可以向西方发达市场经济国家借鉴什么。

政府经济学是高等院校公共管理学专业学生的必修课程，本书适宜于作为各大专院校公共管理（尤其是行政管理）及相关专业的基本教材。

目 录

前 言 1

第一章 绪论 1
  第一节 政府经济学概述 1
  第二节 政府经济学与相关学科的关系 7
  第三节 政府经济职能的地位和作用 11
  复习思考题 20

第二章 看不见的手——市场 21
  第一节 市场的基本原理 21
  第二节 自由竞争市场的均衡 30
  第三节 市场失灵与政府的经济角色 34
  复习思考题 40

第三章 对政府在市场经济中作用认识的历史演进 41
  第一节 市场经济秩序的确立与国家权力的退却 41
  第二节 市场失败与国家权力的再度增长 45
  第三节 政府干预陷入困境与新自由主义的兴起 53
  第四节 简短的小结 64
  复习思考题 65

第四章 政府经济管理行为 67
  第一节 政府经济管理行为产生的条件和基础 67
  第二节 市场经济中的政府领导角色转变 73
  第三节 政府经济管理者的行为 74
  复习思考题 80

第五章　政府管理宏观经济的基本原理与方法 ……………… 81
第一节　宏观经济管理概述 ……………………………………… 81
第二节　宏观经济管理过程的程序 ……………………………… 95
第三节　宏观经济管理的方法 …………………………………… 109
复习思考题 ………………………………………………………… 127

第六章　政府失败与政府管理效能改进 ……………………… 128
第一节　西方政府失败理论 ……………………………………… 128
第二节　政府经济管理效能的改进 ……………………………… 137
复习思考题 ………………………………………………………… 144

第七章　重塑政府 ………………………………………………… 145
第一节　重塑政府的意义 ………………………………………… 145
第二节　政府能力与作用的一致 ………………………………… 150
第三节　提高政府运作效率的途径 ……………………………… 155
第四节　市场全球化与超国家调节 ……………………………… 159
复习思考题 ………………………………………………………… 166

第八章　中央和地方的经济关系 ……………………………… 167
第一节　中央和地方关系的历史沿革 …………………………… 167
第二节　中央和地方关系的国际比较 …………………………… 175
第三节　正确处理中央和地方的经济关系 ……………………… 181
复习思考题 ………………………………………………………… 187

第九章　西方发达国家政府经济行为的实践 ………………… 188
第一节　美国的自由经济与政府经济行为 ……………………… 188
第二节　德国的社会市场经济和政府经济行为 ………………… 201
第三节　日本的"政府主导型"市场经济与政府经济行为 …… 211
复习思考题 ………………………………………………………… 218

参考书目 …………………………………………………………… 219

前　言

政府经济学是当代跨学科研究的热门课题。我国行政体制与经济体制高度融合的特点，行政体制改革所处的经济体制转轨的特殊环境，经济体制转轨过程中政府所扮演的主导角色等，说明加强政府经济学研究对我国具有特殊重要的意义。

政府经济学，也称新政治经济学或者公共经济学。正如它的名称一样，它至今没有一个公认的定义。从经济学的视角看，它反映了国家干预主义思潮的抬头；从政治学的视角看，它是后行为主义对行为主义的"反动"。从一般意义上可以说政府经济学主要研究经济化的政治、政治化的经济以及政治与经济的互动关系。所有国家共同面临着如何在混合型经济条件下权衡政府失败与市场失败，以及寻找政府与市场两者平衡点的过程。当代中国社会的转型过渡的特质，更使政治与经济关系具有不同异常的意义。

政府经济学的旗帜下集结了来自不同学科的专家学者，带有不同的学科背景，但经济学色彩的分析居多，这反映了经济理性人假设和个人主义方法在政治学、行政学领域的扩张。纵观已经出版的几本政府经济学的专著教材，都是从公共财政理论、公共选择理论、公共生产理论、公共产品理论、政府调控理论、政府管制理论等角度进行深入研究，对政府与市场关系再思考、再定位，并重新评估了政府的经济职能。

本书采用历史和逻辑相结合的方法来考察市场经济中政府的经济职能。我们认为政府经济学要解决的问题应该从以下几个方面着手：

1. 为什么需要政府在经济中担任角色？因为市场经济中市场机制有其自身不能解决的矛盾，最终导致市场失灵。解决市场失灵就需要依靠政府在经济中发挥作用。

2. 政府如何在市场经济中管理经济？对政府在市场经济中的作用作一番历史考察，得出政府与市场作用的逻辑进程。政府管理经济的主体和组织结构在很大程度上影响政府经济管理效能。必须考察政府经济管理者的行为和政府经济管理组织的行为。

3. 政府在市场经济中管理经济，涉及到政府管理宏观经济的基本原理与方法，以及如何正确处理中央和地方的关系。

4. 政府如何才能进一步改进管理效能。尽管政府能够解决市场失灵问题，但是政府在解决市场失灵问题时也不是万能的，这就产生了政府失灵问题。那就需要改进政府管理效能，重塑政府形象。

5. 在社会主义市场经济条件下，一方面当然需要我们在实践中积极探索政府宏观调控，另一方面也需要学习和借鉴现代市场经济国家的有益经验，从其他国家的实践中得到启示。

综上所述，本教材的整个思路是从计划经济此路不通——市场经济——出现市场失灵现象——政府宏观调控——出现政府失灵现象——重塑政府，这样一个发展过程来阐述政府经济学的，与已出版的政府经济学专著、教材相比，本教材更着重从行政学、政治学的角度进行分析，尚属尝试之举，甚感艰难，由于需要和加上了一点勇气，通过边学、边研究、边写作才得已完成。政府经济学是行政学专业的核心课程之一。在编著过程中，我们运用多年教学中积累的材料，参阅几十种有关著作，力图博取众家之长，衷心感谢这些作者给我们以各类启迪，谨将这些著作列于参考书目之中。由于我们学识疏浅，再加上政府经济学本身就是一门新兴学科，因此书中难免有错误疏漏之处，敬请各位前辈同仁指正。

本书的第一章、第四章、第五章、第六章、第七章的编著由孙荣承担，第二章、第三章、第八章、第九章的编著由许洁承担。在着手写作之前，首先由孙荣初拟了一份写作提纲，后经与许洁讨论和修改，取得共识才定了下来。全书最后由孙荣统稿和定稿。

在本教材编写过程中，得到复旦大学出版社邬红伟编辑和编辑室、出版社领导的很多支持和鼓励，在此表示深深的感谢。

孙　荣
2001 年 5 月于同济大学文法学院

第一章 绪 论

政府经济学,顾名思义,就是研究政府经济行为的一门学科。我们已经知道,无论是市场行为还是政府行为,都是十分复杂的。由于存在市场失灵,政府必然也必须进行经济干预;但政府干预同样存在缺陷。因此,诸如下述的问题就需要进行科学的研究分析,给以正确的回答:政府何时进行干预?怎样干预?为什么政府应从事这项活动而不从事那项活动?政府从事经济活动的范围、方式、途径和效果是什么?这些都是政府经济学所要研究的问题。此外,作为一个经济管理组织,"政府"本身就是一个经济活动主体,自然成为政治学、行政学、经济学研究的对象。20世纪80年代后期以来,经济制度在世界范围内发生了巨大变化,其主要特征是政府在管理经济时的作用遭到削弱,而市场作用得到强调并日益加强。在前苏联地区和东欧国家,斯大林模式的高度的中央计划经济被打破,代之而起的是以私有制为基础的市场经济;在广大发展中国家,经济体制亦纷纷由政府干预型向自由市场经济型转变;即使是发达国家也不能免于这席卷全球的市场化浪潮的影响,如滥觞于里根时期的新保守主义思潮,在实践方面则有美国放松对托拉斯的管制和刚在英国上台的英国工党改变立场,开始赞成将国有资产私有化等等。在这样的形势下,如何处理政府与市场的关系就自然成为学术界争论的焦点,而正确处理两者的关系也成为政府经济学研究的重点。

第一节 政府经济学概述

一、政府与基本经济问题

根据标准的西方经济学理论,每个经济主体都必须解决三个基本经济问题:生产什么、如何生产和为谁生产;对于具有较高独立性的、特殊的经济组织——政府来说,还有如何决策这一基本问题。

(一) 生产什么

在私人部门,生产什么由人们的消费偏好决定,通过市场价格信号引导企业进行生产选择。政府部门的生产选择要复杂许多。

首先,不同的主体的选择不同。政府内部经济主体有三类:既包括"非市场主体"的部门,如国防;又包括"市场主体"部门,如一般的国有企业;还包括"准市场主体"的部门,如教育。对于"非市场主体"部门,生产什么的问题完全决定于"公共选择"的结果;对于"市场主体"部门,生产什么的问题应该由市场价格信号来决定;对于"准市场主体"部门,生产什么的问题由"公共选择"和市场价格信号共同决定。在现实中,三种不同的部门可以有不同的融合方式,加上政府部门可以与私人部门结合,这种种情况都增加了政府部门生产选择的复杂性。

其次,不同产品的选择不同。政府部门生产的产品包括公共品、准公共品和市场产品。公共品如国防、公共安全;准公共品如教育、公共交通;市场产品如国有企业生产的各种产品。不同产品的不同生产选择途径与不同的生产主体的不同生产选择途径相似。一般来说,不同的产品不一定对应不同的生产主体。这涉及下一个基本经济问题:怎么生产的问题。

如果将社会产品简单划分为公共产品和市场产品,这里的公共产品简单定义为政府提供的任何产品和劳务,在社会资源确定的情况下,公共产品的生产与市场产品的生产之间存在相互替代关系。在公共产品与市场产品之间进行的选择是一个公共选择问题而不是市场问题。这种选择的结果对社会经济政治格局有时会产生深刻的影响。如在战争时期公共产品的生产大大超过市场产品的生产。在某些高福利国家,公共产品的产量较大,而在一些自由放任的市场国家,公共产品的产量可能极小。

此外,在社会价值标准与私人价值标准发生冲突时,政府可以对私人产品的生产进行强制性的限制,如政府禁止生产、销售假冒、伪劣商品。

(二) 怎样生产

在私人部门,怎样生产的问题是相互竞争的企业在利润最大化原则的驱动下,通过技术选择来确定。在这个问题上,政府部门的选择同样是复杂的。

首先,政府部门必须选择生产主体。在西方国家,对于公共品,政府可以选择由政府的"非市场主体"部门生产,也可以选择由政府的"市场主体"部门生产,甚至可以由私人部门生产;对于准公共品也有类似的生产选择问题,如教育。有些公共品或准公共品为符合社会价值原则必须由政府的"非市场主体"部门提供,如国防、公共安全和强制性的义务教育。这种生产主体的选择同样可以极大地影响社会的整体经济效益。例如,如果将强制性的义务教育交给政府的"市场主体"部门或私人部门生产的话,整个社会的教育范围和教育水平会发生根本性的变化,直至影响整个社会的发展水平。

其次,同私人部门一样,政府部门也必须选择生产技术。这里牵涉到政府部门或国有企业的效率问题与激励机制问题。一方面,政府部门所提供的公共产品的价值由于缺乏市场价格而难以估计,尤其是政府部门提供的服务;另一方面,政府部门或国有企业的目标事实上是综合目标,像私人企业那样用单一目标衡量是不准确的。这样,政府部门所选择的生产技术或管理方式就不能保证是经济意义上最有效的。而最重要,也是最复杂和难以处理的是激励机制问题。

政府部门还可间接影响私人部门生产方式的选择。政府可以通过税目和税率的结构变化影响私人企业生产方式的选择。政府可以制订劳动法、环境保护法、反托拉斯法等法规,制订产业政策,进行价格补贴等等方式影响私人企业生产方式的选择。

（三）为谁生产

按照西方经济学的观点,在私人部门,收入的分配是由各生产要素的边际贡献所确定。各个经济主体的收入由它所提供的生产要素的价格(边际贡献)和它所拥有的该要素的数量(资源禀赋)共同决定。政府部门的一个主要目标就是纠正私人部门的这一分配方式与社会公平原则之间存在的偏差。除此之外,政府部门生产的产品也存在合理分配问题。对于绝大多数公共产品来说,分配实际是个"公共选择"问题。原因在于,除了极少数公共产品,如国防和公共安全可以绝对平等地消费外,大部分公共产品只为一部分人提供着便利。这些公共产品,政府在决定生产的同时实际上即决定了它的分配,如政府决定在哪里建高速公路,实际意味着政府决定将该公共产品分配给主要使用该公路的消费者。政府部门生产的公共产品的分配除了遵循大多数人受益的原则外,主要受不同的利益集团所支配。由于公共产品的生产必须耗费社会资源,公共产品分配的不公意味着社会资源分配的不公,而公共产品的消费是不需要付出经济代价的。因此,在一定的意义上说,公共产品分配的不公可能比私人部门收入分配不公在社会公平原则上来看更为恶劣。并且,由于公共产品的消费是不需要付出经济代价的,这可导致对公共产品的滥用。

(四)公共选择

公共选择的确定过程,是政府经济学的一个特殊主题。公共选择是指一个社会共同决定作出的选择。例如,选择法律制度,选择国防建设的规模,选择教育经费的多寡等等。一方面,"众口难调",人们的偏好不同,对事物的理解、判断和价值观不同;另一方面,不同的公共产品有不同的受益人,不同的政策会给不同的人带来不同的好处,人们的利益会发生冲突。这一切都使公共选择比个人决策困难程度和复杂程度要大得多。

二、政府经济学的研究内容与范围

在现代西方经济学中,对政府经济行为的研究分散于微观经济学、宏观经济学、金融理论、管理学和公共财政理论等大部分分支学科以及制度经济学、公共选择理论等理论学派的论述之中,较系统的政府经济学的研究较为少见。施蒂格里茨的《公共经济学》以及《政府经济学》,主要从公共财政的角度探讨政府的经济行为。相对来说,他对政府经济行为进行了相当有系统性的研究。综合现代西方经济学中有关政府经济行为的理论,大体上可以将政府经济学的研究内容概括如下。

(一)政府的制度安排及其经济意义

按照新制度经济学的观点,制度是一套涉及社会政治、经济的行为规则。实际上,制度不应仅仅只包含规则,更重要的应包括社会行为的组织方式。政府是一种特殊存在的组织,其中最重要的是政府拥有遍及全社会的强制性的权力。政府自然要运用这一权力来制定符合社会利益的、社会成员必须遵循的行为规则,即进行制度安排。涉及政府的制度方面的问题至少有这样几方面:其一,国家的政治制度,即政体问题。政体是一国的基本制度,各种经济制度安排必然建立在这个基础之上。当然,这个问题主要是政治问题而不是经济问题。其二,政府自身的制度问题。政府自身是制度安排的结果。政府这一组织是怎样建立的?它的运作机制是怎样的?这种制度安排的经济效果如何?等等。政府最重要的经济活动是进行宏观经济管理与决策,这种管理的效果与决策的形成机制密切相关,而政府的决策形成机制就是某种制度安排。又如,政府与国有企业的关系问题,以及国有企业在经济生活中的地位、它的规模等实际都是制度安排问题。其三,政府的制度安排职能。政府可以制订政策、法规、条例来约束市场行为,并且运用国家赋予它的强制性的权力对这些政策、法规、条例等的有效实施进行监督。这项职能是政府最重要的职能之一。政府的三大经济职能都可以通过适当的制度安排来强化。此外,政府还可以通过建立新的组织机构等方式来为市场的有效运作提供帮助和保证。

具体来说,关于政府的制度理论涉及以下诸方面问题:

1. 政府(国家)的产生、演变与性质。这实际上是国家理论。但与政治学不同,政府经济学试图从经济的角度研究国家理论。

2. 政府经济管理的运行机制。这里主要从制度安排角度探讨政府的制度安排及其经济后果。广义地讲,经济运行机制就是一种制度安排。例如,由计划经济向市场经济的转型就是一种制度创新。而具体的,如中央银行经济职能的安排也是一种制度的确立。

3. 政府的决策机制。政府是一个集体组织,它的决策是集体协调的结果。那么,这种协调的过程、结果和意义对于分析政府政策的经济意义与经济后果就是十分重要的。

4. 政府经济行为与产权问题。在微观经济领域,政府经济行为的许多方面都与产权有关。例如,政府应该如何参与微观经济活动,所涉及的产权问题及其后果如何。

当代西方经济学中新制度经济理论在许多方面探讨了政府的制度、制度安排及其经济意义。如"公共选择学派"将政治制度类比于市场制度进行分析,把政治家看成企业家,选民当做消费者,选举制度恰似交易制度;政府就是选民与政治家进行"选举交易"的结果。在这样一个政府形成的机制中,参与者,无论是"卖方"的选民还是"买方"的政治家,都是追求利益最大化的"经济人"。在这个交易的过程中,选民必然会选择对自己最有利的政治家,而政治家必然会采取最有利于他竞选的策略;由于普通选民对竞选的结果影响微弱,政治家必然取悦于某些特殊利益集团。

(二) 政府的经济管理

在现代经济生活中,政府参与经济活动的广度与深度都在日益扩大。政府的经济管理职能也已成为现代各国政府的重要事务之一。这也是政府经济学研究的最主要内容之一。政府管理经济的方式与工具的运用与政府意欲实现的管理目标有关;不同的宏观经济目标可能运用不同的管理工具或各种管理工具不同的结合。政府宏观管理或微观管制的经济目标主要是保证可持续的经济增长、经济稳定和公平原则。在可持续经济增长方面,政府一方面可以通过运用财政与货币工具引导私人企业在高技术领域进行投资,一方面政府本身可以对科学研究、教育等部门投资,以推动长期经济增长。政府还可通过征税、强制管制来控制私人企业对环境的破坏以维持健康的经济增长。政府的大部分宏观管理是针对经济波动的,其管理的主要目标是实现充分就业与抑制通货膨胀。当然,随着经济学研究的发展,政府各种管理经济的工具的有效性得到了深入的分析。许多新自由主义经济学家十分怀疑政府宏观经济管理的有效性。例如理性预期学派认为政府宏观管理政策在人们形成有效的预期之后便会变得无效。20世纪90年代以来,西方大部分宏观经济理论家已经普遍意识到宏观经济增长的重要性,他们已经将政府宏观管理的主要目标从维持经济稳定转移到强调政府在促进长期经济增长的重要作用上来。

(三) 政府经济学研究的三个范围

政府经济学的研究一般可以包括以下三个方面的问题:

1. 政府经济活动的范围和组织方式。政府的运行机制十分复杂,许多政府活动很难条块划清。政府的收与支项目往往牵涉到许多部门、个人和不同层次的政府机构。一方面,一个项目可以由多家政府部门赞助,例如在美国,一项科学研究的经费可以来自国防部、国家科学基金会、国家卫生局、国家宇航管理局或其他部门;另一方面,同一部门可以从事多种经济活动,这些活动当中有些与其他部门联系是模糊不清的。政府从整体看是一个单一的实体,实际上政府由许多部门组成，各部门之间具有相对独立性，政府内部的经济关系相当复杂。因此，要确定政府收入与支出的总量与结构便十分困难，需要理论上的仔细研究。

2. 政府各种经济活动的结果和效率。政府从事经济活动的主要目的是保证社会公平原则。但由于信息不完备、市场不完全以及政府操作上的官僚主义和某些特殊利益集团的干预，政府经济活动所达成的目标与愿望之间往往有很大的差距。这需要从理论上进行考察，在理论上较为准确地分析与预测政府经济活动的全部后果，从而对政府的经济活动产生指导作用。例如，对于政府不希望发展的产业可以对其征收高额税收，希望通过降低其赢利水平来遏制其发展；但如果该产业是卖方市场的话，企业完全可以通过提高价格将这笔税负转嫁给消费者，政府政策实施的结果显然是会事与愿违的。

政府政策的实施必须通过各经济主体的行为加以贯彻，经济主体的行为是最复杂的，因此政府经济活动的各种后果必然是十分复杂和难以预测的。而且，对政府经济活动后果的判断还牵涉到规范的价值判断问题，到底结果如何以及怎样认识这种结果，往往众说纷纭，莫衷一是。

3. 政府各种经济政策的评价。为此，要对政府政策进行评价和选择，还要发展较为完善的评价标准，评判的标准并不是整齐划一的。不同的政府经济活动可以运用不同的评判原则，不同的评判尺度有不同的适用范围。某些政策可能适用成本—收益分析进行评判，某些可能就只能运用简单的价值判断原则。这些都是政府经济学要加以研究的课题。

第二节　政府经济学与相关学科的关系

一、政府经济学与福利经济学

政府经济学与福利经济学有着紧密的联系。政府经济学许多理论分析的基础建立于福利经济学理论。例如，福利经济学中对"效用"及"效用函数"的概念便是分析政府税收政策对社会福利影响的基本工具。政府税收与转移支付政策的理论也是建立于福利经济学的有关思想基础上。在福利经济学看来，将适度的收入从富人手中转移到穷人手中可以提高社会的整体福利。由于转移支付必须借助政治权力方能实施，政府在通过收入再分配来减少贫富差距、提高社会整体福利方面便起着重要作用。

政府经济学研究的一个方面是对改变公共政策的各种方案进行评价。经济学家必须通过实证经济分析描述每种政策的后果,并在此基础上判断何种政策是合适的,进而进行政策选择。而要进行价值上的判断就必须建立适当的判断标准。

判断政府经济政策合适性的福利经济学意义上的标准主要在效率与公平两方面。人们对效率与公平的判断往往因人而异。例如,在功利主义者看来,达到帕累托①效率的收入分配就是公平的;而在平均主义者看来,只有收入的绝对平等才是公平。这种判断标准的模糊性是对政府经济政策的后果进行评论时产生争议的主要原因。而效率与公平的相互替代关系又使政府在进行政策选择时面临两难境地。这些都是政府经济学在福利经济学基础上必须研究解决的问题。

公平与效率的替代关系在许多政府经济学中有关公共政策的讨论中起着中心作用。这些讨论涉及人们对这样两个问题的判断:第一,替代关系的本质是什么?为了减少不公平,牺牲多少效率才是适宜的?第二,人们判断公平与效率的价值观不同。有人认为不公平是社会的中心问题,社会应该不考虑效率而把不公平降到最低限度;另有些人认为效率是中心问题,做大蛋糕比分蛋糕对每个人更有好处,等等。

政府经济学的规范分析与福利经济学有着一定的差异。主要表现为两点:

第一,政府经济学研究各种政府经济行为的所有后果。政府在收入再分配领域的作用及其福利后果只是其中重要的部分之一。政府政策的经济后果并不仅仅涉及福利问题,政府经济学所研究的大量政府政策,其针对的是经济的稳定,如多数的宏观经济政策,这些是不能用福利的标准进行评判的。而福利经济学则研究各种经济因素对社会福利的影响,政府经济行为及其福利后果也只是其中重要的部分之一。

---

① 帕累托(Vilfredo Pareto, 1848—1923):意大利经济学家、社会学家、洛桑学派的主要代表人之一。生于巴黎,瑞士洛桑大学教授。运用立体几何研究经济变量间的相互关系,发展了瓦尔拉的一般均衡的代数体系;提出在收入分配为既定的条件下,为了达到最大的社会福利,生产资源的配置所必须达到的状态,这种状态被称为"帕累托最适度"。在社会学上,他属于"机械学派"。认为阶级在任何社会制度中都是永恒存在的,因而反对平等、自由和自治。主要著作有《政治经济学讲义》、《政治经济学提要》、《普通社会学》。

第二,西方国家政府实施的许多公共福利计划,其中"公共福利"的概念与福利经济学中的"福利"概念并不完全相同。福利经济学研究的"福利"是"经济福利"。而政府的公共福利常常指由政府提供免费的或低价的公共品或半公共品,如属于公共福利计划的教育、医疗卫生和养老保险等。这些计划是否能真正提高长期的福利水平,目前在西方经济学中存在争议。某些公共福利计划并不是出于经济福利的考虑。如近年的美国,政府在补助医疗服务方面的作用日益增强。这是因为,在美国人们认为健康是人的基本权力,它不能由于拥有金钱的多寡而有所不同。任何人,不论其收入多少,都应该接受充分的医疗保健,政府必须为人们提供医疗补助。这里,显然没有经济福利的意义,而仅仅是人们的价值观念起着作用。

二、政府经济学与政治学、行政学

政府作为一个政治组织,可以说它多数政策的出发点是政治。如果某项政策既有福利影响也有政治影响的话,政府决策多半会首先考虑政治影响。可见政治因素对政府经济行为的重要影响力。政府经济学的一些规范性问题常常是政治问题。

政府经济学与政治学、行政学有两方面的相互影响:其一,政府的许多经济行为可以借助政治学的框架进行分析。事实上,早期的经济学部分地乃发端于政治学。古希腊时期没有完整的经济学思想,那些哲学家们的经济思想大多散见于他们的政治学论著中。现代经济学的鼻祖亚当·斯密的多数论著也是论述政治问题的。可以说,在实证经济学与规范经济学没有得到明确区分之前,经济学与政治学基本上是一家的。因此,早期的经济学被称为政治经济学。新古典经济学兴起以来,经济学家努力摆脱政治学对经济学的影响,试图将经济学发展成为不进行价值判断的所谓"实证的科学"。这种传统今天仍是现代西方经济学主流学派的发展方向。然而,以布坎南为代表的公共选择学派的巨大影响,以及强调政府经济干预功能的新古典综合派的持久影响都说明,经济学要摆脱政治学的影响是困难的。更何况,政府经济学所涉及的许多问题实际上就是政治问题。其二,随着经济学的发展、经济学家对人类经济行为认识的深入,经济学的思想及研究方法越来越多地渗透于社会生活的各个层面。公共选择学派首先运用经济分析方法研究政治行为,发展出"新政治经济学"。他们把政治也看做交换的过程,将"经济人"假设加于集体、政府和政治家身上，用利益最大化原则分析这些行为主体的行为动机。这种全新分析方法产生了迅速而广泛的影响。人们开始不仅对政府的一般行为进行经济学意义上的分析，甚至像民主制度、选举等纯粹的政治制度都被用经济学的方法进行解剖。

当然，政府经济学与政治学、行政学毕竟是不同的学科。政府经济学主要探讨政治制度的经济意义或政治过程中有关经济方面的问题。

作为现实的政府经济学，离开政治来分析政府经济行为必然是脱离实际的并且是不深入的。反过来，政治事实上也就是各种不同利益间冲突的过程，离开对经济利益进行分析的政治也只能是一种空中楼阁。

三、政府经济学与法学

新制度学派，特别是其中的产权学派，十分重视法律、契约、权利等基本制度因素对市场行为和经济发展的影响。他们把这些因素看做经济运行的微观基础，甚至把例如产权的是否清晰界定看做是经济发展的基本条件。

市场经济在法的框架下运行。"规则"的建立及其权威性是市场经济有效和高效运行的基础。建立与维护"规则"必须借助国家的政治权力。政府在其中起着决定性的作用。政府（国家）的重要职能之一便是建立与维护法律秩序。政府在经济生活中所充当的"守夜人"的角色在古典经济学那里便得到确认。政府本身就是法律的产物。我们知道，契约论认为人们在公共契约的基础上组成政府并赋予它政治权力。社会契约的具体形式就是法律。法律与市场、法律与政府的关系都是密不可分的。

市场是一种经济秩序。在经济自由主义者看来，市场的自发运行就是一种秩序。这种秩序是在外部约束下形成的，这个外部约束就是法。"法"也是一种秩序。"法是人的行为的一种秩序"。这种对"法"的规则体系的认识几乎可以完全搬用于"市场"；区别在于，"法"的秩序是强制的，"市场"的秩序是自发的，市场秩序必须借助"法"的秩序来维持。原因在于，市场中的行为人是有理性的"经济人"，他们是利己主义者；同时市场的交易又是自发的。这两点使得市场交易中的契约不能由市场自身保证得到履行，而市场交易契约的完全履行是市场秩序的基础。法律由于它的强制性可以克服上述两个困难。法律依靠惩罚的威胁来抵挡人们过分的利己主义行为，并建立某种市场规范。当然，如果法律的这种惩罚的威胁不足以抵挡人们过分的利己主义行为，或法律自身缺乏规范的话,市场秩序便无从建立。法学为政府经济学研究提供了基本的法理基础。在政府经济学中,规范地判断政府的经济行为范围及其职能具有相当的理论难度。政府应该做什么,不应该做什么?什么是政府行为,什么不是政府行为?这些问题的解决应当可以通过法学的探讨来进行研究。实证主义法学把"国家"等同于"法律规范",不承认存在一个可以感觉了解的、人格化的实在的"国家"。

事实上,许多政府对经济的干预多是通过法律手段实施的。如微观管制中最重要的是反垄断,反对垄断的政府干预形式就是制订反托拉斯法。制订与通过反托拉斯法是较早的政府直接干预市场经济活动的行为。美国最早的反托拉斯法——谢尔曼法于1890年通过,而主张政府进行宏观经济管理的凯恩斯的著作只是在1936年才出版。可见,通过法律手段干预市场经济活动是政府管理经济的重要手段,并且是更为规范的手段。

第三节 政府经济职能的地位和作用

一、政府参与经济管理的必要性

亚当·斯密在《国民财富的性质和原因的研究》中较为详细地论述了政府的三大职能。第一,"君主的义务,首先保护本国社会的安全,使之不受其他社会的暴行与侵略";第二,"君主的第二个义务,为保护人民不使社会中任何人受其他人的欺侮和压迫,换言之,就是设立一个严正的司法行政机构";第三,"君主或国家的第三种义务就是建立并维持某些公共机关和公共工程"。值得注意的是,斯密强调,即使是必须由政府提供的公共产品,其运作也应尽量通过市场的方式加以解决。例如,"维持良好道路及交通机关,无疑是有利于社会全体,所以,其费用由全社会的一般收入开支,并无不当。不过,最直接地享受这费用的利益的人,乃是往来各处转运货物的商贾,以及购用那种货物的消费者。所以,英格兰的道路通行税……完全由这种人负担"。

18—19世纪的一些思想家都把私有制的产生和发展看做国家产生的基础。国家的产生是与保障财产权紧密相连的。可以这么说,国家及其代理人——政府——有着与生俱来的管理经济的职能。

在现代西方资本主义国家,随着凯恩斯宣布"自由放任"的市场经济的终结,各国政府日益渗透于经济生活的各个方面,对整个社会的经济活动进行范围广泛的干预,这是即使是新自由主义者也徒唤奈何的既定事实。据统计,以美国为例,即使经过新保守主义泛滥的里根时期,1989年美国政府支出仍占GNP的三分之一强;这一数字在1913年不到10%,在1930年也不过11%。不仅如此,西方国家政府还大量参与直接的生产活动。

(一) 政府参与经济管理的特性

现代西方学者认为,第一,政府是由一些社会成员组成的、在社会上从事经济活动的各种组织机构之一。政府的一切行为必须从人民的利益出发。政府代表着公共利益也仅仅是公共利益,这意味着政府的行为原则及其效果的判断以公共意志为转移。

第二,政府作为经济活动的组织机构具有两个显著特征:其一,其成员构成来自于社会全体成员;其二,政府对社会成员拥有强制性的权力。政府可以"命令"其成员从事各种经济活动。

经济自由主义者所主张的自由放任的经济原则的一个重要理论根据就是政府拥有强制性权力。隐藏在"看不见的手"背后的是这样一个理念:只有双方自愿的交易才能保证双方都从交易中获利。这种理念是自然的。因为,任何一方不能从交易中获利的话,交易便无法达成。但政府干预可以产生双方都不利的交易。在这种情况下,分工和交易的结果就不一定是国民财富的增加。事实并非如此。例如,在信息不对称的情况下,即使双方都自愿的交易也不能保证交易双方都能从中获利。

第三,政府组织方式的独特性与复杂性。政府是一个代理机构,同一般代理问题一样,它存在代理人的选择、代理人的权利与义务、对代理人的监督等问题。但它有自己的特殊性。在所谓民主国家,政府的决策者一般是通过民主选举过程产生的。这样产生政府领导者的方式从政府所应该执行的经济职能来看,至少存在两个问题。一个是,这样选举的是政治领导人,而不是经济领导人;另一个是,这样选举人们依据的是政治权利而不是经济权利。由于政府组织成员遍布全社会,委托——代理关系的程度与选举代理人的成本都是一般经济组织如公司所无可比拟的,这造成了对代理人权利和义务的界定和对代理人进行监督的困难。

（二）政府的经济管理职能

第一，立法与司法。这是广义的、基本的政府职能。政府制定一系列构成体系的法律使得个人与企业之间可以进行经济交易。虽然经济学家与哲学家都试图设想在没有政府的情况下生活会怎样，但假如没有法律来规定财产权，那么只有暴力才能制止人们的相互偷窃；假如政府没有能力保护个人财产，那么个人就不会有积累财富的积极性。不用说，经济活动就会被严重地限制了。立法机构的职能远不只是保护财产。它保证了个人之间契约的生效，同时也对一些法律上成立的合同加以限制。

第二，微观经济管理。对于西方国家来说，政府微观管理活动包括：其一，政府作为生产的直接参与者。一方面，政府直接创办企业或参股经营；另一方面，政府还通过对私有企业进行直接或间接的补贴来影响微观经济的运行。其二，政府利用其国家信用在金融市场上弥补私人资本的不足并为社会成员提供各种风险保险。其三，政府通过在市场上进行购买间接影响社会资源的配置。仍以美国为例，每年政府购买量约占全美国总生产量的五分之一。其四，政府通过制订针对微观经济运行的法律、法规和条例对微观经济活动进行管制。其五，政府还通过价格补贴或发放补贴性贷款来支持某个产业或某个企业的生存和发展。

第三，维持宏观经济稳定和推动宏观经济增长。由于市场失效，资本主义国家的经济通常表现为频繁的经济波动，这种波动有时会给国民经济毁灭性的打击。通过采取宏观经济措施，政府可以达到"熨平"经济波动的目的，减少经济波动带来的损失。当然，20世纪80年代以来，在宏观经济学方面，西方一些经济学家对政府在稳定宏观经济波动方面的作用有所怀疑。他们转而强调政府在推动长期经济增长方面的作用。例如，供给学派强调降低税率和削减政府支出以激励人们储蓄、投资与创新，从而提高劳动生产率，推动经济增长。

第四，参与再分配，维持社会公平与社会稳定。前面提到，市场公平原则与社会公平原则是不同的。政府可以通过征收累进所得税、转移支付、公共补贴、收入增进计划和提供社会保险等方式参与再分配，以达到改善分配机制的目的。这个问题较多的是规范问题而不是实证问题；它不仅涉及经济学，更多的是涉及政治学。

第五,在国际经济领域代表一个主权国家的经济利益。现代世界,国际经济交流和合作越来越频繁,国际贸易迅速扩大,各国金融市场日益融合;这意味着政府在国际舞台上所起的代表一国经济利益的关键作用越发突出。国家在国际经济交往中所起的作用可有以下几方面:其一,制定贸易政策。一国政府可以通过制定贸易政策来推动本国与其他国家之间贸易的发展;同时通过制定一些保护性政策和采取保护性措施以保护本国幼稚工业的发展。其二,参与国际组织,为世界范围内的经济增长作出贡献。其三,结合宏观经济管理目标,参与世界经济的协调。政府宏观经济管理部门可以借助于汇率的调节、公开市场业务和利率的变动等宏观管理工具影响贸易收支,甚至达到稳定世界经济目的。其四,针对国际性的外部效应,与其他国家共同制定国际公约或协议以保护全球的整体利益。如保护生态环境、保护世界性自然资源等。

二、政府行使经济职能的作用

(一) 两种对立的意见

在政府行使经济职能的作用问题上,有两种意见格外引人注目:一种是斯密的自由放任传统,后经米塞斯·哈耶克加以发展,再由弗里德曼的货币主义加以充实的市场自由主义理论;一种是凯恩斯主义的政府干预理论。在整个20世纪,特别是自1929—1933年资本主义世界发生大萧条以来,几乎在每一个大的经济周期转折时期,都可以找到这两种对立的观点。这种理论的对立,在今天仍然存在。

现年45岁的美国麻省理工学院教授克鲁格曼,在亚洲金融风暴发生前就曾一再警告危机可能爆发,他支持新兴市场经济实施外汇管制,这显然是凯恩斯主义观点的现代反映。而现年43岁的哈佛大学教授赛克斯则认为,与其用紧缩性的预算政策与高利率来维持汇率,还不如放手让货币贬值。这当然是斯密主义观点的最新表现。在克鲁格曼和赛克斯之间,还有一个人,这就是斯坦福大学的斯蒂格利茨教授。我国台湾的《工商时报》1998年9月29日发表了一篇题为《金融乱世,谁是当代凯恩斯?》的文章,认为斯蒂格利茨属于介乎两者之间的第三者。

作为比较典型的政府干预主义代表者——斯蒂格利茨认为,现代市场经

第一章 绪 论

济的基本特征就是存在比较明显的政府干预。一个完全无政府状态的市场经济,虽然可以比较好地解决经济的微观效率问题,但是,很难从总体上提高国民经济运行的效率,同时,对经济的长期持续增长也是无能为力的。斯蒂格利茨的政府干预主义思想,不仅表现在他的专门讨论政府作用的论文《政府的经济角色》中,而且,系统地体现在他的《经济学》教科书中。

对于实际操作而言,一个时期的政府总是接受一种对自己有用的理论。回顾20世纪走过的历程,我们可以看到市场自由主义和政府干预主义"失灵"和"有效"的交替循环变化。20世纪上半叶,爆发了两次世界大战,发生了全球性的"大萧条",失业、经济衰退、贫困等接踵而来,令各国政府处于恐慌之中。凯恩斯在李嘉图、马克思和卡莱茨基等人思想的启发下,在"大萧条"不久就提出了被认为可以救治市场经济危机的药方——政府干预思想;与此同时,1935年罗斯福"新政"的成功实践,向人们提示,政府干预理论不是不可以用的,在一定时期,政府用它来作为政策指导的基础,并不是一件坏事。从这之后六十多年世界经济发展的历史可以发现,西方国家应用"政府干预论"大约有三十年的时间。两次石油危机之后,虽然回到了"市场自由论",但是在新旧世纪之交出现了靠自由市场无法控制的金融风暴,特别是对索罗斯等人掌握的大量国际投机资本无法控制的条件下,越来越多的国家和地区,尤其是新兴工业化国家和地区,又不得不加强政府干预,重新使用资本管制的工具。

20世纪的经济史说明,有的时期,市场自由盛行;有的时期,政府干预很成功。由此我们可以得出一个折衷的结论:无论是市场自由主义者,还是政府干预主义者,都具有从各自角度来理解的依据,他们在强调自身意义的同时,看到了对方的缺陷和不足。所以,问题在于"角度"不同,在于侧重点不同。就如同"盲人摸象"一样,不是象有问题,而是盲人的经验和看法有片面性,他们缺乏对事物的整体理解。

如果从各国自身特有的发展情况出发,我们应当承认,不同国家在自由和干预的组合模式上,不是千篇一律的,而是丰富多彩的。从以中国为代表的社会主义市场经济的最新经验和以俄罗斯为代表的走盲目市场自由化之路的最新教训中,可以得出一个重要的结论:在世界经济全球化、网络化的新时代,一国经济发展既不可能没有市场,也不可能关起门来组织市场,开放是必然的趋势。但是,市场有缺陷,市场经济的发展存在不平衡,这些缺陷和不平衡不能用市场的办法来解决,不能用无政府状态的市场来解决。政府干预的作用,是自由市场所无法替代的。

（二）政府的一般作用

在现代市场经济条件下，人们的生活离不开政府。当然，你刚一出生，需要的是对父母的依赖，没有父母，你的成长发育就会有问题。但是，你的健康成长，是不是只有父母就够了呢？不是。你除了需要父母，需要家庭外，还需要社会，需要政府，需要代表国家和人民行事的政府。如在我国，孩子从出生开始，为了预防疾病，免费接种各种疫苗，2个月到4个月时，吃预防小儿麻痹症的糖丸等，这些都是政府组织的。医院对低龄幼儿的定期检查，也由政府开支。到了上学的时候，政府提供从小学到初中的义务教育。除此之外还会享受到政府提供的医疗保障，低收入家庭还能享有津贴和其他的福利。可见，在现代社会，每一个人都需要政府，离不开政府的帮助。

作为单个人是这样，家庭是这样，一个地区也是这样。1998年，中国的长江流域出现了百年未遇的全流域性洪灾，松花江、嫩江出现了历史上罕见的大水灾。在如此严重的水灾面前，如果没有政府强有力的救助，灾民的生活、生产就难以很快恢复。从这个角度看，政府对国民的生活和生产是必不可少的。发展市场经济，应当减少政府控制的范围，有一部分职能可以交给市场去完成。但是，这种现代市场经济不是无政府状态的，而是有政府帮助的。除了为社会提供"公共物品"以及在总量平衡和结构优化上作出贡献外，从福利经济学的观点看，政府的作用同样不可忽视，尤其是实施反贫困政策，对贫困人口实行救助，为失业者提供失业救济和再就业机会等方面，政府的作用是非常明显的。

在经济运行机制的选择上，人类花了几百年的时间选择了市场经济。从20世纪20年代到70年代，一些经济上比较落后的国家走上了计划经济的道路。应当说，这些国家的计划经济实践并非一无所获，并不像有的学者说的那样"只有失败，没有成功；只有教训，没有经验"。至少，这些国家在不同的经济条件下证明，现代经济发展不能走"无政府状态"的路，尽管有政府干预的经济不一定要选择计划经济。迄今为止，各国都有自己的政府，被认为市场自由主义色彩最浓的美国，也有包括联邦储备银行和财政部在内的这些"政府机构"，也经常发挥对经济进行强有力的调控作用。如此看来，即使是比较自由的市场经济，也没有忽视政府在经济中的作用。

从历史的角度看,政府在经济运行和调节中发挥作用,首先并不是基于"政府优越"的考虑,而是基于"市场缺陷"的考虑。在经过几百年市场经济的发展后,人们发现,市场愈益表现出自身无法克服的缺陷,有一些事务,特别是属于宏观范畴的事务,单靠市场是没有办法解决好的。

(三)政府的特殊作用

在我们使用"现代市场经济"这个名词时,最容易想到的就是国际投机资本,即人们近年来经常讲到的以索罗斯"量子基金"为代表的"对冲基金"。据说到现在,全球投机性对冲基金有几千亿美元,这些资本在最近七八年中到处袭击。1992年袭击英国;1994年袭击墨西哥;1997年下半年袭击东南亚和东亚;1998年年中袭击香港和俄罗斯。

新政府干预主义者与凯恩斯主义的政府干预主义者不同之处在于:不是一般地考虑"公共领域"的投资需求不足,不是一般地考虑市场经济在私人竞争之间还有一块需要由政府来填补的"真空",而是考虑到新兴工业化经济的脆弱性,经济实力不强、市场体系不成熟、结构方面存在严重的问题,在这样的经济背景下,特别是在巨额无约束的国际投机资本冲击下,政府干预和管制是非常必要的。

国际投机资本对搞活一国的市场而言,应当说是有积极意义的,但是,它的最大问题是给市场带来几乎难以控制的动荡。我们当然不能因此而完全否定投机资本的存在和发展,黑格尔讲的"存在的就是合理的"可能适用于现代市场经济中的投机资本。问题是,我们应当想一想,如果对投机资本没有管理和约束的办法,代价会是多么大,谁有能力并且可以更有效地约束投机资本呢?

有两种选择方案:

一是重建国际金融体系,这个体系包括防范和控制金融风险的措施,包括国家之间的协调行动,甚至包括成立如索罗斯所建议的全球银行(或全球金融投资保险公司),以实现各国金融方面的协调行动,减少投机资本行为带来的突发性市场风险。

二是合理运用政府的干预,包括调整游戏规则和积极的市场参与。亚洲金融危机爆发以来,这两个办法均被不同程度地使用了。不过,以国际货币基金组织为代表的所谓"监控",并不是代表"共识"的"集体行为",而是反映其单方意见的行为。因为国际货币基金组织给予危机国家和地区的每一笔援助，都附加了满足该组织单方利益的条件，使援助者和受援者之间的关系体现为非常明显的给钱人和要钱人的利益关系，并使受援者处于不利地位。所以，在国际金融体系还是维持老格局的条件下，受援者付出的代价是很大的。减少代价的积极办法是灵活而有效地运用政府干预，政府出来建立和维持一种至少在本国政府看来是稳定的市场秩序。

1998年8月14日至28日，我国香港特别行政区政府与对冲基金之间的对阵，为我们提供了一个至少可供研究的案例，尽管在直接的市场博弈之后，政府采用了某些措施来对付索罗斯等国际资本投机商的围剿。有人担心这样会使香港丧失市场自由的精神，并怀疑是否能将香港股市稳定下来。后来的事实证明，香港1998年8月的战役是比较成功的，它不仅保证了香港汇市和股市的稳定，9月至12月，恒生指数从6 000多点推到10 000点以上，而且，并未因此而牺牲市场自由。可见，在面对国际投机资本冲击的新金融背景下，政府的作用进一步显现出来。

有些发展中国家的政府是否应该或者能够比一般意义上的政府，特别是比发达国家的政府，在经济增长和经济转型过程中"多发挥一块"作用，关键要看其作为一个整体是否拥有"多一块"的信息和知识。而一切关于东亚国家"集体行为"或政府作用的争论，都是假定政府可以在体制转型、发展战略上集中各种知识和信息，然后制定出相应的政策，利用政府（通过政府）的特殊权力加以贯彻，以便体制转型和经济发展的速度更快一些。当然，以信息量的大小来确定政府干预程度的大小，并不能说明问题的全部，因为发展中国家要解决与发达国家的差别，不仅要处理"如何加速"（包括发展速度、结构调整和制度转换等）的问题，还要考虑在同发达国家竞争时存在的因先天不足而带来的"不平等竞争"问题。在这样的背景下，让市场自发演进，势必支付更长的时间代价。而加进政府作用后，演进的时间可以缩短，代价可以减小。

所以，从目的论角度出发，发展中国家的政府"多一些政府作用"是可以接受的。随着转型期的结束和经济发展水平的提高，政府干预的程度应该是在一定的范围之内。

在经济萧条时期，政府的作用是否可以多一些？1929—1933年西方资本主义世界出现大萧条之后，为什么会有罗斯福"新政"和凯恩斯政府干预主义理论的诞生。或者说，当市场经济发展过程中出现大萧条时，政府是放任市场自由演进，还是应当进行更多一些的干预，以达到缩短萧条延续的时间，减少因萧条给人们带来的如失业、贫困和生活质量下降的痛苦呢？这是一个非常现实的问题。哈耶克和弗里德曼恐怕也不会愿意让自己的儿子失业的时间更长一些，他们本人也不会自觉地选择没有面包的生活。在强调政府对经济萧条的干预时，不能忽视对政府干预能力和效果的关注，不能忽视实行经济干预的政府是否是一个廉洁为公的集体，但是，如果没有政府积极而有效的干预，处于萧条之中的人民要遭受更多的苦难。

从经济周期的角度看，在经济下滑途中，为了避免全面萧条，政府的作用（主要是用扩张性的财政、货币政策刺激经济回升）是非常重要的。一国是这样，全球经济也是如此。

中国经济是发展中的经济，面临加快发展，缩小与发达国家差距的任务，这就要求更多地发挥政府的作用。但是，中国经济中的政府干预在不同时期的程度是有差别的。

中国经济中的政府干预大致可以分成两个大的阶段：

第一阶段是1978年改革开放以前在计划经济条件下的政府干预。在这一阶段，社会生产和再生产的全过程都由政府决定的，它不仅直接决定生产什么、怎样生产，直接控制交换过程，而且包揽分配和消费的决策，以计划指令取代市场需求、行政分配取代市场选择，政府对经济活动的一切领域进行统一管理。这种极端的政府干预，持续了25年之久，后来发现是不成功的，所以，不得不选择将计划经济改造成社会主义市场经济的道路。

但是，从计划经济转到社会主义市场经济不是一件容易的事情，需要一个过渡阶段。

第二阶段是1978年以来到现在，属于这样一个过渡阶段，我们也可以将这20余年理解为从计划经济向社会主义市场经济转型时期。这一阶段的基本特征是，政府在直接生产过程中的干预力度逐渐减弱，干预方式逐渐改善，由直接调控为主向间接调控为主转变，参数调节的作用增大。应当说，相对于计划经济而言，这个时期市场经济运行中的政府干预作用是加强宏观调控，价格制度的改革，使微观经济活动的基本方面交给了市场。

近20余年的实践证明，从计划经济转向市场经济的选择是正确的，中国的加速发展并不一定要选择政府管制一切的计划经济模式。但是，走向反面的选择未必就是正确的选择，我们在强调市场的作用时，并不意味着政府完全退出经济舞台。尤其是在经济转型和国际化进程中，当我们的市场还很脆弱，产业和企业的国际竞争力不高，风险防范体系还不健全时，强调"多一些政府干预"还是有意义的。这个意义不仅表现在加强平等和社会公正,实现政治稳定方面,而且表现在对长期繁荣、可持续发展和反贫困等方面作出的努力。

复习思考题
1. 政府经济学的研究内容有哪些?
2. 政府经济学有哪些主要的相关学科,它们之间关系如何?
3. 政府参与经济管理的特性是什么?

第二章 看不见的手——市场

在社会的交换活动中,人们可以通过市场这样一个广阔天地,按照经济活动本身的规范,来协调人们的经济行为,并进而实现社会生活以及经济生产的正常发展。"看不见的手"指的就是市场,指市场的逻辑和市场的规则。

第一节 市场的基本原理

一、市场经济产生的客观条件

市场经济是在资本主义生产方式产生后才形成的,但是在资本主义生产关系确立之前,市场经济体制的确立条件已经产生了。

1. 地理大发现促使社会经济运行和构造发生革命性变化。从出现商品生产的萌芽直到资本主义生产关系确立之前都是简单商品经济,其特点是以生产资料个人所有和个人劳动为基础,生产虽然是为了实现价值,但其最终的目标是为了用自己的商品换回货币,再用来购买自己需要而又不能生产的商品。在中世纪以后的西欧,商品生产得到了充分发展,手工业和商业的充分发展导致了中世纪城市联邦的诞生。15世纪末16世纪初的地理大发现更是促进了商业的革命性的发展,而商业的发展更是加快了封建经济的瓦解。城市居民中,商人的比重并不占优势,但却拥有大量的资本,商人们逐渐越过领地、行业的界限,飘洋过海,从商品运销扩大到原材料的贮存、供应,加深了对生产领域的影响。他们渗入城市手工业,实行按契约的雇工、定货、加工等资本主义生产方式,竞相毁弃中世纪的行规。

城市商品经济的发展,使得农村经济也逐渐发生变化,农村自然经济日益瓦解,并逐渐转化为商品经济。封建主开始转入市场,最初通过劳役地租和实物地租占有农民和生产剩余物的形式已不能满足封建主的需要,于是货币地租代替了劳役地租和实物地租，封建主以此到市场购买手工艺品和奢侈品，农民为了交纳货币地租不得不将产品拿到市场上去，加上手工业与农业的社会分工日益扩大，农民的需要也越来越依靠出卖自己的产品换取另一种产品来满足。

简单商品经济的发展，在经济构造和运行上发生了三个显著的变化：① 经济主体相对独立化，小商品生产者个人占有生产资料，自己劳动与经营；② 商品、货币的发展，扩大了社会分工，促进了生产的社会化和专业化；③ 商品经济的发展，促进了市场的形成和发展，使得市场逐渐成为人们生活和生产必不可少的条件。

价值规律是商品经济的基本规律，随着商品经济的发展，在价值规律的作用下，引起小生产者的分化，自发地产生资本主义关系。而资本主义生产方式的建立则需要两个前提条件：一是要有大量的货币积累；二是要有大批一无所有的劳动者，他们可以而且只有靠出卖劳动力才能生存。这两个条件的形成是通过对国内和殖民地人民实行暴力实现的。马克思说："资本来到世间，从头到脚，每个毛孔都滴着血和肮脏的东西。""暴力是每一个孕育着新社会的旧社会的助产婆。暴力本身就是一种经济力。"

2. 与市场经济相适应的思想基础和政治制度结构的建立。世界经济发展史表明，在现代的西方发达国家中，自近代以来，市场机制得以发挥作用的必要条件也越来越成熟完善。资产阶级的思想解放运动和资产阶级革命建立了与市场经济体制相适应的思想基础和政治制度。

(1) 三大思想解放运动为市场经济体制的确立奠定了思想基础。15世纪的意大利文艺复兴运动从外部对封建神学进行摧毁，而16世纪的马丁·路德和加尔文的宗教改革则是在宗教的外衣下，为新兴资产者大开资本剥夺、积累、扩张之滥觞，它实质上是在世俗层面成为"资本主义精神"。发端于17世纪、兴盛于18世纪的资产阶级的思想启蒙运动对封建制度和基督教神学在思想意识上进行彻底否定，并在人性论基础上明确提出"天赋人权"、"主权在民"、"三权分立"等一整套政治理论与原则，以及"自由、平等、民主、博爱"等口号。启蒙运动所弘扬的这种理性精神与市场经济的内在气质是相契合的。

(2) 资产阶级革命为市场经济确立了相应的政治制度结构。当封建王朝或殖民当局严重阻碍经济主体自由地追逐利润和肆意侵犯后者的主权时，资产阶级革命便爆发了。世界上第一个具有世界历史意义的革命是英国的1642—1648年的资产阶级革命。英国资产阶级革命和资产阶级政权的确立，标志着人类社会从封建社会进入新的资本主义历史时期。继英国革命后美国、法国先后取得了资产阶级革命的胜利。资产阶级革命的胜利为资本主义的商品生产创造了有利的条件，"各自独立的、几乎只有同盟关系的、各个不同利益、不同法律、不同政府、不同关税的各个地区，现在已经结合为一个拥有统一的政府、统一的法律、统一的民族阶级利益和统一的关税的民族。"作为上层建筑的资产阶级国家，通过国家政权的力量也积极巩固自己的基础，大力扶持资本主义的发展。

3. 工业革命导致市场经济体制的定型。工业革命是以机器为主体的工厂制度代替手工技术为基础的手工工场的革命，它既是技术的革命，又是生产关系的重大变革。以机器为主体的工厂制度的出现，给独立的手工业者以致命的打击，资本主义的雇佣劳动制度最终确立起来，形成两个彻底对立的阶级——资产阶级和无产阶级。英国在18世纪60年代到19世纪30年代末40年代初的工业革命开创了人类历史的新纪元。之后，美国在50年代末，法国在60年代末，德国在70年代末都先后完成了工业革命。以机器发明、蒸汽机使用、能源开发与交通运输巨大发展为主要内容的工业革命为商品经济的发展开拓了更为广阔的前景。许多国家逐渐消除了封建时代长期存在的各种内部关卡，并开凿运河，修筑铁路公路，制造汽车飞机，大力改进通讯设施。所有这些大大促进了社会经济的高涨，更改善了生产部门、销售网点和消费者之间的物流、人流和信息流动的态势，使市场机制在商品畅行无阻的流动网络中，有效地发挥着调节生产的作用。

工业革命的胜利完成最终导致了市场经济在英国、美国、法国等最先确立和定型。工业革命所推动的市场经济体制的定型，主要表现在下面几个方面：

（1）市场主体——企业和消费者已经完全定型。就企业而言，由机器大工业的发展所推动的低成本资本密集型生产方式已取代高成本劳动密集型生产方式。生产迅速扩张导致的对资本的强烈要求使得独资和合伙制的企业组织形式已经不能适应需要，股份制企业应运而生，并且在经济运行中扮演越来越重要的作用。就消费者而言，作为劳动力、自然资源和资本的所有者，他们获得了工资、利息、地租等报酬，并进行购买和消费，成为市场交换的另一主体。特别是工资支付的货币化，使得大量雇佣工人能以更大的自主选择权去利用自己的购买力，这使得市场变得更有效了。

（2）市场体系得到进一步发展和完善。在"供给自动创造需求"的年代里，生产力的解放同时刺激了市场供给需求总量的迅速扩张，市场交易的范围、频率和强度有了前所未有的拓展引起了市场体系的进一步完善和发展。一些大规模的场内交易市场,如伦敦金属交易市场、芝加哥交易所、纽约商业交易所等,不仅对国内商品、要素交易的标准化、统一化和高效、节约产生重要影响,也对国际市场的形成具有深远意义。随着生产和需求规模的日益扩大,市场中介机构也随之迅速发展,大规模的交易市场应运而生。19世纪,百货商店、合作社、廉价商店和连锁商店等零售业获得了重要的发展。

(3) 服务业得到了巨大的发展。由工业革命引发的服务业的巨大发展是市场成为社会资源主要配置方式的成熟表现。以社会一般服务、商业服务、个体服务、社团和合作服务及娱乐文化等为基本内容的服务业的扩张,从供给方面讲,他们体现了社会分工和专业化进程的极大拓展,体现了更多样地和更富效率地使用劳动力;从需求方面讲它们则是随着财富增长而消费偏好变化的结果。这一进程既是市场交换全面发展的原因,又是市场交换的必然结果。服务业的发展极大地提高了市场的效能,而这一效能又随着服务业各部门费用的不断降低而得到加强。

二、市场与市场经济

(一) 市场

所谓市场,从狭义上讲,是指某种商品买卖双方通过交易实现供求交换的场所。其中包括两个重要的维:时间和空间。从时间上说,市场可划分为现货市场和期货市场;从空间上来说,商品交换的场所既可以是实际在同一时间内特定的空间范围内进行,如集贸市场、超级市场;也可以在一虚拟的市场中进行,因为随着现代高科技的发展,商品的交换已经打破了具体空间的限制。从广义上讲,市场是商品、劳务和要素交换关系的总和。商品交换实质上是产权的转移过程。所以,这里的交换关系不仅是人们直接能观察和感觉到的物与物或者以货币为媒介的商品之间的交换关系,而且包含着人与人之间的经济利益关系,它一方面显示了社会需要的偏好,另一方面显示了人们之间通过社会交往,实现其自身经济利益,解决各种利益矛盾的社会关系。具体来说,形形色色的市场可以划分为以下一些类型:

1. 按照交易空间地域分:国际市场、全国市场、地区市场
2. 按照交易是否有场所分:有形市场、无形市场

3. 按照交易对象性质分：商品市场、要素市场
4. 按照商品特点分：有形商品市场、劳务市场
5. 按照商品用途分：生产资料市场、生活资料市场
6. 按照市场竞争程度分：完全竞争市场、垄断竞争市场、寡头垄断市场、垄断市场
7. 按照交割方式分：易货市场、现货市场、期货市场、期权市场、信用市场
8. 按照交易环节分：批发市场、零售市场

(二) 市场经济

什么是市场经济？市场经济是存在于发达商品经济社会的经济运行方式，是一种以市场为中心的经济体制来组织社会经济、以市场机制为基础自动实现配置社会资源的经济运行方式。我们可以从四个方面来把握市场经济的含义：

1. 市场经济是一种资源配置的方式。在发达商品经济社会中，资源配置有两种方式：一种是以市场机制为基础的配置方式；另一种是以计划机制为基础的配置方式。市场经济就是前一种资源配置方式。

2. 市场经济是以市场机制为基础自动实现社会资源配置的一种主要方式。这是市场经济的基本功能。这里对市场经济强调了四点：一是突出了市场机制在资源配置中的基础性作用；二是强调市场机制在调节过程中的自动性和客观性；三是强调资源配置是在社会范围内的，而不是个别地区、个别部门；四是强调市场是全社会范围资源配置的主要方式，如果市场只是资源配置的一种方式之一（如在奴隶社会、封建社会就已存在），那还不称其为市场经济，只有市场成为全社会范围内社会资源配置的主要方式时，才能称为市场经济。

3. 市场经济是一种以市场为中心的经济体制。市场经济与其他形式经济的根本区别不在于是否存在国家干预或指导计划，而在于以什么为中心来组织经济运行。在商品经济社会中，要使市场经济作为社会资源配置的主要方式和经济运行的基本形式有效运作，必须有相应的体制条件来保证，特别是要求市场主体、市场体系、宏观调控、个人收入分配和社会保障制度等方面创造健全的体制条件来保证。

4. 市场经济是发达商品经济社会的经济运行方式。商品经济的运行是

指商品经济中经济发展的动态过程。这一过程是通过一定的经济调节形式实现的。一般来说在发达商品经济社会中,计划调节方式和市场调节方式是同时存在的。但是,在商品经济的整体运行中市场调节方式是商品经济运行的基本调节形式。所以市场经济作为发达商品经济经济运行的基本形式是市场经济的一个基本规定性。

（三）市场经济的特征

市场经济作为一种经济运行方式,它具有以下特征：

1. 市场经济是一种平等的经济商品交换,是一种自觉自愿的行为,任何人都不能强买强卖,通过非经济的方式和手段占有其他经济主体的劳动。市场的主体在市场中的地位是平等的,都应遵循市场的经济规律行事,一要贯彻等价交换的原则,二要展开公开竞争。其中公开是关键。公开要求交易双方按照透明的通行规则进行竞争。只有公开的竞争,才能保证公正和公平。平等性是商品经济、市场经济的灵魂。

2. 市场经济是开放的经济。市场经济的开放性是由利益主体的多元化和社会分工所决定的。在市场经济运行中,市场要求打破任何行政界限,打破不同所有制的限制,不仅向国内市场开放,而且向国外市场开放,把国内市场和国际市场联系起来,以达到充分利用和合理配置国内国际两种资源的目的。

3. 市场经济的主体具有自主性。市场经济的主体是企业和消费者,政府作为消费者和生产者也具有主体特征。市场主体在参与市场活动过程中,具有独立的意志,行为目标在于取得尽可能多的经济利益。企业作为最主要的经济主体其自主性包括经营自主、利益自主和产权自主。没有这种自主性就不可能形成真正的市场,市场机制的运行也无从谈起。

4. 市场经济必然是竞争经济。交换必然以竞争为共生物,只要存在着平等交换就必然存在着竞争。在市场经济中交易主体之间存在着多方面的竞争,有价格竞争、质量竞争、服务竞争等,其中价格竞争是关键。在现代市场经济中,垄断早已渗入现代经济运行的肌体中,但市场经济仍是市场经济的基本特征。竞争的存在是市场得以延续、社会资源得以有效配置的前提。没有竞争就没有市场经济。

5. 市场经济是法制经济。要使市场经济的运行稳固地建立于公平、公开、统一、秩序的基础上,必须通过法律加强对市场的管理。在市场经济中所有的经营活动按照一套科学而严整的法律法规体系来进行,管理部门按照相关的法律法规来评价、控制与处理各类经济活动,整个经济运行有一个健全而科学的法律基础。

(四) 市场经济不等于资本主义

传统的观点认为,市场经济等于资本主义,社会主义和市场经济之间是根本对立的。这种观点是错误的。对于市场经济我们应认识到:

1. 市场经济是在资本主义生产方式确立后产生的,但它与资本主义私有制没有必然的内在联系。市场经济是商品经济长期发展的产物,是商品经济发展到发达阶段的结果。在资本主义私有制基础上产生市场经济的原因之一是私有制能满足市场交换产权明晰的要求,但公有制和混合所有制经济同样也能达到产权明晰的要求。所以,凡是商品经济发达的地方,都必然出现市场经济的运行方式。市场经济可以与不同的所有制相结合,为不同的社会制度服务。

2. 市场经济是一种有利于发展经济的手段。市场经济的概念,是在资本主义时代提出来的,这是事实。但市场经济并不专属于资本主义社会。资本主义之前的社会中,就存在市场经济,不过不是占统治地位的市场经济。如在封建时代,自然经济占统治地位,市场经济虽然有了较大规模的发展,但是社会经济活动仍是在夹缝中求生存。社会主义也可以搞市场经济,这是一个符合历史发展的观点。正如邓小平同志指出的,"计划和市场都是方法嘛。只要对发展生产力有好处,就可以利用。它为社会主义服务就是社会主义的;为资本主义服务,就是资本主义的。""计划和市场都是经济手段"。邓小平用经济手段这个范畴来认识市场是相当深刻的。既然是经济手段,就不是惟一的,就允许与其他经济手段相结合;既然是经济手段,就不是一种社会价值观念,就不存在姓"资"姓"社"问题;既然是经济手段就要服从于使用这种经济手段的主体。所以,我们可以为了发展生产力这一目标,充分利用市场,在社会主义制度下,大胆利用市场经济。

三、市场经济运行机制

市场经济作为一种资源配置方式,有其自身运行的规律,价值规律、竞争规律和供求规律是市场经济的基本规律,它们相互联系,相互作用共同调节着经济的运行。市场经济规律的作用通过市场机制体现出来,表现为市场机制的作用。

(一)价格机制

价格机制是价格形成、价格变动及其作用的内在因素的有机联系和过程。价值是价格的基础。商品的价值是由生产商品的社会必要劳动时间决定的,商品交换以价值为基础。由市场供求关系所形成的市场价格围绕这价值上下波动,是价值规律作用的表现形式。按照价值规律的要求,在商品交换中价格应该与价值相一致,但是在实际的商品交换过程中价格却经常与价值不一致,而价格与价值的不一致只是偶然现象。商品价格经常与价值不一致不意味着违背价值规律,更不表明价值规律失去作用。这是因为:首先,商品价格波动的中心是价值,价格无论怎样变动,总是以价值为基础的,价格变动的幅度不会偏离价值太远;其次,从个别的商品一次交换过程来看,商品的价格与价值经常不一致,但是,从较长期和全社会总体来看,同一种产品价格上涨部分和下降部分,可以互相抵消,因而,一定时期之内,在总体上价格和价值相等,商品的平均价格和价值相一致。正如马克思所说:"商品的价值量表现着一种必然的、商品形成过程内在的同社会劳动时间的关系。随着价值量转化为价格,这种必然的关系就表现为商品同在它之外存在的货币商品的交换比例。这种交换比例既可以表现商品的价值量,也可以表现比它大或小的量,在一定条件下商品就是按这种较大或较小的量来让渡的。可见,价格和价值量之间的量的不一致的可能性,或者价格偏离价值量的可能性,已经包含在价格形式本身中。但这并不是这种形式的缺点,相反地,却使这种形式成为这样一种生产方式的适当形式,在这种生产方式下,规则只能作为没有规则性的盲目起作用的平均规律来为自己开辟道路。"价值规律正是通过这种形式起着调节社会生产的作用。所以,价格机制是市场机制的核心。

价格机制作用的深层基础在于价格是价值的实现形式。价值的实现,第一反映了产权的要求,也就是一定产权要求在让渡商品时,必须在等价上得到承认;第二体现了由于生产商品的资产必须得到价值补偿;第三要求生产商品的资产必须有所增值。而这些说到底是由生产者的产权关系和经济利益决定的,产权关系和经济利益关系是价格机制作用的内在基础和动力。作为市场主体的生产者是否具有独立性也是价格机制作用的一个内在动力基础,只有在众多的企业作为独立的经营者进入市场,价格机制才能有效地发挥其调节功能。

价格机制要正常运转,发挥其有效功能,还有赖于政府的行为和政策。如果政府对于经济活动特别是对微观层次的经济活动横加干预,在价格、汇率等方面给予诸多限制和约束,这就必然影响市场价格体系的形成,从而影响价格机制的作用。

(二) 供求机制

供求机制是指商品的供求关系与价格、竞争等因素之间相互制约和联系而发挥作用的机制。市场价格的水平和变动是由市场的供求关系决定的。供给,从实物形态上看,是社会提供的已经进入市场的可供购买的商品总量;从价值形态上看,是指社会提供的已经进入市场的可供购买的商品和劳务的价值总额。需求,从实物形态上讲,是指以有货币支付能力为条件的社会所购买的商品和劳务总量,从价值形态上来看,是指以一定社会购买力条件下的社会购买力总额。

在商品的市场价值既定的条件下,供求关系的变动导致了市场价格的变动。反过来市场价格的变动又影响市场供求状况的变动。这种关系和运动过程就是市场机制运转的过程。价格上涨,会引起人们竞相增加供给和减少需求;价格下降,则会引起人们竞相减少供给和增加需求。而供求关系的变动,又能够引起价格的变动和竞争的展开:供不应求的商品,生产者会竞相增加生产,消费者会竞相增加购买,从而引起价格上涨;而供过于求的商品,由于生产者竞相减产而价格下降。供求关系在不断变动中取得的相对平衡就是供求机制作用的实现形式。

(三) 竞争机制

竞争机制是市场竞争与价格、供求等因素之间相互制约和相互联系而发挥作用的机制。在商品经济中,使用价值和价值的矛盾以及生产商品的个别劳动时间和社会必要劳动时间的矛盾是产生市场竞争的内部原因。而商品供求状况及其变化是市场竞争发展的外部原因。

在市场经济条件下竞争的主要形式有商品生产者之间的竞争；商品购买者之间的竞争；商品购买者和生产者之间的竞争。商品生产者之间的竞争分为同一生产部门的竞争和不同生产部门的竞争。同一生产部门的竞争是为了争夺有利的销售条件，主要是围绕质量和价格展开的；不同商品生产者之间的竞争是为了争夺有利的投资场所。商品购买者之间的竞争则是为了争夺有利的购买条件。总之，无论是商品生产者之间的竞争、商品购买者之间的竞争还是商品购买者和生产者之间的竞争，都是为了使自己获得最大的利益。

竞争会引起价格和供求关系的变动：生产者竞相减产的商品，会出现供不应求而使价格上涨，生产者竞相生产的商品，会出现供过于求而使价格下降。而价格和供求关系的变动，反过来又引起竞争：供不应求和价格较高的商品，生产者会竞相生产；供过于求的商品生产者会竞相减产。

总之，市场经济的运行是在发挥价格机制、供求机制、竞争机制的基础上，通过价格、供求、竞争的相互制约和相互联系，调节社会经济的运行，最终实现社会资源的配置。

第二节　自由竞争市场的均衡

资源的稀缺性是经济学研究的前提，如何利用现有的有限的资源去生产"经济物品"来更有效地满足人们的无穷尽的欲望是经济学面临的矛盾。所以经济学要解决的问题是生产什么、如何生产、为谁生产。这是人类社会共有的基本经济问题。前面分析了在市场经济中存在三大运行机制，在自由竞争市场阶段三大运行机制的相互制约和相互联系，通过供给和需求的均衡决定的均衡价格，最终达到社会资源的最优配置的效果。福利经济学的基本工具——消费者与生产者剩余有效地说明自由竞争市场的效率最大。

一、消费者剩余

消费者剩余就是消费者愿意为某一商品支付的数量与消费者在购买该商品时支付的数量之间的差额。例如，假设有一位学生愿为一张音乐会的门票支付100元而他实际只须支付90元，那么他省下的10元就是他的消费者剩余。当我们把购买某一商品的所有消费者的消费者剩余加起来时,我们就得到了一个总的消费者剩余的数字。消费者剩余与一种物品的需求曲线密切相关,我们可以用需求曲线以下和价格以上的面积衡量市场的消费者剩余,如图2-1a。随着市场价格的变化,消费者剩余也将会随着变化,如图2-1b所示:价格变化如何影响消费者剩余。

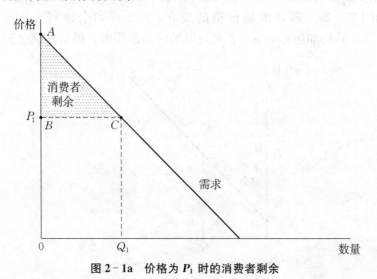

图 2-1a 价格为 P_1 时的消费者剩余

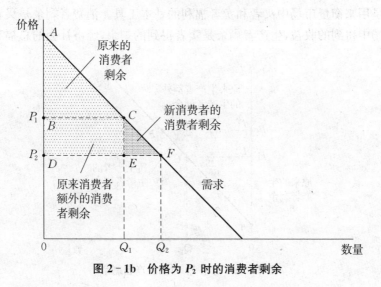

图 2-1b 价格为 P_2 时的消费者剩余

二、生产者剩余

生产者剩余是卖者出售一种物品得到的量减去卖者的成本。生产者剩余与供给曲线密切相关。价格之下和供给曲线以上的面积衡量市场的生产者剩余,如图 2-2a。随着市场价格的变化,生产者剩余也将发生变化,如图 2-2b:价格如何影响生产者剩余市场的局部均衡。消费者剩余和生产者

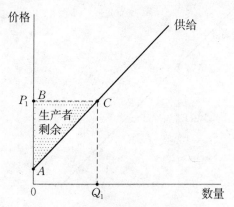

图 2-2a 价格 P_1 时的生产者剩余

剩余是用来衡量市场中买者和卖者福利的基本工具。消费者剩余是买者从参与市场中得到的收益,生产者剩余是卖者得到的剩余,经济社会的总福利可以

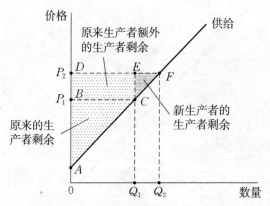

图 2-2b 价格 P_2 时的生产者剩余

用消费者和生产者剩余的总和,即总剩余来衡量。

消费者剩余 = 买者的评价 − 买者支付的量;
生产者剩余 = 卖者得到的量 − 卖者的成本;
所以,总剩余 = 消费者剩余 + 生产者剩余
　　　　　 = 买者的评价 − 买者支付的量 + 卖者得到的量 − 卖者的成本。

因为,买者支付的量等于卖者得到的量,所以总剩余 = 买者的评价 − 卖者的成本,市场的总剩余是买者支付意愿衡量的买者对物品的总评价减去卖者生产这些物品的成本。

三、市场均衡时总剩余

当市场达到供求均衡时,供给和需求曲线到均衡点之间的总面积代表市场的总剩余。如图 2-3 所示:市场均衡时的消费者和生产者剩余。当市场均衡时,决定价格的是参与市场的买者与卖者。

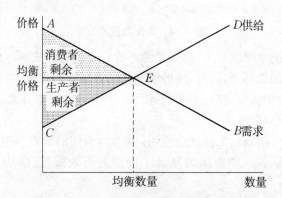

图 2-3　市场均衡时的消费者和生产者剩余

那些对物品评价大于价格(由需求曲线上的 EA 段表示)的买者选择购买物品;那些对物品评价小于价格(由需求曲线上的 BE 段表示)的买者选择不购买物品。同样,那些成本低于价格(由供给曲线上 CE 段表示)的卖者选择生产并销售物品;那些成本大于价格(由供给曲线上 ED 段表示)的卖者选择不生产和销售物品。

这些观察可以得出三个关于市场结果的观点:

1. 自由市场把物品的供给分配给对这些物品评价最高的买者,这种评价由他们的支付意愿来表示。
2. 物品的需求分配给可以以最低成本生产这些物品的卖者。
3. 自由市场生产使消费者和生产者剩余总和最大化的产量。图2-4说明了这一点。

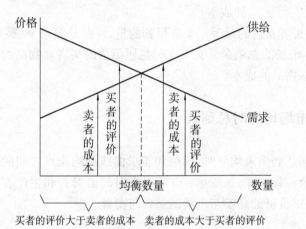

图2-4 均衡数量的效率

当低于均衡水平的数量时,买者的评价大于卖者的成本。在这个范围内,增加产量会增加总剩余,而且,这种情况要一直持续到产量达到均衡水平时为止。但是,超过均衡数量时,买者的评价小于卖者的成本。因此,产量大于均衡数量会减少总剩余。

这三个关于市场结果的观点说明,供求均衡使消费者与生产者剩余之和最大化。换句话说,均衡结果显示了资源的有效配置,即达到帕累托最优状态。

第三节 市场失灵与政府的经济角色

上一节我们讨论的市场的均衡和帕累托最优是在完全竞争的自由市场条件下实现的,但是在实际生活中这种完全竞争的自由市场条件是不现实的,因此市场经济的实践常常不能单靠市场完全实现资源的最佳配置。这就有市场失灵和政府的经济参与。

一、市场失灵的含义及其表现

（一）市场失灵

所谓市场失灵,是指由于内在功能性缺陷和外部条件缺陷引起的市场机制在资源配置的某些领域运作不灵。它有狭义和广义两层含义。狭义的市场失灵主要表现在对外部负经济效果、垄断生产和经营、公共物品的生产、不对等信息情况下的商品交易以及社会分配不均等问题的调节上运作不灵。我们前面所述的市场均衡是基于以下几个理论假设：① 买卖双方的经济信息完全和对称。② 市场竞争充分。③ 企业和个人经济活动没有受任何外部经济效应。④ 随着生产规模的增加,产品的规模报酬不变或递减。⑤ 人们总是可能相互达成自愿的交易,增进彼此的福利。⑥ 经济当事人完全理性。而在现实的经济运动中市场机制发挥最佳功能的这些市场条件往往是不完全或者不充分的。

广义的市场失灵除了狭义市场失灵的内容外,还包括由宏观经济总量失衡导致的经济波动。它主要是由市场机制的自发性、盲目性和滞后性引起的。由于市场机制作用的滞后性和不确定性,常常导致虚假需求和生产的盲目性,对经济活动的远景缺乏导向；市场机制容易助长投机行为,从而破坏市场运行的稳定性和秩序性等等。市场机制作用的这些特点会造成社会经济运行的紊乱,使市场发生总供给超过总需求或总需求超过总供给的市场总量失衡,从而引起严重的通货膨胀、失业和经济衰退等。

（二）市场失灵的表现

由于市场机制的发挥作用的不完全或不充分,市场不能达到资源的最优配置,导致市场失灵。主要表现在：

1. 信息的不完全性失灵。信息的不完全性失灵表现为在交易中,交易双方对于商品质量、性能等信息了解程度不同,出现"信息不完全"或"信息不均等"的现象。市场竞争的一个重要假定是"信息是完全的",比如说,买者清楚地知道市场上各个角落各种商品的价格和质量,雇主清楚地知道被雇者的行为特征等。但在现实中,信息一般是不完全的,并且获得完全信息也不是免费的,要付出成本。信息的不完全性会破坏市场机制运行的"优胜劣汰"的作用,以致出现"优汰劣胜"的资源配置。交易双方在交易后,甲方因不能掌握足够的信息去监督乙方的行为时,乙方可能会发生一味追求自己利益而损害甲方利益的道德违规现象。这就破坏了市场经济中的社会利益最大化的原则,使社会资源无法实现最优配置。

2. 外部性失灵。外部性失灵表现在当某些市场主体的活动给社会或其他主体带来经济损失时,通过市场机制的自发作用来调节将难以达到有效配置资源的目的。前面所述市场均衡理论所考察的人们之间的相互影响和相互制约都是通过影响供求和价格而发生的。在市场经济中,每个人都通过一定的价格体系来选择、采取行动,而他的这些选择和行动,都通过引起市场价格的某种变动,改变其他人的市场环境,才间接地影响他人的选择和福利。但是在现实中,还存在另一种相互影响,这种影响不是通过价格影响市场供求关系的变动发生,而是直接地影响他人的经济环境和经济利益。这就是经济学中所称的"外部效应"。

外部效应按照受影响的范围划分可分为消费外部效应和生产外部效应。按照外部影响的"好与坏",外部效应又可分为"正"的效应和"负"的效应。在存在外部效应的市场经济中,市场资源的配置不能达到最优化。在"正"的外部效应场合,有益效应得不到鼓励,比如种花、栽树等行为对社会带来好的影响,虽然社会得到的收益大于种花者、栽树者为之付出的成本,但在许多情况下,他们只能得到他们给社会利益报酬的一部分,这样就不能鼓励"正"的外部效应的产生。在"负"的外部效应场合,私人成本和社会成本在量上出现差异,即社会成本大于私人成本。比如沿江有两个厂家,一个是钢铁厂,位于上游,一个是养鱼场,位于下游。钢铁厂排放废水污染了江水,使养鱼场的产量减少,这种外部效应并没有使钢铁厂的私人成本增加,但从社会成本出发,社会为之付出了巨大的代价。在市场经济中,私人因价格机制的作用可以获得最大的利益,而社会却因价格不能补偿社会成本而遭受损失。

3. 公共性失灵。公共物品(包括准公共物品)是私人不愿意生产或无法生产,抑或无法全部生产的,必须由政府提供,或者由政府和企业、个人共同提供的产品和劳物。公共物品是不能像私人物品那样在市场上被自发而有效地生产出来的。私人物品有两个基本特征:一是所有权上的排他性;二是消费上的竞争性。而公共物品则与之相反,其特征:一是所有权上的非排他性,公共物品只要被生产出来,人们就可以免费使用它,无法排除他人在公共物品中获得利益;二是有非竞争性的特征,当然,准公共物品可以在市场上由私人来提供,如教育、医疗、公路、自来水等每个人都可以享用,但如果不付款就得不到享用。不过,准公共物品同样不能由私人按市场机制来提供,因为市场上的准公共物品相对于需求来说,其供给不足,如果完全由私人按自由选择行事,则消费者对准公共物品的需求会受到收入水平的制约,即只有收入高的人才能获得他想要的商品。所以在公共物品领域,公共物品的基本特征表明它不能按市场机制的方式来配置,适用于私人物品的市场定价和资源配置等原理,未必适合于公共物品。因此公共物品一般只能由政府财政的方式来配置,或者在政府参与下来配置。

4. 垄断性失灵。垄断性失灵表现为市场上出现为数很少的几家供应商、甚至是独家垄断的局面,垄断厂商通过操纵物价,牟取暴利,使市场均衡作用失灵,资源不能得到合理配置。市场经济的内在逻辑决定了垄断的产生。对于一个生产者来说他的生产成本低于市场价格他就能获利,为了获取更多的利益,生产者不断改进自己原有的机器设备,改进先进的技术,将工人的队伍和单位组织扩大,实现更高的效率。这样生产规模大的厂商就具有比生产规模小的厂商更多的成本优势,从而击败对手,垄断市场,降低市场机制的作用,妨碍经济效率的提高。垄断引起的经济问题表现在两方面:第一,价格扭曲和产量扭曲。垄断者通过垄断高价和垄断低价获得超额利润,使得消费者的边际估价或者生产者多生产这一单位的边际成本不能获得正确反映。垄断者为了持续获得垄断利润还故意减少其所控制的产品的生产,使得社会无法获得足够多的这类产品。第二,收入扭曲。垄断者能够通过对某个产品的垄断,获取比在完全竞争市场条件下多得多的利润,而这往往是以牺牲消费者和其他生产厂商的利益为前提的。在市场扭曲的情况下,不可能实现资源的合理配置。

5. 社会公平分配的失灵。帕累托最优状态只解决了经济效率问题,没有解决合理分配问题。社会公平分配失灵表现为在分配领域,单纯依靠市场机制的自发作用不可能完全实现公正的收入分配。萨缪尔森指出:"价格机制的辩护者和批评者应当认识到,有效率的市场制度可能产生极大的不平等。"市场经济在分配方面的缺陷主要有以下原因:第一,市场经济运行的目标是追求效率最大化,各经济利益主体考虑的是各自利益的最大化。在这一过程中,如果没有外力在维护收入公平分配的话,那么社会的贫富差距将会变得严重起来,直至危及社会稳定。第二,在存在垄断的情况下,价格会严重背离价值,从而使部分人获得不合理收入。第三,市场竞争的初始条件不均等导致收入的差别。人们资源禀赋不同,权力分配的不公平,在这一情况下市场交易即便在原则上是平等和等价的,经济运行的结果是收入的不平等。第四,经济运行时间和空间上的不均衡导致非个人原因的收入差距。例如经济萧条时期导致失业问题,经济在部门和地区的不均衡发展等。第五,在市场机制的自发作用下,生产要素供求状况的不平衡必然形成要素收入的不合理差距。

6. 宏观性失灵。宏观性失灵表现为市场总供求发生以超额供给或超额需求为特征的宏观经济总量失灵。当存在超额供给时,国民收入以小于充分就业的水平达到均衡,引起生产过剩、经济衰退和大量的失业;当存在超额需求时,以货币计算的国民收入增长超过以实物计算的国民收入增长,国民收入超分配,诱发过度需求,引起严重的通货膨胀;当两者交替出现或同时并存时,又引起"滞""涨"交替出现,或同时并存。

二、市场经济中的政府经济角色

市场失灵的情况决定了政府介入、干预经济活动的必要性。但是,必须要注意的是,市场缺陷是政府行为的必要条件,而不是充分条件。市场缺陷的克服需要政府行为,但是政府在克服市场缺陷时,同样存在着导入和利用市场机制问题。在市场经济条件下,市场机制在经济活动中总是处于主导作用,政府的干预和介入只是辅助性的、补助性的。政府在市场经济中的作用是由市场的缺陷和不足决定的。

(一) 公益人角色

履行公益人角色的职责是实现并维护一定的公共目标,主要有三大公共目标:第一是提供公共物品和准公共物品。实现这个目标的前提,是政府建立起公平、合理的税收制度。因为政府生产和资助公共物品的财力,主要是依靠各种税收。政府投资的公共物品和准公共物品并不一定要由政府来生产,政府可以一方面通过制定一定的政策,鼓励私人、社会性组织参与部分公共物品和准公共物品的生产和提供,如教育和医疗等;另一方面,又要提高科学决策水平,制定具体的制度,防止由于利润最大化的市场原则造成对公共利益的损害。

第二,鼓励和保护有益的外部效应,预防和制止有害的外部效应。对有益的外部效应,如科学研究、发明创造、植树造林等,政府通过各种奖励性政策来鼓励,并通过各种法规如专利法等来保护知识产权。对于有害的外部效应,如环境污染、噪音等,除少数可以通过界定产权的办法让市场去调节外,大多数需要政府借助行政、财政和税收等手段来处理。

第三,调节收入分配,避免个人收入差距过大。近几十年来,维护社会公平被认为是十分重要的政府行为。政府的这一行为主要由收入分配制度和社会保障制度组成。一般来说,收入分配制度侧重于效率,社会保障制度侧重于公平。市场不可能自动实现收入公平的社会目标,这就需要政府采取行动,通过实施正确的税收政策和收入政策来维护分配的公平性。在初次分配领域,政府要通过各种经济法律、法规,来保证微观主体竞争机会的平等,鼓励微观主体的合理合法收入,严格限制不合理不合法收入。在再次分配领域,政府一方面通过个人所得税和消费税来调节收入差别,另一方面还应建立完善的社会保障制度,为市场竞争提供基本的安全保障。

(二) 管制人角色

管制人角色的职责是对私人经济部门(厂商或家庭)的活动进行的某些限制和规定。管制的目的主要有三个:第一,防止垄断,市场垄断的最大危害是排斥竞争,践踏公平公正的市场准则。所以,任何实行市场经济的国家,都必然要鼓励竞争反对垄断。通过限制个别垄断企业的规模和市场占有率,打破垄断企业造成的"进入壁垒",鼓励其他企业进入市场,保证正常的竞争。日本的《关于禁止和垄断及确保公平交易的法律》、《不正当竞争防止法》,美国的《谢尔曼法》、《联邦贸易委员会法》及我国的《反不正当竞争法》都鲜明体现了"兴竞争、反垄断"的积极精神。第二,防止过度竞争,通过价格管制等,把价格限制在平均价格以上,以避免因过度竞争而造成企业之间的"自相残杀"和资源的浪费。第三,保护消费者,雇员的利益。在市场经济中消费者和雇员往往由于信息的不完全在交易中处于不利地位,政府通过对商标、虚假广告的管制,限制企业用种种手段欺骗消费者,以保护消费者利益;通过对劳动时间、劳动报酬设置"上限"和"下限",以保护雇员的利益。

（三）守夜人角色

守夜人角色的职责是防止和打击经济领域的违法和犯罪行为，维护社会经济生活的正常秩序。在市场经济中，竞争的残酷现实，很容易诱发一些人铤而走险产生非法侵犯他人权益的动机，导致经济违法犯罪行为发生，扰乱社会的经济秩序。对于违法犯罪行为，经济主体既缺乏保护自己的有效手段，往往又没有足够的力量来打击对方。政府依靠强有力的国家暴力机关可以担当起保护经济主体利益的责任。通过严格依法采取资格认定、财政许可制度来预防经济违法犯罪行为的产生，并严格查处经济违法犯罪行为。

（四）调控人角色

市场主体由于各自利益的限制在经济行为中不可避免地表现出短视性和功利性，所以市场会产生宏观性失灵。政府的调控人角色的职责对宏观经济总量进行调节和控制。宏观调控有两大目标，第一是宏观总量的平衡；第二是产业结构的调整和优化。政府主要通过经济手段、法律手段和必要的行政手段来调控经济总量，以实现宏观的资源优化配置。微观层次的资源优化配置由市场机制来完成，但政府可以通过间接调控手段，利用其在信息方面的优势，制定经济发展计划和产业政策以及相关的税收政策，来引导资源的流向和微观经济主体的经济行为，指导产业结构的优化和促进产业的升级，以配合经济总量的控制。

复习思考题

1. 市场经济的产生有哪些客观条件？
2. 什么是市场经济？市场经济有哪些特征？
3. 市场经济中有哪些运行机制？
4. 试述市场的局部均衡和一般均衡的形成。
5. 衡量一个经济社会资源配置效率的标准是什么？
6. 什么是市场失灵？市场失灵有哪些表现？
7. 市场经济中政府的经济角色主要表现在哪些方面？

第三章　对政府在市场经济中作用认识的历史演进

政府的角色是一个历史的范畴,人类社会即使在有了国家有了政府之后,也还是有一个并不需要政府干多少事情的时期;资本主义社会建立后,政府作用发展到现在这种无所不在、无时不有的情况,经历了从"守夜人"到"万能政府"的一个长期的演变过程。

第一节　市场经济秩序的确立与国家权力的退却

一、重商主义与市场经济秩序的确立

15世纪末,资本主义刚刚起步,庄园制度的解体为劳动和土地的自由供给创造了条件,但却不能解决资本的短缺问题。新兴的资产阶级需要货币,所以他们认为货币就是财富。这一原则一经确立,对于那些无金银矿山的欧洲国家来说,只能经由贸易顺差而输入金银。这样"重金"和"贸易出超"成了当时重商主义经济理论的两大支柱。

在市场经济发展的初期阶段,市场机制尚不完善,市场尚不具备自我调节的力量。要达到"贸易出超"、积累货币资本和增加社会资本供给等目的,没有国家的保护和扶植是很难办到的。所以在这一时期重商主义者均倾向于政府管制。早期的重商主义力图在国内把货币以储藏货币的形式积累起来,达到积累货币财富的目的;晚期重商主义者为了鼓励输出,实现出超,主张国家实行保护关税的政策,并采取扶植和鼓励生产出口商品的工场手工业政策。这样,一方面由于市场经济发展的客观需要;另一方面是由于市场经济功能局限,国家开始大规模地干预直至参与社会的经济活动。

总之,重商主义时代从根本上讲是一个市场经济秩序的确立和成长需要

国家权力介入并加以扶植的时代。国家权力在当时主要起两方面的作用：对内建立市场经济的新秩序；对外保护本国的商业利益，积极推行重商主义的"贸易出超"政策，以增加金银输入与国内资本的供给。所以，重商主义时代，政府原始干预主义是不可避免的。如果没有国家的作用，就不可能实现成熟的市场经济。

二、自由放任主义——国家权力的退却

（一）以亚当·斯密为代表的古典经济理论

18世纪时产业革命已经兴起，市场经济已经趋于成熟，资产阶级已完全能够依靠自己的力量发展经济。主要表现在：① 封建主义已经死亡，农奴制度几已绝迹，个体小农场的数目在增长，工商业的重要性与日俱增，且已占据支配地位。② 资本主义已经走出资本原始积累阶段，资本缺乏现象已基本消除。③ 私人产权制度已经牢固确立，人们在市场交易中逐步认识到运用市场制度来实现社会经济资源的配置，其费用远比运用国家力量要低廉而效率又远远高于国家管制下的资源配置过程。④ 市场经济的自我调节力量已经基本形成，价格机制、竞争机制和供求机制已在实际的经济生活发挥自我调节功能。⑤ 市场竞争的规则已经十分健全，整个社会的经济活动也已高度商业化，各个经济主体的所有权只有通过社会分工和交换才能得以确立。

随着市场经济日益成熟，重商主义政策已不符合经济发展的需要，国家干预主义此时不仅不利于市场经济的进一步发展，而且日益成为当时社会经济发展的体制障碍。以亚当·斯密为代表的一代经济学家主张"自由放任"的经济政策，反映了一个国家权力退却时代的来临。

1777年，亚当·斯密出版了《国民财富的性质和原因的研究》（简称《国富论》）一书，在英国摧毁了重商主义的干预理论和政策，代之以自由放任理论和政府不干预经济事务的政策，并把"自由放任"视为他所主张的经济政策的基本原则。亚当·斯密认为人类天生的交换倾向必将引起分工，而交换分工又必然引起国民财富的增长。他认为，排除政府的干预，听凭企业主自由经营，不仅不会产生经济上的无政府状态，反而有利于市场经济的"自然秩序"规律发挥作用。"由于每个人都努力把他的资本尽可能用来支付国内生产，都努力管理国内产业，使其生产物的价值能达到最高限度，他就必然竭力使社会的

年收入增大起来。""他受到一只看不见的手的指导,去尽力达到一个并非他本意想要达到的目的。"亚当·斯密极力推崇市场机制这只"看不见的手",反对国家干预经济生活。他认为国家的职能只能限于:保卫本国不受他国侵犯;保护社会成员的财产和人身安全不受他人侵犯;建设和维持一些公共工程和公共事业,这些事业对于个人是无利可图的,但对社会却是非常必要的,这些方面是政府发挥作用的领域。他认为建立在居民和企业理性行为基础上的市场经济是有效率的、均衡的,不需要政府干预,财政政策是无效的,货币政策也没有存在的必要性,政府没有必要深入经济生活内部直接干预,政府只是充当经济运行、经济增长的"守夜人",应当提倡"最好的政府是管的最少的政府",建立起"小政府、大市场"的理想模式。

继亚当·斯密后,他的古典主义经济思想得到了进一步发展。大卫·李嘉图是英国古典政治经济学的完成者,他认为,自由竞争既保证了个人利益与社会利益的结合,也为生产力的无止境的发展开创了可能性。因此他也反对国家对经济生活的干预,认为这是违反"最大多数人的最大幸福"原则的。例如,他认为工资的高低由劳动的市场供求关系自发调节的法则是"支配每一社会绝大多数人的幸福法则"。因此,"工资,正像所有其他契约一样,应当由市场上公平而自由的竞争决定,而决不应当用立法机关的干涉加以统制"。他相信市场具有自行调节功能,所以人们在制定国内外经济政策时,必须适应它的生产与交换的规律,才能促进它的顺利发展。主张对内实行自由放任,对外实行贸易自由政策。他说:"在没有政府的干预时,农业、商业和制造业最为繁荣",需要国家"做的全部事情,就是避免一切干预,既不要鼓励生产的一个资源,也不要抑制另一个资源"。李嘉图强调国家在保障私有财产、革新政治、振兴教育等方面的作用。国家要为资本家创造良好的发展经济的环境,使他们在发展经济中充满信心。

法国经济学家萨伊继承亚当·斯密的经济自由的思想,结合法国当时的具体情况,反对国家对经济的干预和保护关税等重商主义政策,提出了"供给能够自动创造需求"的"萨伊定律",为以后逐步形成的新古典自由经济学奠定了"充分就业"的分析前提。他认为:"最繁荣的社会,是不受形式拘束的社会。当然,这是以个人没有被有权势的人勒索的忧虑,没有被法律欺骗的忧虑,没有被阴谋和被暴力迫害的忧虑为条件。"认为政府干预生产的最大危害不是偶然违反既定的准则,而是由于对自然规律的不正确的看法,以及在这些看法的基础上制定的准则,由此产生弊政和整个社会遭受损失。萨伊强调经济自由是资本主义发展的基本条件,反对国家的经济干预的同时,强调了政府职员应保证经济活动自由地进行。他认为,如果管理的目的在于防止那些对其他生产事业或公共安全有害的欺骗行为,以及保护消费者利益等,而不干涉产品的性质和制造的方法,这种管理是有益的正当的。在政府使用的一切鼓励生产的方法中,最有效的是保证人身财产的安全,这种保证不仅抵消了一切阻碍国家繁荣的束缚的影响,而且是国家繁荣的源泉。

(二)以马歇尔为主的新古典经济学

自亚当·斯密的《国富论》问世以来,经过他的后继者的补充和发展,古典经济学的自由放任的经济主张,不仅在理论上,而且在政府实践中占据了主导地位。19世纪后期,由于城市工业的不断发展带来了许多亟待解决的问题:如劳动时间、工会问题、人口迅速增加问题、公用事业的发展问题等,这些客观现实问题迫切需求有一种新的理论来解释。此时英国的经济学界分为两派:以约翰·穆勒为首的一些人主张生产费用决定价值,而以杰文斯为代表的另一些人则主张边际效用决定价值。马歇尔则是把古典经济学的供给分析和边际效用学派的需求分析加以综合,创立了新古典学派,形成了一个以生产成本分析为中心的供给理论和以边际成本分析为中心的需求理论相结合的新的经济学体系。新古典学派不是一个单一的学派,而是以马歇尔为首的剑桥学派、以瓦尔拉斯为首的美国边际学派的结合体。新古典理论的共同特征为,它以微观经济活动为分析对象,使用边际概念,以均衡价格为核心,以消费、生产、市场、分配为分析框架,强调对市场竞争的研究。很显然,新古典经济理论更适合资本主义竞争的需要。

所谓均衡价格就是指市场供求平衡时所实现的价格。马歇尔认为,供求、价格、生产三者是相互联系的,供求引起价格变动,价格变动又引起生产变动,生产变动又引起价格变动。由于这三者的相互作用,会产生一种趋势,使价格停止波动,供求趋于平衡,生产达到稳定状态。所以,在完全竞争市场条件下,短缺和过剩的失衡现象是暂时的,市场总会恢复平衡的状态,实现均衡价格。在价格不变的情况下,供给扩张强于需求扩张,新的均衡价格就会下降;如果需求扩张超过供给扩张,新的均衡价格就会上升;如果供需之间的变动程度相同,那么均衡价格不变。所以完全竞争的市场是最优的市场。均衡的市场,没有资源被闲置或浪费,所以它同时又是个"充分就业"的市场。

在边际效用和边际生产成本的指导下,消费者和厂商的理性选择是完全可以操作的。对于消费者来说通过边际效用的比较就可以知道其消费选择是否最优;对于厂商来说,他只需判断其生产的边际收益与边际成本是否相等,就可以知道利润是否最大。也正是这样,经济运行中的各类主体在理性的牵引下实现了资源的合理流动和优化配置。

综上可以看出,新古典经济学继承了古典经济学派对资本主义经济的评价,即资本主义是一个自由竞争、自动调节、不需政府干预的市场经济体系,但同时它对市场的分析从生产转向消费,从供给转向需求。

以马歇尔为中心的新古典经济学在19世纪末20世纪初占据了资产阶级经济学界的统治地位。直至1936年后被马歇尔的学生约翰·梅纳德·凯恩斯的经济学说所代替。

第二节 市场失败与国家权力的再度增长

一、凯恩斯主义关于政府经济行为的学说

(一)市场失败与国家权力的再度增长

在20世纪30年代以前,自18世纪晚期亚当·斯密的经济自由放任思想取代重商主义时代的原始国家干预主义学说以来,西方经济学领域的经济自由主义思潮一直踞于主流派地位。但19世纪末20世纪初,随着生产力的高度发展,资本主义由自由竞争阶段过渡到垄断阶段。由于垄断打破了原来自由竞争的局面,原来维持市场均衡的价格规律、供求规律、竞争规律不能充分发挥作用,社会经济生活中的不协调性日益突出,以致经常爆发经济危机。尤其进入20世纪20年代后,整个资本主义世界陷入了深刻的政治、经济危机中。一方面,十月革命中苏维埃政权的诞生、此起彼伏的欧洲工人运动的高涨,使西方统治阶级深感恐慌;另一方面,1929年—1933年爆发的一场空前严重的世界性经济危机使西方统治阶级面临的形势更加严峻。很显然,"供给自动创造需求"的萨伊定律无法解释这场灾难性的资本主义的危机,无法解释为何大量的资源被闲置不用,也提不出有效的对策来让这些资源重新投入生产。

为了摆脱危机,德、日、意等国走上法西斯军事经济的道路,整个资本主义世界的市场经济制度濒临崩溃的绝境。而美国则走上了一条不同的道路。1933年,美国总统罗斯福开始推行新政,新政的核心就是国家对经济运行进行干预和调节,此后一些资本主义国家也采取了一系列国家干预经济生活的措施。政府对经济生活的干预和发展,客观上需要一定的理论支撑和指导,需要一种能够说明在市场经济中资源不能得到充分利用的原因以及怎样才能实现充分就业的理论和政策。凯恩斯经济学就是在这样的历史背景下,迎合垄断资产阶级的需要而产生的,1936年英国著名经济学家约翰·梅纳德·凯恩斯发表了《就业、利息和货币通论》一书。这本书轰动了资本主义世界,在英美等国,有人认为是"凯恩斯革命",还有人把凯恩斯比做经济领域里的达尔文或哥白尼。因为凯恩斯经济学代表了垄断资产阶级的意识形态,是国家垄断资本主义和资产阶级国家干预调节经济的理论基础,他把经济学的分析重点由供给方面转向需求方面,正是需求重于供给的分析方法,有助于凯恩斯创立有效需求原理和政府需求管理政策,从而完成了经济学说史和经济政策史上的"革命",否定了传统的"萨伊定律",否定了自由放任政策,明确承认经济危机和失业现象的普遍存在,市场机制自发调节是有缺陷的,扩大政府的经济职能是避免资本主义陷于全面毁灭的惟一有效办法。所以,二战后,凯恩斯经济学迅速地取代了传统的古典经济学而成为西方经济学的新正统。

(二)凯恩斯主义的主要内容

凯恩斯的理论体系是由有效需求不足、三大心理法则和"反周期"政策主张构成的。凯恩斯认为,有效需求是指商品的总需求价格与总供给价格相等时的社会总需求,它决定雇主们在预期可得的利润为最大量下所提供的总就业量。有效需求由消费需求和投资需求构成,凯恩斯认为现代资本主义的一般情况是有效需求不足,包括消费需求不足和投资需求不足。而有效需求不足产生的原因,来自需求方面的三大基本心理法则。

1. 消费倾向递减。一般来说,总消费量主要取决于总收入量,两者按相同方向但不同的比例变动,消费增加的幅度要小于收入增加的幅度。凯恩斯把消费与收入的这种函数关系称之为消费倾向。他认为储蓄是人的天性,所以,"当真实所得增加,则储蓄在所得中所占之成数增加",因此,随着收入的增加,边际消费倾向具有递减的趋势。这是人类最基本的法则之一。由于消费是总需求的一个分量,所以消费倾向递减这一心理法则必然导致有效需求不足。

2. 资本边际效率递减。资本边际效率就是指资本家使用资本的预期利润率。它取决于资本的未来收益和供给价格。凯恩斯认为,短期内,随着某类资本投资的增加和该类资本产量的增大,生产该类资本的各种生产设备所承受的压力就会加大,每单位资本的生产成本就会上升,这必然导致供给价格的上升。在长期内,随着对某类资本投资的增加和该类资本供给的增长,其未来收益必然会因该类资本产量的增大而下降。资本的供给价格上升和未来收益的下降都会导致资本边际效率的下降。由于资本边际效率具有递减的趋势,私人投资的诱力必然越来越弱,从而导致投资需求和有效需求不足。

3. 流动性偏好。流动性偏好是指人们处于现期交易、避免由于未来利息的不确定而蒙受损失以及想从中牟利等三种理由而愿意持有现金所产生的货币需求。凯恩斯认为,投资量的大小不仅取决于资本边际效率的高低,同时也取决于利息率的水平,而利息率的高低取决于货币的供求。货币供给是由银行体系规定的,货币需求是由人们对货币的流动性偏好决定的。货币供给越大,则利息率越低,流动性偏好越大,即人们想保留货币的愿望越强烈,厂商为获得货币资本而必须支付的利率也越低。由于流动性偏好的阻碍,利率的下降具有刚性,不能无限制的下降。在长期看来,在资本边际效率下降的同时,由于利息率下降具有刚性,那么,实际的投资量一定会下降到资本边际效率等于市场利息率这一点。当两者相等或者前者底于后者时,厂商就不会再增加投资甚至撤资。投资需求不足必然导致有效需求不足。

凯恩斯的就业理论就是建立在这三大基本心理规律上面的,他认为当前资本主义的最大问题就是对上述决定生产和就业的三个心理因素如何加以控制来保持高度就业水平和高度生产水平。于是他引申出一套经济政策的主张,在经济运行机制和经济学体系中导入政府经济行为。

(三)凯恩斯主义的政府经济行为

1. 对经济运行进行国家干预和调节是政府行为的基点。按照凯恩斯经济学的理论体系,失业和危机的原因是有效需求不足。要扩大有效需求以实现充分就业仅仅依靠市场机制的自动调节是不能胜任的,所以必须依靠国家政权的力量对经济运行进行国家干预和政府调节。国家干预经济的措施在于刺激社会需求,刺激社会需求的办法在于通过扩大资本家的利润,增加投资,鼓励资本家的乐观情绪。如果资本家私人不肯投资,那就要依靠政府投资。

凯恩斯还提出"倍数原理"或"乘数原理",论证政府投资给国民收入带来的影响。他认为,由于投资乘数的作用,投资的增加会引起收入和就业量成 K 倍增加,同样投资的减少也会导致收入和就业量成 K 倍减少。在既定的边际消费倾向下,新增加的投资成为生产部门的收入,其中一部分将用于消费,成为生产消费品部门的收入;生产消费品部门的资本家和工人又按照当时的消费习惯把收入的一部分用于消费,从而进一步引起消费品部门的收入增加。这样继续扩展下去,就会引起收入和就业的不断增长。所以在消费心理不变的情况下,解决失业的办法就是投资。而且在边际消费倾向越大,乘数值越大,特定量的投资变动所引起的收入和就业量的变动也就越大。

2. 财政政策是政府经济行为的重心。凯恩斯主张实行扩张性货币政策来解决失业和经济衰退过程。但是他更强调财政政策的调节作用,认为货币政策只能起辅助作用。因为和资本边际效率的变动相比,利息率可能的变动不能完全抵消资本边际效率的变动。在经济萧条阶段,人们对未来的预期悲观,单纯通过降低利息率来刺激投资的政策效果不大。

运用财政政策调节经济运行,是凯恩斯政府经济行为的重心。他认为对经济萧条和失业问题需采用扩张性财政政策。税收和发行国债是政府运用财政政策的主要手段。运用税收手段如累进所得税,虽然可以重新分配,可以提高消费倾向,进而增加有效需求。但是由于税收的增加,必然会减少私人投资和私人消费,加之短期内消费倾向比较稳定,因此通过增加税收扩大政府支出的财政政策对于提高有效需求、克服经济危机、提高就业水平很难奏效。运用政府举债的手段就不同了。

3. 举债支出是政府经济行为的主要操作手段。政府举债一般有两种用途:一是兴办投资项目;二是弥补其他预算项目的赤字。如果政府用举债方式兴办资本项目,能增加投资;如果用于弥补其他财政赤字,则为负储蓄,能增加消费倾向。因此,举债能够提高有效需求,增加总就业量,以达到凯恩斯所谓充分就业条件下的均衡。政府举债支出的实质是实行财政赤字政策,而财政赤字的必然后果是通货膨胀。对于举债是否会造成通货膨胀,凯恩斯的看法是,充分就业是"最后的临界点",在达到充分就业临界点前,物价虽然会有所上升,但同时也推动了就业量增加,因而对稳定社会经济是有益的。但事与愿违,由于推行了赤字政策,失业问题并没有彻底解决,但爬行的通货膨胀却因之出现。

二、新古典综合学派的政府经济行为观点

(一)新古典综合学派的形成

凯恩斯的现代宏观经济分析形成了解释资本主义在20世纪30年代面临的现实经济问题的理论体系,并且,他提出的一套行之有效的办法,推动了资本主义经济的恢复。从50年代起,资本主义经济进入了一个相对繁荣的时期,失业和生产过剩的危机问题显得不像30年代那样严重,相反,如何进一步发掘经济潜力,发挥市场价格机制的作用,保证经济长期稳定地实现充分就业和普遍繁荣,成为经济学界和政府关注的问题。凯恩斯的宏观经济分析已经不能适应经济形势变化的需求。

以马歇尔为代表的新古典经济理论主要是对微观经济的价值、分配和资源配置的分析,但缺乏宏观经济的独立研究;而凯恩斯的经济理论只是对宏观经济总量的分析,却缺乏微观经济分析的基础。然而在现实生活中宏观经济和微观经济是密切联系的。因此,在经济理论研究上,对两者任一方面的疏忽都很难对现实经济问题做出合乎逻辑的、完整的、科学的说明和解释。新古典综合学派就是适应战后美国经济发展的客观需要形成的。它把凯恩斯的宏观经济理论体系和新古典经济学的理论体系相结合,避免了各自在某一方面的片面性。它认为,只要采取凯恩斯主义的宏观财政政策和货币政策来调节资本主义社会的经济活动,现代资本主义经济就能避免过度的繁荣或萧条,而趋于稳定的增长,实现充分就业。在这种经济环境中,新古典经济学的主要理论将再度适用。在美国早期传播、发展和应用凯恩斯主义方面,阿尔文·汉森的贡献最为显著,但真正完成新古典综合学派理论体系建立的是萨缪尔森。萨缪尔森于1948年出版的《经济学:初步分析》,标志着新古典综合理论体系的形成。

(二)新古典综合学派关于政府经济行为的学说

新古典综合经济学派是对凯恩斯主义的补充和发展,它的理论和政策体现了对宏观与微观分析方法的综合的特点。

1. "混合经济"是新古典综合理论分析的制度前提。凯恩斯在《通论》第二十四章说过,挽救资本主义制度的"惟一切实办法",就是扩大政府的机能,"让国家之权威与私人之策动力量互相合作。"[①]这是关于"混合经济"论点的最初由来。汉森在他1941年发表的《财政政策和经济周期》一书中,较为系统地解释了"混合经济"的含义。他指出,从19世纪末期以后,世界上大多数国家的经济,已经不再是单一的纯粹的私人资本主义经济,而是同时存在着"社会化"的公共经济,因而成了"公私混合经济",或称"双重经济"。汉森认为,必须从双重意义上来理解这种"混合经济",即生产领域的"公私混合经济"(如国有企业与私营企业并存)和收入与消费方面的"公私混合经济"(如公共卫生、社会安全和福利开支与私人收入和消费的并存)。所以,既不能单用凯恩斯的宏观经济分析方法也不能单用新古典学派的微观经济分析方法,而是必须把这两种方法结合起来,才有利于描述、分析、解释现代资本主义经济面临的一系列新问题。根据萨缪尔森的看法,"混合经济"就是国家机构和私人机构共同对经济实施控制,也就是政府和私人并存,垄断与竞争并存的混合经济制度。萨缪尔森说:"普遍存在于世界各地的事实是:现代混合经济国家的人民都要求他们的代议制度政府采取各种经济政策,来维持高额的就业数量、旺盛的经济增长和稳定的物价水平。"由此可以看出"混合经济"实质上是国家垄断资本主义,其特点就是以市场经济为主,通过价格机制来调节社会的生产、交换、分配和消费;同时,政府必须根据市场情况,通过财政政策和货币政策来调节和干预经济生活,既有利于宏观经济理论和政府的宏观政策在保证经济稳定和收入公平等方面的作用,又积极发挥市场机制在提高市场效率方面的作用。

2. 希克斯—汉森模型是新古典综合学派政府经济行为的依据。希克斯—汉森模型又称IS—LM一般均衡分析,它把新古典学派的市场调节论同凯恩斯的国家干预理论结合起来,从而形成了新古典综合学派独特的综合分析,是新古典综合学派理论的核心。

IS—LM一般均衡分析是把马歇尔的均衡价格分析和凯恩斯的收入决定分析综合起来所构成的宏观一般均衡理论;表示在凯恩斯理论体系中,利息率和收入水平之间是相互同时确定的,商品领域和货币领域是通过利息率联系在一起的,这就把新古典学派的利率自动调节储蓄与投资均衡的观点纳入了

---

① 凯恩斯:《就业、利息和货币通论》,商务印书馆1981年版,第321页。

凯恩斯的宏观经济理论体系中。IS曲线表示商品市场的均衡,其上的每一点代表与某一给定的利息率相应的投资和储蓄相等的国民收入水平,它反映了商品市场上总需求与总供给一致时,国民收入水平与利息率之间的反方向变化关系;LM曲线表示货币市场的均衡,其上的每一点代表在货币供给量既定条件下,每一国民收入水平相应的货币市场上需求和供给一致时会有的利息率,因而LM曲线表达的是货币供给量既定的条件下,国民收入与利息率之间的同方向变化关系。IS和LM曲线的交点表示,社会经济活动中商品市场和货币市场同时达到均衡,以及在此均衡状态下所决定的国民收入和利息率的均衡值。

只要货币需求函数、货币供给量、投资函数和储蓄函数既定不变,就可以确定商品市场、货币市场同时达到均衡的均衡点,即IS曲线与LM曲线的交点。任何不在均衡点上的利率与收入的组合都属于失衡状态。当然,失衡状态在市场机制的自动调节下,总供求最终会趋向平衡。这是因为,从商品市场看,I>S会导致生产和收入增加,I<S会导致生产和收入减少,直至I=S;从货币市场看,L>M会导致利率上升,L<M会导致下降,直至L=M。这样任何非均衡的r与Y终将经过充分的调整,逐步从失衡回复到I=S、L=M、IS=LM的均衡状态。但问题的严重在于此时国民经济的均衡可能是一种非充分就业均衡,即有效需求仍然不足,失业仍将大量存在。

如图3-1a,A点和G点都表示社会经济处于非均衡状态,而市场经济本身的力量将使失衡向均衡状况调整,直至恢复到均衡,即IS与LM的交点E。G点的调整路径将是G—H—I—J…E,A点的调整路径将是A—B—C—D…E。如果将从失衡点,A与G向均衡点E调整的路径用光滑的连线表示,那将是图3-1b所示的螺旋线。

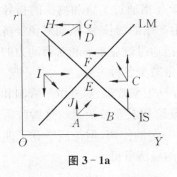

图3-1a

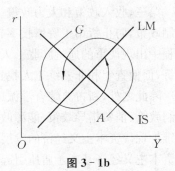

图3-1b

新古典综合学派通过IS—LM分析进一步说明了宏观货币政策作为财政政策补充政策的重要性,强调政府应同时采取刺激投资需求的财政政策和增加货币供给的货币政策,以便能够通过利息率的中介作用,刺激国民收入的增长,实现充分就业。

3. 新古典综合学派的经济政策主张。从凯恩斯主义到新古典综合学派的发展,都肯定了国家干预的政府经济行为对于市场经济运行的作用。只是到了新古典综合学派成为西方经济学的主流学派后,政府经济行为及其操作手段更臻完善,财政政策和货币政策的同时使用、相互配合,以保证宏观经济运行的稳定。

第一,财政政策和货币政策的"松紧配合"。例如,用"松的"扩张性财政政策(投资优惠、减税、扩大政府支出)来鼓励投资,增加就业;同时配合以"紧的"收缩性货币政策(控制货币供给量)以防止经济增长过程中出现通货膨胀。再如,用增加货币供给量,降低利息和扩大信贷规模的"松的"扩张性货币政策来刺激投资,增加产量和就业;同时配合以"紧的"收缩性财政政策(缩减政府支出等)来减轻总需求对市场的压力,以稳定物价,防止通货膨胀。

第二,财政政策和货币政策的微观化。所谓"微观化"是指政府针对个别市场和个别部门的具体情况来制定区别对待的经济政策。微观化的财政政策的主要内容包括实行不同的税收方案,制定不同的税率,个别地调整征税的范围,调整财政支出的内部构成及政府对不同部门的拨款等。微观化的货币政策包括规定不同的差别利息率,控制对不同行业和部门的信贷条件和借款数量等。财政政策和货币政策的微观化,可以避免宏观经济政策在总量控制过程中给经济带来的较大震动,使得政府对经济生活的干预和调节更为灵活有效。

第三,收入政策和人力政策。收入政策是指通过工资和物价的指导线和管制政策,防止货币工资增长率超过劳动生产率的增长率,从而避免经济增长过程中出现严重的通货膨胀。人力政策是指通过就业指导和对劳动力的重新训练,促使青年和非熟练工人找到职业,尽量减少各种失业,扩大就业量。

除此之外,新古典综合学派还提出了浮动汇率政策、对外贸易管制和外汇管制政策、消费指导政策、能源政策、人口政策和农业政策等。这些政策尽管在维护现代资本主义经济的发展方面起了一定的作用,但他们毕竟不能根治由资本主义经济基本矛盾所引起的周期性的经济危机。

第三节 政府干预陷入困境与新自由主义的兴起

20世纪60、70年代后,资本主义面临着严重的经济"滞胀"危机,政府干预经济生活的主张和政策显得事无补。于是,主张修复"看不见的手",反对政府干预经济的呼声日益高涨。在这样的背景下,产生于30年代的新自由主义经济学得到了较大的发展。新自由主义经济学有狭义和广义之分。狭义的新自由主义特指哈耶克的极端自由主义和德国弗莱堡学派的新自由主义,广义的新自由主义则还包括货币主义、供给学派和合理预期主义在内。

一、哈耶克极端自由主义和弗莱堡学派的政府经济行为观点

(一)哈耶克极端自由主义的政府经济行为观点

自由主义经济学家从20世纪30年代开始就极力批判凯恩斯的主张。哈耶克在1944年出版的《奴役之路》一书中提出,国家干预和计划经济等会导致"极权主义"。1947年,他组织了自由主义经济学家的俱乐部,继续批判国家干预理论。他认为自由胜于一切,声称失业和通货膨胀并非资本主义所为,而是资产阶级政府干预的结果。所以要反对任何形式的政府干预,倡导实行竞争性私人货币制度下的自由市场经济。

1. 经济自由主义的原则。哈耶克竭力推崇自由主义,认为现代文明就是自由主义的文明,经济自由主义是个人主义在经济上的必然结论,但是他再三说明,他所讲的个人主义决不是利己主义和自私的代名词,而是只尊重个人,承认个人在限定范围中,他的观点和爱好是至高无上的,他自己的目标是高于一切而不受任何他人命令约束的。而自由主义原则能使个人活力得到最充分的解放,因此,在大多数情况下是最有效的办法;自由主义也是对个人努力的协调力量,竞争制度使市场价格能引导个人活动进行,而政府只须作为"舞台监督员"就行了。

任何人都不可能获得关于所有其他人的需求的完备知识。在这种情况

下，市场作为一种整理分散信息机制，比任何人们精心设计的任何机制更有效率。由于经济知识是分散的，不可能集中起来，因此就需要经济决策的分散化，需要有为分散的决策导向、纠偏的市场。哈耶克的经济自由主义原则要求尽量运用社会的自发力量，尽可能少地借助于强制，不是像手艺人做手工活那样去塑造成果，而是像园丁培育他的花木那样通过提供适宜的环境去促进成长。

2. 法治的原则。哈耶克认为对于经济自由主义的根本原则，必须加以灵活运用，不能拘泥于某种一时的经验。他强调的经济自由主义并不是19世纪所盛行的自由放任主义，赞成尽可能地利用竞争力量来协调人类经济行为，而不是主张听任事物自生自灭。经济自由主义并不意味着仅仅要求政府不应当干什么，而且还要求政府采取各种积极的行动，例如帮助私人企业建立和维持与货币、市场及信息传递有关的机构，尤其是完善法律。法治的关键是"使我们能够正确地预测别人的行动的"规则，特别是"个人能否预见到政府的行为，并在制定自己的计划时，利用这种了解作为依据"。他认为，一个有效的竞争制度和其他制度一样需要一种聪明地规划出来的并不断加以调节的法制系统，法制政府最重要的职责在于通过颁布正式条规为公平合理的竞争确定规则，监督竞争公正地进行，并在竞争不起作用的地方，补充竞争，服务于竞争。总之，在哈耶克的经济自由主义中，国家不再扮演一个被要求束手束脚、只能袖手旁观的角色，而是创立和维持一种有效的竞争制度的积极参与者，创造条件使竞争尽可能有效；在不能使其有效的场合则加以补充；提供那些对社会有益，但由私人经营却得不到收益的服务。这就是哈耶克所提出的政府行为的原则。

3. 货币非国有化原则。哈耶克认为如果听任市场机制充分发挥作用，市场就会把有关市场信息及时地传递给每一个当事人，每一个当事人就会调整自己的经济资源，一切经济资源就会得到合理的、有效的利用。但市场机制充分发挥作用的前提是一种健全的货币的存在，只要存在健全的货币，市场信息就会及时地传递给当事人，经济就会正常地运行；私人经济本来是可以自行提供这种健全货币的，然而国家对货币发行权的垄断却不允许私人经济提供健全的货币，这样市场机制发挥不了应有的作用。资本主义存在的通货膨胀和失业都不是资本主义固有的弊病，而只是由于政府对私人经济进行干预，政府剥夺了私人经济提供健全货币的机会。

所以，哈耶克提出了"货币非国有化"的主张。所谓"货币非国有化"是指对现行的资本主义货币制度进行根本性变革,取消政府发行货币的垄断权,废除国家货币制度,而用私营银行发行的竞争性货币作为国家货币替代物的经济思想和政策主张。他认为实行货币非国有化以后,一方面,废除了国家对货币发行的垄断权,国家不可能再利用这一权力来任意扩大财政赤字,这就从根本上消除了产生失业和通货膨胀的根源;另一方面,实行了自由的市场经济,允许私营银行发行竞争性的货币,这时私营银行自身要承担过度发行货币的严重后果,因此,它必须自行限制货币的发行量,维持通货的价值,努力取得公众的信任,所以私营银行发行的竞争性货币与发挥企业自由经营和市场经济的作用是一致的。

4. 政府社会保障职能最低限度原则。从必须也只能为维持竞争创造条件出发,哈耶克坚决反对超出最低限度的政府社会保障职能。哈耶克把政府提供的保障分为两类:一类是"最低限度的收入的保障";另一类是"被认为应有的特定收入的保障",前一类是达到一定富裕水平的社会应当向所有人提供而又不违背竞争原则的,而后一类保障则带有特权的性质并且必然与竞争抵触。政府只能提供第一类保障,它是竞争社会必不可少的安全网,而决不能提供第二类保障,如果这样做的话,将使越来越多的人不再追求自立,而是去追求这种保障;不再喜欢有风险的经济活动,而喜欢那些稳定的职位,甚至宁愿放弃自由、自主和自立,也要获得这种保障,而这一切都将导致丧失活力。

(二)弗莱堡学派的政府经济行为观点

弗莱堡学派是因该学派的主要代表人物多在德国弗莱堡任教而得名。"社会市场经济"理论是弗莱堡学派经济思想的主要内容。社会市场经济是根据市场经济规律进行的,以社会补充和社会保障为特征的经济制度。它的目的是在经济竞争的基础上把自由的积极性同恰恰由于市场经济成就而得到保障的社会进步联结在一起。弗莱堡学派既反对旧自由主义的放任原则,又反对中央集中管理经济,而是主张国家干预与自由竞争的有机结合。和凯恩斯主义的国家事后干预不同的是,弗莱堡学派主张事前积极干预,通过国家的干预为企业创造一个相对平等的自由竞争环境,实行价格的自动调节功能,从而使经济得到迅速发展。

弗莱堡学派的国家干预原则包括如下内容:① 反对市场的垄断。他们认为,垄断与自由竞争是一对矛盾体,相互处于对立状态,因此,要实现自由竞争就必须排除阻碍自由竞争的不利因素。不管何种垄断,都是对自由竞争的排斥和破坏,都会阻碍技术进步和经济发展。因此,不仅要反对私人垄断,更要反对社会组织的垄断。② 要实现对劳动力和资源的合理运用。无论是人力资源还是物力资源的运用,都要由国家加以规定和限制。③ 国家应采取有效的措施,打击扰乱市场的不法行为,从而保证价格的正常进行使国民经济各部门得以协调发展。④ 应实现公平分配。他们认为国家应利用财政税收政策,调整由市场经济所引起的收入分配不合理现象,实现公平分配,并认为这是实现经济人道主义的主要途径。为此,他们主张应通过国民收入的再分配实施社会福利措施,但同时强调不能全面实施社会福利政策,因为其结果必然会破坏自由竞争。⑤ 国家还应对整个国民经济的发展必不可少、而私人资本又无法经营或不愿经营的一些社会性事业进行有效的投资或经营。

总之,在实现自由竞争和国家干预有机结合的情况下,既可充分发挥市场机制的作用,又使得这种体制具有"社会"的性质。所以,弗莱堡学派认为,社会市场经济是"社会化"的有明确方向的市场经济,是国家通过各种社会立法和社会政策的措施予以保障"经济人道主义"的理想体制。

二、货币主义的政府经济行为

货币主义,又称货币学派或现代货币主义,是20世纪50年代中期在美国出现的一个重要经济学流派,其代表人物是美国芝加哥大学经济学教授米尔顿·弗里德曼。货币主义的兴起与第二次世界大战后资本主义各国的经济形势变化有着极为密切的关系。第二次世界大战后,凯恩斯主义的扩张性财政政策和货币政策虽然对于刺激资本主义的发展,缓和经济危机,起了很大的作用,但同时也引起了长期持续的通货膨胀。到60年代后期,美国的通货膨胀急剧发展,以致到70年代初,出现了经济停滞和通货膨胀并发的"滞涨"状态。正是在这一背景下,货币主义在美英等国异军突起。他们打着现代货币数量说的旗号,鼓吹货币作用的重要性,主张采取控制货币数量的金融政策以消除通货膨胀,保证经济的正常发展,以此与凯恩斯主义相抗衡,并自称是凯恩斯革命的反革命。

（一）货币主义的基本理论观点

货币主义把货币数量看做是影响社会经济生活的最重要因素,其理论基础是现代货币数量论,而现代货币数量论又是建立在对传统货币数量论的修正基础上的。

传统货币数量论认为,在其他条件不变的情况下,一国物价水平的高低和货币价值的大小是由该国的货币数量决定的。货币数量增加,物价则随之提高,货币价值则随之降低;反之,则相反。到本世纪初,货币数量论有了新的发展,其主要特征是引入数学工具,用数学公式对货币数量论的基本理论进行描述。

现代货币数量论与凯恩斯货币理论的主要区别是:凯恩斯着重把货币看做债券的相近替代物,认为利息率的变动将影响人们在货币和债券间选择保存财富的形式,从而确定人们对货币的需求。现代货币数量论则认为货币不仅是债券的相近替代物,同时还是其他金融资产和物质资产的相近替代物。这样,不仅人们要根据利率的变动在货币和债券间进行选择,同时人们对货币的选择还将受到预期股票的收益和预期的房屋、耐用消费品等价格变动的影响。因此,现代货币数量论认为货币需求的利率弹性是较低的。凯恩斯主义强调利率在货币传导机制中的作用。认为货币供给量的变化首先影响利息率,然后通过利息率影响投资,进而引起国民收入的变动;而弗里德曼认为利息率在传导机制中的作用极小,货币需求是相对稳定的,货币供给量的变动将直接影响人们的支出水平,从而直接影响名义国民收入水平。

弗里德曼认为当货币当局的货币供给量增加时,短期内名义收入的增加可以部分地表现为产量的增加和失业的减少,部分地表现为物价的上涨;但长期内名义收入的增加只能全部表现为物价上涨,此时失业率不仅不会降低,甚至还会和物价同时上升。因此,货币当局企图通过增加货币供给来增加产量、减少失业是不可能的。

弗里德曼还认为,货币供应量的增加是通货膨胀和经济活动发生波动的最根本的决定性因素。他认为通货膨胀随时随地都是一种货币现象,亦即是说,如果货币的增长快于产量的增加,就会发生通货膨胀;如果政府开支是通过印发货币或银行信贷取得的,并且导致货币增长率超过了产量增长率,那么,政府的财政政策是通货膨胀政策。

(二)货币主义的政府经济行为

货币主义对于政府经济行为的规定是建立在货币主义的基本理论之上的,它反对国家过多地干预经济,鼓吹经济自由是货币主义经济政策主张的基调。货币主义者认为,社会应保证个人都自由地追求个人利益,市场自发力量有使资本主义经济自然而然地趋向均衡实现资源的最佳配置,战后资本主义社会经济的大的波动大多是由于政府采取了错误的财政金融政策造成的。原因在于:① 由于政治上和实践上的困难,财政政策往往难以奏效。首先政府增减开支的方案通过旷日持久的讨论,必然会造成政府的政策措施贻误时机。其次,即使方案通过,在具体实践中会遇上减税容易增税难,增加政府开支容易,减少政府开支却困难重重的状况。最后必然导致财政赤字日益加大,通货膨胀日益加深,社会经济更加不稳定。② 财政政策发挥作用将会有一个时滞,如扩张性的政策需经过一段时间才能真正地增加社会总需求。这种政策实施中的时滞容易产生政策错位,使经济更加动荡。③ 财政政策中的"挤出效应"也会阻碍财政政策效用的发挥。在货币供给量不变的条件下,政府开支增加必然使私人开支减少的"挤出效应"会在很大程度上抵消财政支出的扩张效应。为避免这一问题,要增加政府开支就必须增加货币数量,从而带来通货膨胀。

所以采用国家干预经济的形式,只能损害效率,加剧通货膨胀,造成经济停滞、萎缩,失业人口增长。弗里德曼认为通货膨胀与失业的同时向同一方向变动的"滞胀"的原因是"政府庞大化的产物"。他认为,① 通货膨胀速度的快慢对就业毫无影响。只要不多干涉经济的自由运转,政府的职责限制在制定必要的规章制度和仲裁经济纠纷,自由市场机制就能够恢复充分就业。② 影响就业的不是通货膨胀的绝对水平,而是通货膨胀的多变和不稳定性妨碍了实际价格调整和准确预测数据,同时降低了市场经济制度对资源分配的效率,这些都将对失业和就业的变化发生影响。所以,政府只需实行"单一规则"的货币政策,即排除利息率、汇率、物价水平等因素,以一定的货币存量作为惟一因素支配的货币政策,控制货币数量的增长与生产的增长幅度相适应,充分发挥自由市场的自发调节作用,就既能防止或抑制通货膨胀,又能使经济增长得到必要的货币供应,并扩大就业。由此可见,货币主义在政府经济行为方面,基本上回到了亚当·斯密那里,只是在市场经济有了较大发展的情况下,货币变量对经济运行的作用日益重要,所以,货币主义承认政府控制货币数量的行为是必须的、惟一的。

弗里德曼认为政府在仅仅下列职能上才是必要的,首先,判定、解释并强制执行"竞赛规则",其中最重要的是财产权制度;其次,提供货币机构,其中最重要的是控制货币数量;第三,对抗技术垄断,促进竞争;第四,从事产生所谓"邻近影响"的公共事业,如城市中的路灯;最后,补充私人慈善事业和私人家庭对特殊人群的照顾。在弗里德曼看来,除了上述职能外,其他一系列活动都"看不出有任何正确理由来从事"。

三、理性预期学派的政府经济行为

在 20 世纪 70 年代,资本主义各国都陷入了严重的通货膨胀、大量失业和经济停滞的困境,二战后流行了多年的凯恩斯主义经济理论和政策发生了危机,与凯恩斯主义相对立的货币主义和经济政策在扭转停滞膨胀局面并未发生神效。正是在这种历史背景下,70 年代中期理性预期学派在美国兴起。

(一) 理性预期学派的核心思想

所谓理性预期是指各经济主体在形成预期时使用了一切有关的、可以获得的信息,并且对这些信息进行理智的整理。在这一基础上,经济主体对经济变化的预期是充分的和明智的,它在很大程度上是可以实现的。并且不会轻易为经济主体所改变。

理性预期学派认为,经济行为是人的行为,经济行为的结果必然带上人的思维活动的印记。如果整个世界只有一个人,那么,这个人的预期不管是如何形成的,都将与按预期行动的结果相一致。在由无数人构成的现实社会中情况就比较复杂,因为每个人的行为结果都会受到其他人的行为影响。但是,如果整个人群都按照同一方式即理性的方式去形成预期,也就是每个人都将有效地利用所获得的一切信息谋取效用最大化,那么上述的一致性是可能实现的。

理性预期理论并不排除现实经济生活中的不确定因素,也不排斥不确定因素的随机变化会干扰人们预期的形成,使人们的预期值偏离其预测变量的实际值。但是,它强调一旦人们发现错误就会立即作出正确反应,纠正预期中的失误。因此人们在预测未来时决不会犯系统的错误。

从理性预期概念出发,理性预期学派提出了自己的宏观经济学理论。他们认为凯恩斯主义的根本错误在于三个基本理论前提的错误。一是违背了经济学理论的假设——人是有理性的,因而忽略了人们在认识实践中产生的理性预期对经济的巨大影响作用。二是错误地假设供给是有无限弹性的,片面夸大了需求管理的作用。三是错误地认为现代资本主义条件下各类价格已不再是完全可以浮动的,否认了自由市场的完善性。理性预期学派认为在错误的前提下凯恩斯的宏观经济模型必定是错误的,不能用来制定和评价经济政策。理性预期学派认为,人们对经济未来变化的预期总是尽可能最有效地利用现在所有可以被利用的信息,而不是仅仅依靠过去的经验和经济的变化,用这种理性的分析来建立新的宏观经济模型,表示经济主体会注意到政策的变化,据此改变他们的决策,以便充分利用一项新的政策产生出来的任何有利机会。

(二)理性预期学派的政策主张

理性预期学派把古典和新古典经济学的微观经济分析方法引入宏观经济学中,建立了理性预期的宏观的"中性货币"论、浮动价格论、产品和就业论、经济周期论,说明通过市场机制的自动调节也能达到宏观经济的均衡,指出在任何情况下政府的宏观经济干预都是无效的。

1. 通货膨胀政策无效论。理性预期学派认为,经济当事人在成功地了解经济状况的过程中,有能力预期到需求管理政策的效果,他们在保护自己实际利益的同时会使这种政策对产量这样的实际变量完全没有影响。凯恩斯早期的某些追随者曾提出"货币不重要",货币主义学派则认为"货币最重要",认为货币政策是最有效的政策,主张"单一规则"。理性预期学派则持"货币中性"的观点,认为货币对社会经济的运行只起流通手段和计价单位的作用,而不起其他能动的影响,规则的货币政策仅仅影响名义变量如价格水平和通货膨胀率,而不会或极少对实际变量如产量和就业发生影响。因此,通货膨胀政策不会有实际效果。他们还认为,甚至通货膨胀政策在宣布和实施之前,理性的经济当事人就可以正确地预期到它将出台,这就更加强了这种政策的无效性。他们建议政府最好是制定一些可公开宣布并且保证长期执行的经济政策,这会比较容易取得人们的信赖,从而有效地解除他们的各种预防措施,并引导他们自动地做出与政策相适应的调整。

2. 紧缩货币政策的无就业和产量成本论。按照凯恩斯主义和货币主义的经济理论,实行紧缩政策降低或消除通货膨胀,就必须牺牲掉一部分产量和就业。但理性预期学派认为,实行紧缩政策不一定要有产量和就业损失的成本。不过,理性预期学派的经济学家又指出,只有信誉良好的政府的紧缩政策才能使产量和就业的成本极小,否则,虽然政府宣布了它的紧缩政策,但经济当事人根据自己的经验也不会相信,那么紧缩政策仍然是要花费产量和就业缩小方面的成本的。

由此可见,理性预期学派认为,在市场经济条件下,各经济部门是按照预期的价格安排生产的。一般而言,由于经济部门作为整体看是有理性的,因而其预期都是与实际相一致的理性预期,经济一定处于自然水平之上。即使经济部门做出错误的预期,由此形成的供给或产量会偏离自然水平,但由于得不到预期的利润率,经济部门就会削减过高预期带来的过高供给或产量。这样,经济也会恢复到自然水平。因此,理性预期学派认为,市场经济具有自然均衡的能力,国家不必干预经济,并且,国家的宏观经济政策是无效的。

四、供给学派的政府经济行为

供给学派是20世纪70年代中期兴起的新自由主义的一个流派。它是由美国一些"青年经济学家"组成的,侧重供给经济分析,反对凯恩斯主义的国家全面干预。他们认为,正是凯恩斯主义过分强调需求,造成需求过度膨胀,供给过度衰退,才是导致美国经济"滞胀"、经济衰退的根本原因。因此他们主张把注意力集中在供给方面,提出资本积累、技术进步和生产率增长的重要性,从而迎合了当时的潮流,得到了里根政府的采纳。

(一)供给学派的理论基础

供给学派侧重分析的理论基础是被凯恩斯否定过的萨伊定律"供给会自动创造自己的需求"。

萨伊认为,商品的买卖,只不过是商品和商品之间的交换,货币只在一瞬间起媒介作用,一个商品的卖主同时也是另一商品的买主,一种产品的生产必然给其他商品的生产开辟道路。因此只有生产才创造对其他产品的需求。萨伊概括了"古典经济学"理论体系的性质和结构特点：生产是起点，分配是生产的结果，交换是分配的继续，消费是经济活动的终点。生产者最大的利润必然会带来全社会的最大利益，消费者的利益寓于生产者的利益之中，是生产决定了消费，经济学研究的重点应该放在生产和供应上，所以好的政府以刺激生产为目的，而一个坏政府则鼓励消费。萨伊还认为，当一种资源得到充分利用时，就生产出一定量的产品，参加这种生产的人们也获得一定的收入，从而他们将以就业中所得的这些收入去购买产品。只要生产安排好，不论生产什么都能销售出去，发生过剩的产品不过是一种劣等货或不对路的暂时过剩；只要供给会创造它自己的需求，就不会发生一般生产过剩，总供给和总需求一定相等。

萨伊定律使供给学派把注意力集中在供给、集中在刺激的能力或资本的投资方面，使他们首先关心各个生产者的动机和刺激，把注意力再次集中于生产手段。但是供给学派复活萨伊定律，并不是简单地、机械地全盘照搬，而是对萨伊定律进行了具体分析，对其中的某些观点进行了批判，结合了一些新的条件，赋予了一些新的内容。一是否定了萨伊定律关于完全竞争的假设条件，认为资本主义企业的中心活动是一种企业兼并过程，完全竞争的假设不现实，供给学派侧重于供给分析方法，则是以不完全竞争为假设条件的。二是否定了萨伊定律的"供求均衡论"，强调了现代资本主义经济的非均衡性。供给学派关于供给不足的分析方法，表明了他们是持有供求不均衡思想的。三是批评了国家对经济的过度干预导致市场机制的失灵爆发了生产过剩，同时又批评了萨伊定律过分夸大市场机制调节作用的观点，指出市场机制调节的局限性，肯定了政府适当干预经济的必要性。他们认为，在政府已干预经济并造成供求不平衡、供给不足的情况下，市场机制的作用无法正常发挥，不能自动调节供求趋于平衡，因而必须通过政府的某些干预措施来刺激供给，促使供求实现平衡。

（二）供给学派的政府经济行为

对于20世纪70年代以来资本主义经济的主要问题，即经济停滞和失业和通货膨胀并存的原因，供给学派认为，"滞胀"从表面上看来是需求增长过度，根本上却在于供给受到损害，政府的赤字财政政策刺激了需求过度增长，引起了通货膨胀。为扩大政府开支而增加税收，由通货膨胀而引起需求档次的升级,直接减少了利润或收入,减少了储蓄,削弱了工人的积极性,造成投资和劳动供给的缩减,生产效率下降,失业增加,间接地提高了利率,阻碍了投资的增长,加重了劳动者的负担,导致了经济停滞和失业,导致劳动者因税收增加而要求提高工资和资本家将提高的税收和工资打入成本而提高了产品价格,最终导致工资和物价的上涨,形成"税收推动的通货膨胀"。

供给学派针对政府对经济全面干预造成经济受到损害的实际情况,认为应尽力减少国家干预的负面作用,充分发挥市场机制调节微观经济进而调节整个经济的作用。为此供给学派对政府经济行为的政策主张是:① 大幅度地和持续地削减个人所得税和企业税,以刺激人们的工作积极性,以及增强储蓄和投资的引诱力 。② 采取相对紧缩的货币政策,使货币供给量的增长和长期的经济增长潜力相适应,从而恢复某种形式的金本位制。③ 供给学派主张减少国家对经济生活的干预,特别是要改变国家干预的方向和内容,主张应更多地通过减税实行"供给管理",更多地依靠市场的力量自动调节经济。④ 缩小政府开支,大规模削减福利开支,提高私人的投资能力。在供给学派的这些政策主张中,最主要的是减税政策。

供给学派认为当时美国经济主要问题是供给不足,而储蓄不足和投资不足是供给不足的主要原因,减税则能促进储蓄与投资的增长。供给学派理论家拉弗提出了著名的"拉弗曲线"来说明税率和税收之间以及减税在刺激经济增长中的作用。如图3-2:

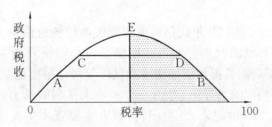

图3-2 拉弗曲线

图中纵轴表示政府税收,横轴表示税率。当税率为零时,税收为零;当税率为100%时,税收亦为零,因为全部收入要上缴,无人愿意生产和劳动。税率从100%沿BD下降,生产扩展,政府税收增加;税率为E时产量最大,税收最高;税率低于E时,产量和税收又要减少。对于政府来说,图中的阴影部分是"禁区",在这个区域内,只有降低税率,产量和收益才能增加。而对于政府来说主要的任务就是要找到税率的最佳点E。根据拉弗曲线,供给学派认为,当时美国税收已进入禁区,因而减税会使生产增加,政府收入增加。他们还主张着重削减高收入阶层的税率,只有这部分人收入增加才会增加储蓄和投资。

第四节 简短的小结

纵观西方市场经济发展过程中对于政府经济行为认识的发展,我们可以发现,在政府经济行为方面,国家干预主义和经济自由主义一直是西方国家在发展市场经济中对待市场和国家及两者关系上采取的不同政策。一般地把强调市场机制的有效性,反对国家干预经济生活的政策,称为经济自由主义;把强调市场机制缺陷,必须通过国家干预经济生活,以弥补市场不足的政策,称为国家干预主义。两种经济思潮随着历史发展的不断演进,此消彼长。

15世纪—18世纪是原始国家干预主义占上风的时期。这种原始国家干预主义是一种始于原始积累这一特定历史阶段的国家干预主义,以英国重商主义为代表。它有力地推动了资本主义生产的发展,但在后期已成为商业资本主义向产业资本主义发展的桎梏。英国晚期的重商主义的国家干预思想就已出现一种自我脱离、自我否定的倾向,已滋生出古典经济自由主义的萌芽。

17世纪—20世纪20年代是古典和新古典经济自由主义逐步取代国家干预主义而占上风的时期。亚当·斯密是古典经济自由主义学说的奠基人,他认为国家只需要提供诸如法律和秩序等最低限度的职能,而市场制度将在"看不见的手"的指导下,经由每个人追求私利的动力而最终将达到富国裕民的目标。19世纪末20世纪初,西方主要资本主义国家向垄断资本主义过渡,适应时代需要,马歇尔以完全竞争和充分就业为假设前提,以局部均衡分析法认为资本主义是一台可以自动调节的机器,因此主张国家采取自由放任政策。马歇尔的理论是对古典经济学的继承和发展,故被称之为"新古典经济学"。然而马歇尔及其新古典学派所处时代是自由资本主义向垄断资本主义过渡阶段,其特征是垄断的形成和加强,经济危机日益频繁加剧。完全竞争的假设前提的现实性被动摇了,从而动摇了经济自由主义的根基。

第三章　对政府在市场经济中作用认识的历史演进

20 世纪 30 年代至 70 年代初是经济自由主义失灵从而凯恩斯国家干预主义占上风的时期。1929 年—1933 年大危机促成了一系列国家干预主义理论和政策的产生，其中以凯恩斯的国家干预论最为完备，影响最大。它推翻了否定生产过剩危机的传统理论，摒弃了通过市场自动调节可实现充分就业的传统教义，否定传统的健全财政原则和追求物价稳定的政策目标，并用宏观分析代替和区别微观分析。实践表明，以凯恩斯萧条经济学为代表的现代国家干预论在一定程度上缓解了资本主义经济危机，并在一定时期促进了资本主义经济的发展。

20 世纪 70 年代中期至 80 年代是国家干预主义陷入困境从而经济自由主义卷土重来的时期。这一转变的物质根源，在于凯恩斯国家干预理论无法克服普遍出现的失业和通货膨胀并存的"滞胀"局面，以及日益加剧的平均利润率下降的趋势，应运而生的是新自由主义，其中包括弗莱堡学派、现代货币学派、理性预期学派、供给学派等，这些学派的共同点在于：他们都认为资本主义经济是完善的，私人企业经济制度有很大的优点，政府不应过多干预经济。新自由主义成为 70 年代末 80 年代初西方主要国家制定经济政策的依据，并取得了一定成就。但同时也形成了高财政赤字、高失业率的恶果，致使 90 年代西方国家经济再次衰退。

20 世纪 80 年代末 90 年代初国家干预论东山再起，其标志是新凯恩斯主义及其国家干预政策再度成为美国克林顿政府经济学的基础。

从上述国家干预主义和经济自由主义的发展的演进历史来看，不同历史时期各个国家的经济发展状况决定了它们的交替发展，而且到现代，两者发展日益呈现融合趋势。国家干预主义逐渐承认市场机制的有效性，注意把宏观政策与市场机制有机地结合起来；而经济自由主义则逐步由彻底的自由放任向承认国家适当干预的合理性转变。目前西方发达国家在发展市场经济中均以市场机制为基础，并且在不同程度上重视国家干预的辅助作用。国家干预主义和经济自由主义日益融合，今后各学派的区别不再是要不要国家干预的问题，而是在多大程度上发挥国家的作用，国家对经济如何干预；以及在多大程度上和如何发挥市场机制的自发调节作用。

复习思考题

1. 试述古典经济理论对政府经济行为的认识。
2. 试述凯恩斯主义诞生的历史背景及其对政府经济行为的认识。

3. 试述新古典综合学派对政府经济行为的认识。
4. 新自由主义对政府经济行为有哪些新的认识?
5. 从近现代西方主要经济学派对政府行为的争论中,可以得到什么启示?

第四章 政府经济管理行为

政府经济管理行为在一定条件下形成、发展、变化,直至成为一种适应一定条件的模式。政府经济管理行为不可能在真空中形成。因此,要理解政府经济管理行为,我们必须从政府经济管理行为产生的前提和基础来分析其限定条件。从政府管理经济行为产生的前提和基础可知,政府经济管理行为只能从形成其行为的前提与基础中寻找到根本依据。

第一节 政府经济管理行为产生的条件和基础

一、政府经济管理行为的政治法律条件

中国社会主义经济的基本政治前提,是共产党领导,其他党派合作、参政并实行人民代表大会制度。我国曾经在第二部宪法(1975年)和第三部宪法(1978年)的第二条中直接写明中国共产党对国家的领导地位。第四部宪法(1982年)在总纲部分仍然指出了中国共产党的领导作用。一般说,执政党的作用居于中心地位,这是社会主义政府经济管理模式的基本前提。

在社会主义国家里,共产党领导传统是由历史选择决定了的。中国共产党是工人阶级的先锋队,代表最广大人民群众的根本的利益。因为共产党作为工人阶级的先锋队,代表全体人民的根本利益。得民心者得天下,这是政治的历史进程中铁的规律。

我国在建立社会主义政治制度的过程中,并没有像前苏联那样完全取消其他政党组织,而是建立起了共产党领导下的多党合作制。其他一些民主党派也参与了国家的政治、经济等管理活动。这种体制保证党的执政领导体现,包括全体合法公民在内的利益。因此:

1. 凡政府涉及政治范围问题的经济决策,将充分体现出共产党组织意图

和政治追求。在社会主义经济体系中,由于坚持党的统一政治领导,经济问题的重大方针和路线都直接反映了党的基本路线、根本原则与基本战略。西方资本主义经济体系中各派政党,无论是共和党与民主党,工党与社会党,在野时可以爱说什么就说什么,一旦上台执政,基本上要按照西方社会的具有支配影响地位阶级的意见行事。

2. 政府的经济决策过程,重大方针决策需坚持党的方针指导。因为党是领导与决策的核心,是社会的核心力量。常见的做法是,当开始制定国家中长期计划时,首先是通过发布党中央的有关决议文件,责成政府在规定的时间内,按照文件中所初步拟定的方针、原则、任务、目标和政策等,分别向党组织和国家立法权力机构提交计划草案。

3. 党管干部是社会主义国家制度的一个组织原则,政府经济管理者也受此原则约束。各级政府经济管理者主要通过党组织挑选、考察、推荐和任命。由于对政府经济管理的人事进行了监督与控制,这样就从组织措施上保证了政府经济管理行为不至于从根本上偏离党的经济建设基本路线和方针。我国已经开始在政府部门实行公务员制度,同时坚持党管干部这条原则。

我国宪法规定,国家的最高权力机关是全国人民代表大会,国家的最高行政机关是国务院。由此往下,各级地方权力机关是地方人代会,各级地方行政机关是地方政府。因此,在我国,政府是国家机构的组成部分之一。

社会主义中国的国家体制不同于西方国家制度,是共产党领导下的人民代表大会制。在这种制度下,国家的最高政治经济决策由全国人大作出,按照我国国家机构的分工,国务院作为中央政府是国家最高决策的执行机关,它的行为在法律上说只是国家意志的执行人,而不是国家意志的表述人。宪法只是赋予国务院拥有其他国家机关所没有的各种手段。它通过运用这些手段进行具体的组织和管理活动,把国家权力机关制定的法律和通过的决议付诸实施,从而实现最高国家行政机关的职能。

因此,政府经济管理行为不等于国家经济管理行为。国家的经济管理行为包含了经济立法、经济护法与经济执法等在内的全部活动,而政府经济管理只是国家行为中的一个重要组成部分。政府经济管理首先必须合法,其行为不能越出国家经济法律规范。一切违反法律的政府行为,都将得到纠正直至受到惩罚。

二、政府管理经济行为的经济基础

按照历史唯物主义的观点,政府是建立在一定物质与经济基础之上的上层建筑,政府行为受制于物质与经济基础两个基本方面即社会生产力与社会生产关系的影响。就社会生产力而言,政府行为受到生产力的发展水平及其发展阶段的影响;就社会生产关系而言,政府行为主要受到社会基本的生产资料所有形式的制约。

1. 受整个社会生产力发展趋势的影响,国家及其政府的经济管理行为有加强的趋势。在人类社会生产力不发达的时期,由于生产的分工与技术联系比较单纯,生产者的生产、分配、交换与消费处于较为狭隘的天地,因而依赖于生产者、经营者与消费者的自我联系,社会的再生产活动就能进行下去。直到自由竞争资本主义阶段,我们都可以看到,比起20世纪的生产力水平来,相对简单化的社会再生产依靠内部的活动主体就能够顺利地运转下去。但是,在那之后,由于数次技术革命,生产力的发展一再突破原来的极限,社会再生产朝着复杂化、精密化、跨地区和国家化等方向发展,依靠原来的联系是无法适应这种趋势的。随着社会生产力的高度发展,各个独立的生产者、经营者和消费者在利益冲突下越来越无法达成共同遵守的社会契约,国家干预成为重要的平衡因素。

2. 就社会生产力的不同发展阶段而言,政府行为有所差异。受整个社会生产力发展趋势的影响,国家及其政府的经济管理行为有加强的趋势。这是总的趋势,但不排斥在不同的社会生产力发展阶段上的强弱差异以及形式转化。在生产力水平尚未达到较高水平时,政府行为表现出直接的特点,而在生产力水平已经到达相当高的阶段之后,政府行为呈现出间接的特点。政府经济管理由外在直接干预为主转向由内在间接控制为主,其行为更加灵活和巧妙。然而到了经济迈过增长跨入成熟阶段,企业和消费者的成熟,使得它们能够处理好自己的事务,过去是必要的政府扩张与直接干预措施就没有必要性了。政府行为的重点由扶持企业和消费者,直接投资创造经济增长的条件,转向了监督经济主体的行为,维护市场秩序,并为整个社会的未来提供发展的框架,等等。从二战后多数国家的发展历程中可以看出,在大致经历了一个从经济的低水平发展到高水平的过程中,政府对经济活动的影响和干预,无论在数量上还是在质量上都发生较大的变化。这种变化应当说是一种符合社会经济发展规律的现象。

3. 就生产关系而言,政府行为受到生产资料所有制关系的制约。在生产资料归国家所有的条件下,政府作为国家权力的执行机关,负责对国有资产进行保护、经营与管理。政府作为上层建筑中最重要的组成部分,有权力和义务对国有资产承担充分的责任。在社会主义制度下,生产资料公有制是基本的经济关系,政府乃至整个国家机器都要巩固并捍卫这个经济基础,这决定了政府经济管理行为的出发点和归宿点。在资本主义制度下,少数生产资料归国家所有,政府对这部分生产资料承担了比对私有财产更多的责任与义务。因此,某些政府行为的客观依据是生产资料国有制。这点无论在资本主义还是在社会主义都是行得通的。社会主义国家公有制为主体,国有企业必须在国民经济中起主导控制作用,由于国有企业的存在,使得政府必须对经济体系中最重要的部分加强影响力。

三、管理经济行为的传统文化背景

除此以外,传统文化因素作为政府行为的基本背景也是不容忽视的。传统的文化是一个民族在经过多少岁月之后遗留给后人的那些精神财富。由于是祖辈世世代代留下来的东西,因此具有深厚的基础和广泛的影响力。影响所及,自然连政府经济管理行为也概莫能外。

经验观察可知,不同的传统文化背景中的政府行为是存在着差异的。在进行东西方政府经济管理行为比较分析时,对于政府与民间、集体与个人等两者地位的态度,人们注意到了一个基本文化差异:在以渗透着古罗马精神和基督教及其文艺复兴文化为背景的西方文化氛围中,个人利益受到推崇,民间利益具优先地位。受这种历史文化传统的影响,早期的西方政府经济管理只限于维护个人利益,政府扮演社会的守夜人角色。到了凯恩斯主义流行时期,虽然政府的角色已不局限于守夜人,但受长期历史文化的浸染,政府经济管理行为依然以充分尊重和保障个人的经济权益为基调。反之,在以儒家和释家教义为背景的东亚文化氛围中,以社会、国家、集体及家庭为优先,个人的利益不允许超越于社会和集体的利益之上。政府管理行为首先依据的是社会及集体的利益,这就是所谓施仁政,政府的经济管理天然地具有合法性和合理性。只有当政府行为越出了社会及集体的利益后,即施暴政,政府才具有被推翻的理由。在西方人的眼里,政府对个人如果不是一种限制,至少也是一种不可缺少的恶。而在东方人的眼中,政府对个人至少是一种公正和青天,政府经济管理者是老百姓的衣食父母官。在这个意义上可以有根据地说,两种文化观念产生了有差异的政府行为,同时也进一步成为政府的行为规范指南。因此,只有理解了这些文化背景,才能更好地理解产生于这些背景的政府行为。

传统文化对政府经济管理行为是有重大影响的,其影响又是复杂的。但不能过分夸大这种影响。政府作为社会的上层建筑,与传统文化作为社会的意识形态,共同受制于经济基础的作用。经济基础在最后起着决定性作用。在这个基础之上,传统文化对政府行为才能够表现出其不同质的文化差异。日本与中国同样具有相似的文化传统背景,但是在许多方面日本社会与中国社会表现出不同的差异。所有这些,都会具体反映到不同的政府经济管理行为上。关键的问题是要理解在每个文化背景下产生出来的政府经济管理行为的特征,估计这种行为在现有条件下的价值,以及预测这种行为对今后社会经济发展的可能影响。

四、政府管理经济行为的心理分析

经济活动是由人去推动的,因此,人的因素不可忽视。政府经济管理行为,同样也是一种政府经济管理者的行为。因此,要揭示和理解政府经济管理行为,就必须解释政府经济管理者的内心世界。这就注定了研究必须要以政府经济管理者行为的心理为基础。虽然,政府经济管理者的心理受到生理和环境两个方面条件的决定,因此心理因素需要由造成心理因素的前提条件进一步说明,但是,当一定的假设条件不变时,心理基础是支配政府经济管理者行为的重要原因。

同时,政府行为不仅仅是单独个别人的行为,而是一个社会群体的集体行为,因此,构成这个社会群体的心理,是社会的心理,而不是个别的心理。解释政府经济管理者的心理基础时,除了要注意具体管理场合具体管理者的心理因素外,更多的是要注意代表政府经济管理者群体的心理因素,这就是政府经济管理者的典型心理特征。

总而言之,当代心理学的研究成果已经大量渗透到社会经济活动各个领域,政府经济管理活动也不例外。

五、政府管理经济行为的国家经济体系基础

由以上各个前提或基础,形成一定的国家经济管理制度,或按照普遍的理解,形成一定的经济体制。政府行为除一般地受上述制度因素制约和影响外,还更为具体地受到国家经济管理制度的制约和影响。相对于行为而言,体制一旦形成,一般不会轻易变动,体制具有相对稳定的特点。因此,国家经济管理制度因素是政府经济管理行为产生的一个必要前提。

政府的行为能否有效,与政府所拥有的权力有很大的关系。按照国家制度的法律架构,政府的经济管理大权来自国家权力机关的授予,政府在授权的法律范围内行事。只有拥有了必要的经济管理权限,政府经济管理行为才能够产生实质性的效力。

在行使权力的过程中,如果政府在没有被授权时越权,或者政府超出宪法规定范围滥用权力,或曰专权,这些都是国家经济管理制度不容许的。如果制度健全的话,政府的这些违宪行为将受到行政法律的制裁。

政府行为不仅要以拥有必要的权力为前提,同时也需要以对权力的监督为前提。按照政府行为的法律前提,政府的经济管理权力来自于国家立法机关的授权。但是在具体的执法行为中,政府活动的空间是比较大的。法律也给政府经济管理留下了制定和实施行政法规的权限,而这种权限对实际的经济活动产生更为实质性的影响。只要个别政府经济管理者"把有限的权力发挥到无限的地步",这就十分危险了。因此,如果政府拥有了权力而没有监督,就会出现政府行为失控的现象。因此权力拥有和权力监督是产生政府行为的共同前提,进一步说,它们是政府行为制度前提的一个重要组成部分。

在分析政府行为与权力的关系时,要纠正一个误解,认为权力是一切政府行为腐败的根源。按照这个结论自然而然的推论就是:取消或限制权力才能根除政府的一切腐败行为。权力能否成为腐败的土壤,一方面取决于权力被赋予的那个制度或阶级属性,比如在封建君主制度下,封建等级制度使人民被剥夺了对权力的支配力与监督力,官吏的腐败也就必然成为制度的伴随物;另一方面,即使是在人民当家作主的社会,当人民赋予的权力得不到有效监督时,它就有可能被变质的"人民公仆"滥用。政府经济管理乃至一切管理都离不开权力。在制度前提已定的条件下,关键的问题是如何运用权力和监督权力。而这正是政府行为研究的一个核心问题。正确地使用权力会给经济活动

第四章　政府经济管理行为

带来巨大的驱动力,会给社会造福;越权或专权才会给经济活动带来阻力,才会给社会造孽。以历史唯物主义的实事求是态度看待权力问题,才能够正确地寻找到规范政府行为的钥匙。

第二节　市场经济中的政府领导角色转变

一、市场的两重性与政府领导的两手策略

市场经济与计划经济是两种截然不同的资源配置手段。计划经济是由政府来统一配置资源的,而市场经济则是以市场为基础来配置资源的。因此,习惯于领导计划经济的一些政府领导,要想在领导社会主义市场经济中取得主动权,就必须解决角色转变的问题。

正如任何事物都有两重性一样,市场经济也有两重性。一方面,它能实现资源的有效配置,并为经济增长提供刺激力;它承认个人和企业等市场主体独立性,保证其自主地作出经济决策,并独立地承担经济决策的风险;它保护"消费者主权",使经济生活多样化;它提倡和鼓励经济竞争,充分调动企业的积极性和创新精神。所以,有人说它是"天使"。另一方面,它对资源的配置在宏观上表现为盲目自发的过程,往往给社会造成巨大损失;它不能对社会收入分配做到公平合理,难免形成社会成员贫富分化;对于经济活动之外的有害群众健康的"负的外溢效应",它无能为力;它不能解决由于过度的市场竞争而导致的垄断现象;对于像国防、公安、城市绿化、供热、供水、道路、文化体育设施等许多社会领域,它也力不从心。这些,都属于"市场缺陷"或"市场失灵"。特别是鉴于20世纪30年代发生在西方国家的大危机、大萧条,有人说它是"魔鬼"。

西方国家的市场经济,在自然发展的漫长过程中,长期依赖"看不见的手"来调节经济运转。但在20世纪30年代的大危机、大萧条面前,出现了强调国家干预的凯恩斯主义。其突出特点就是在不放弃"看不见的手"的前提下,强调"看得见的手"对市场经济运转的导向作用。

我国发展社会主义市场经济,一定要汲取西方国家发展市场经济的经验教训,以避免不应有的损失。政府领导必须两手并举,一方面重视市场对资源配置的基础性作用,发挥"看不见的手"的作用;另一方面加强宏观调控工作,在"市场失灵"的领域发挥"看得见的手"的作用。

二、市场经济中政府的双重角色

社会主义市场经济具有市场经济体制的共同性和一般特点,同时也有它自身的特点:① 在所有制结构上,多种经济成分平等竞争,长期共存,共同发展。② 在分配制度上,以按劳分配为主体,其他分配方式为补充,效率优先,兼顾公平。③ 在宏观调控上,把人民的当前利益与长远利益、局部利益与整体利益结合起来。正是社会主义市场经济自身的特点,决定了政府在市场经济中担负着双重角色。

第三节 政府经济管理者的行为

一、政府经济管理者的角色行为分析

明确了形成政府经济管理行为的各种前提以及基础之后,论述具体的政府经济管理行为,就必须从认识政府经济管理者的行为开始,这是按照行为科学方法研究行为的基本思路。

"角色"一词如果从英文 role 理解,与"作用"是同义词。但是从社会学角度看,角色是社会的产物,是对社会人的一种社会位置的分派。这是在社会地位和社会关系的基础上形成的符合其社会身份和职业规定的个人行为模式。归根结蒂,是社会分工的人格化。莎士比亚曾经说过:世界就是一个大舞台,人们仅仅是这个舞台上的演员。

政府经济管理者在实际管理工作中都将根据所分配的职位担负一定的责任,同时享有必要的权力,两者合起来就构成了政府经济管理者所扮演的特定角色。但是,政府经济管理者在生活中所扮演的角色不可能是单一的,除了在一定的管理环境中担负一定的管理角色外,还在其他的环境里担负不同的角色。政府经济管理者具有多种社会角色是一种正常现象,在一般情景下,这种多种角色以不妨碍公务为限。

由于主客观方面的因素,少数政府官员离公仆角色要求尚有一段距离,甚至出现与公仆角色背道而驰的现象。因此,仅仅有了制度规定还不够,从行为角度看，公仆角色还需要通过培养教育才能够建立起来。要使每个政府经济管理者都成为人民忠实的勤务员，需要长期的培养教育工作和自我思想改造。"父母官"的角色尽管其中包含着要求执政人员为老百姓做事的良好动机，具有积极意义，但是这种角色分派是建立在政府官员与老百姓之间一种不平等关系基础之上的，是封建社会中官员与小民之间统治与被统治关系意识的体现，社会主义制度中的政府经济管理者应当超越这种角色范畴。

从社会主义国家经济管理角度看，政府对国民经济的发展与运行负有重大的制度使命，这种使命促使政府具有相应的经济职能，如对国民经济发展的引导与预测，对市场经济活动的监管，对国民经济重大比例的调整，对国有资产的保值和增值等等。因而政府经济管理者的角色从总体上看应是国民经济的"领航员"，市场经济活动的"裁判员"和"监护者"，以及社会国有资产的"保管员"等等。但是，在政府经济管理内部存在着管理分工，政府经济管理者的角色不是单一的，而是多种多样的。

消极的后果是指角色转化不当导致不良的管理后果。在传统的集中管理模式中，在一些场合，最高决策者替代了中层以下决策者的角色，导致政府经济管理的失败，我国20世纪50年代"大跃进"时期有关钢铁产量的决策就是一个典型例子。当时，在极短的时间内，政府经济管理的最高领导人直接决定各个钢铁厂的产量指标，而各个钢铁厂的厂长以及所在地区的经济负责人都事实上被剥夺了决定产量的权力。此外，企业想要为职工修建一个厕所需要经过上级主管部门的审批和同意，同样是这种角色转化的消极例子。在传统的管理模式中，上级主管部门直接干预企业日常生产经营活动在制度上是允许的，具有体制上的正当依据。但是等级制的管理组织形式又规定了"统一计划，分级管理"的原则，这意味着层层负责，各级政府经济管理者具有各自的角色行为空间和角色权限。如果越过必要的管理层次，直接干预基层经济活动，这样就产生了角色不合理的位移，属于政府经济管理者角色的不合理。

积极的后果是指角色转化妥当产生良好的管理效果。同样，国家经济计划部门提出的各项建议和主张被国家最高决策部门所采纳，计划部门也就同时扮演了参谋与决策的管理角色。在实际的政府经济管理中，存在着许多下属(个人或部门)替上级领导(个人或部门)作出决策的例子。这种角色的转化或位移产生于一些领域中，有些下级管理者或部门的专业知识多于上级领导者这个基本事实。

一般而言，如果上级管理者(部门)掌握了与下级管理者(部门)至少同样数量的经济管理信息,上级管理者就可以依据自己的信息作出决策,而不必依赖下级管理者的信息。如果下级管理者拥有比上级管理者更多的经济管理信息,下级管理者在决策方面就具有了相对优势,上级管理者就不得不依赖下级管理者作出决策。此时位移是一种必要,也是合理的角色行为。管理角色向下位移的危险在于两个方面:其一,如果上级领导长期把应当由上面作出的决策交给下面,必然会破坏正常的管理程序,使整个政府经济管理系统运转失灵。其二,如果下级是平庸无能之辈的话,这往往会给整个政府经济管理造成可怕的后果。

政府经济管理者的角色为预测政府经济管理者的行为提供了一个前提,明确他在政府经济管理行为中被分派的角色,能有助于更好地理解政府经济管理者的行为复杂性,并根据其角色行为的规律性来矫正行为的正确性和适应性。在复杂的政府经济管理行为过程中,除了角色行为外,政府经济管理者本身的管理决策风格是一个更加深层次的问题。

二、政府经济管理者的管理决策风格

管理角色行为分析只是解释了政府经济管理者行为的一般性问题,而没有解释政府经济管理者行为的个性问题。现实情况往往是:同样的管理角色,表现出来的行为却是显著不同的。这不得不引导人们进一步思考引发政府管理者行为的内在因素。

典型的管理环境塑造典型的管理决策风格。没有一成不变的管理决策风格,那么,形成我国政府经济管理者这种管理决策风格的原因是什么呢?

1. 我国经济管理体制长期实行行政命令式的管理,经济管理的方式及目标任务决定了政府经济管理者相适应的管理风格。政府经济管理者承担着全面规划、指导、组织和调控经济运行的使命,必须掌握各种信息及资源,必须事无巨细地分析与研究各种各样的经济问题,并对经济运行中发生的问题作出果敢的决断。尤其重要的是,政府经济管理者对企业的生产经营直接负有责任,这种情况在体制改革后有所减少,但是并没有完全消失。因而,政府经济管理者具有追求严格控制,要求速度和效率,关注管理任务和目标的完成,关心技术性问题胜于关心非技术性问题,不容忍管理环境出现模棱两可的状态等积极因素。

2. 我国经济长期推行政府主导管理路线,因此对进入政府经济管理部门的人员提出相对高的素质要求,在人事制度上也注意保证优秀人才的遴选,这样就使得绝大多数的政府经济管理者的管理素质高于其他人员。在过去的人事制度下,政府机关历来是优秀毕业生的首选去向,基层部门的优秀管理者也陆续被挑选到各级政府经济管理部门。这种制度使得政府经济管理者成为各种各样的管理者中的佼佼者。由此政府经济管理者具有较多的理性思维的特点,如既善于抽象、概括和演绎,又善于归纳、分析和总结。

3. 目前的政府经济管理者的管理风格适应了传统经济管理模式,随着市场经济的建立,政府不能像过去那样继续直接管理经济活动,企业越来越具有独立性。社会经济环境发生了改变,政府经济管理者的管理风格也必须转型。这些都说明:按照建立社会主义市场经济体制要求,提高政府经济管理者的整体素质成为改善政府行为的关键。

三、政府经济管理者的素质要求

管理者素质是管理者生理、心理、社会及职业诸种因素所决定的个人行为特征和能力之总和。应当注意的是,管理者的素质往往是通过行为表现出来的。尽管人们可以从管理者的履历表了解到有关管理者素质的信息,但在绝大多数情况下,素质是透过行为体现的,因此了解管理者的素质要从了解行为入手。管理行为变幻多端,处于运动和不稳定状态之中。而管理素质则是管理行为的历史沉淀,是积行为之长期变幻、演化而形成的行为模式化。一旦行为固化为素质,已经形成的管理素质就决定着管理行为,而以后的管理行为随之反映着已经形成的管理素质。人们正是根据素质与行为的这种密切关系来认识管理者的行为,并对管理者的行为作出预测。

据此分析,我国政府经济管理者的管理素质应当包括:

1. 具有现代化社会特征的行为价值观。价值观是指人们对日常生活现象的看法及其态度。行为价值观主要是指人们对生活、工作、任务的基本看法和态度。行为价值观比世界观对人们生活、工作和任务具有更加直接的影响力。管理者的行为价值观是否符合时代的要求,直接决定着管理者投入经济管理的热情程度和努力程度。因此,不同社会经济制度下的人们,都十分重视经济管理者行为价值观的培养和造就。我国社会正处于转型时期,其经济管理体制正处于转轨过渡阶段,这对已经担负政府经济管理者角色多年的人来说,也有一个随着情况的变化而变化的问题。这比较明显地体现在对市场经济观念的认同和接受方面,例如服务意识、竞争观念、时间就是金钱观念、平等观念、效率观念和赢利观念等等。过去的体制把政府经济管理者对企业的直接干预视为是天经地义的事情,如果今天政府经济管理者继续抱有这样的观念对待企业就必然要与企业发生冲突;过去的体制强调一切要政治挂帅,政府经济管理不把经济发展放在优先位置,现在则要树立起经济建设就是当前最大政治的观念。因此,作为社会主义制度当前阶段的政府经济管理者,应当具备的价值观是:社会主义市场经济观念,集体主义的思想,为社会履行职责和义务的观念,为人民服务的动机,以及严格按照法律履行经济管理职责的观念等等。

2. 较高水准的符合工作需要的理论修养。政府经济管理者的理论修养,是其素质高低的一个重要标志。根据不同的管理岗位,理论修养有不同的侧重,比如从事财政管理工作的管理者的理论修养,就不同于从事外贸管理工作的管理者。作为一名合格的政府经济管理者,其理论修养应当包括:第一,掌握马克思主义哲学的基本理论。尤其是在分析错综复杂的经济现象时,人云亦云者甚多,如果没有基本的辩证唯物主义哲学的指导,就会把握不了经济发展的基本形势。第二,坚定地信仰和能根据客观实际情况运用马克思主义经济理论。社会主义经济运行的许多理论依据和原理,都来自于马克思主义的经济学说,以及从马克思主义经典作家们那里发展出来的现代社会主义经济理论。如果政府经济管理者不了解并掌握这些理论,就难以胜任角色工作。第三,了解一定的现代西方市场经济理论。现代西方经济理论不完全同于古典或近代的西方经济理论,它在对市场经济缺陷的认识和宏观经济管理的政策操作方面都有许多比较切合实际的经验概括,如市场信息不完备、竞争性垄断、外部效应问题、各种宏观经济政策的效应问题、宏观经济运行的一般过程和特点和有关经济计量的方法等等。学习和掌握这些理论,有助于提高政府经济管理者对宏观经济调控的自觉性和能动性,完善政府经济管理行为。

3. 有以系统性和连续性为特点的思维模式。对于一般政府经济管理者,某些思维模式是必须具备的,这就是系统性思维与连续性思维。系统性思维,简单地说,就是把一个事物或一个问题放置在一个联结着的整体中去看待,把它看成是与这个整体有机联系并具有一定功能的局部和个体,从而努力寻找全局与局部、整体与个体之间的内在联系,求得问题的解。连续性思维,简单地说,就是把一个事物或问题放置在一个时间的长河中间,把它看成是既是现实的产物,又是历史的产物,更预示着未来。实际上,由系统性思维与连续性思维构成了一个纵横交织的思维模式,是有关客观经济世界的空间与时间的联系在政府经济管理者思维上的综合表现。

4. 拥有高于现阶段社会平均水平的科学文化知识。政府经济管理者的知识水平一般受制于整个国家的社会经济发展水平,尤其是全民教育平均水平。因此,当我国处于发展中国家的地位时,无限制地拔高政府经济管理者的知识水平显然不行。但是,一般说来,政府经济管理者作为一个特殊社会群体应当属于具有较高学历和智商的群体,其平均水平高于社会总体平均水平,这样才会保证高质量的政府经济管理行为。除了政府经济管理者要具有高于全社会的文化知识水平外,知识结构也是不容忽视的一个方面。因为是从事经济管理工作,所以在知识结构方面有一些特殊要求,与其他政府工作人员的知识结构有所区别。这些特殊要求包括:宏观经济理论知识;经济管理技术和方法知识;主管业务部门或行业的知识;中国经济发展的历史知识;国际经济发展的一般经验和教训的知识。

5. 较强的社交公关能力。政府经济管理者具有良好的公共关系社交能力,不仅是一个单纯的经济管理技能问题,同时也是一个政治能力问题。在社会主义国家里,政府经济管理者所处的角色地位决定了他们必须同社会各界保持最密切的关系。这对于巩固政府在社会当中的地位和影响,保护人民群众的切身利益有着直接的联系。作为一个特定的社会群体,政府经济管理者比起其他多数社会成员来素质必然要高一些。但是,较高的学历和文化知识水平,较高的待遇,较高的管理经验,较高的智力水平,并不一定使政府经济管理者最终获得管理成功。在那些条件之外,还必须具备良好的社交能力。没有这一条,再有能力的政府经济管理者也难以有所作为。虽然政府经济管理部门是按照金字塔型的行政组织原则建立的,但是它仍然有别于等级森严的军事组织。在政府经济管理组织内部,尽管也有级别、职务、地位和待遇的差别,但是这些都不与学识、学历、管理经验、资历、智力的差别成正比。因此,如果上级政府经济管理者不以民主态度对待下级,不认真吸收下级人员的正确建议,其作出的管理决策就不一定十分可靠。同时,政府经济管理牵涉到社会各个方面,政府经济管理者往往处于各种社会经济矛盾的交汇点,社会各界人士,形形色色的人员都要主动与政府经济管理者交往。这就要求各级政府经济管理者,无论是担负了一定职务的人员,还是普普通通的一般管理人员,都要学会与人打交道,都要学会与各种各样的人士交往。

6. 丰富的工作实践经历。政府经济管理者的工作经验,是政府经济管理工作的一项宝贵的财富。一般而言,要取得学识性的管理知识是不难的,通过正规的教育培训就能够做到。但是,要想获得经验性的管理知识就比较困难,通常一个政府经济管理者要想从一个部门的实际工作中获得在该部门的全面经验,没有 5 年左右的时间是不行的。此外,在政府经济管理内部存在严密分工的情况下,如果由政府经济管理者本人提出工作合理流动的请求,常常会遭来不安心本职工作的责难。在实际政府经济管理工作中,也应力图避免政府经济管理者因经验少而影响管理质量,每一个政府经济管理者都必须要有与本角色有关的工作经历。合理的设想是:一个政府经济管理者至少应当取得两种工作经历。第一,对于从事综合性管理工作的人员,在此以前至少要有一种在本系统内从事专业性管理工作的经历;第二,对于从事专业性管理工作的人员,在此以前至少要有一种在本系统外同类专业的管理工作经历。

复习思考题

1. 政府管理经济行为产生的条件和基础有哪些?
2. 市场的两重性表现在何处?
3. 决定政府在市场经济中处于双重角色的原因是什么?
4. 我国政府经济管理者应当具备哪些素质?

第五章 政府管理宏观经济的基本原理与方法

政府对经济的干预是必不可少的,那么就有必要对政府宏观经济管理的概念、目标、特点、变量、主要环节以及方法等问题进行系统分析。

第一节 宏观经济管理概述

一、宏观经济管理的涵义与特点

(一) 宏观经济管理的涵义

宏观经济管理,是指对宏观经济所进行的管理。所以,要理解宏观经济管理这个概念,首先必须明了何谓经济管理和何谓宏观经济。

所谓管理,从科学的定义来说,它是指人们为了达到某一共同目标而有意识进行的计划、组织、指挥、协调和监督的活动。所谓经济管理是生产资料所有者及其代理人(经营者)或代表机构,对生产和再生产总过程的经济活动,进行计划、组织、指挥、控制、调节和监督等一系列组织和实施的全过程,以实现预定的经济目标。

"宏观"是希腊文的意译,原意是"大"。理论界一般认为,宏观经济(macroeconomic)是相对于微观经济(microeconomic)而言的,是指一个国家社会经济中各有关总量之间的相互关系及总体运动。社会总产品、国民收入、积累基金与消费基金等总量的运动变化,构成宏观经济的主要内容。在社会经济中,存在着许多经济因素,如:国民生产总量、国民收入、固定资产投资总额、个人消费总量、货币流通量、信贷总额、总供给与总需求和价格总水平,等等。这些经济因素,在一定客观条件下,按照一定的方式联结在一起,共同制约着整个经济的发展过程。这些宏观的经济因素及其相互联系,就构成了特定的宏观经济。

　　宏观经济是一种总量经济，它主要研究各个有关经济总量的确定和彼此之间的联结方式。宏观经济活动，就是现实经济生活中宏观经济总量运动的价值反映，是从价值形态反映的社会经济的总体运动。由于社会经济活动的千变万化，以及现实生活中存在繁多的产品品种和规格，宏观经济中的各种经济总量，只能用价值指标来汇总反映，而一般不用实物指标来反映。因此，宏观经济主要反映的是现实经济生活中的价值运动。

　　在了解管理、经济管理以及宏观经济的概念之后，我们就可以给宏观经济管理下定义。所谓宏观经济管理，是国家为了实现既定的国民经济和社会发展的目标，通过中央政府和地方政府及其经济管理机构，从价值形态对社会活动的总体运行和总量平衡所进行的间接管理，它是通过计划、组织、调控和监督等管理职能的发挥来实现的。

　　要理解宏观经济管理的概念，还必须从下列几方面来把握它。

　　1. 宏观经济管理是一种以政府为主体的管理。宏观经济管理的主体，是中央政府与地方各级政府及其经济管理机构，而不是企业。实行分层次的宏观经济管理，有利于增强地方政府及其经济管理部门的责任心与首创精神，提高地方的积极性。作为宏观主体，中央政府与地方政府之间的地位是有差别的。中央政府处于总调控的地位，而地方政府只处于协助调控的地位。

　　2. 宏观经济管理的客体是综合性经济问题。即关系到国民经济全局的重大问题，如社会总供给与总需求的平衡、经济和社会发展战略、产业结构、生产力布局、重点建设以及财政、货币政策等等。

　　3. 宏观经济管理是一种价值形态的总量管理，是最高层的管理。整个社会经济活动可以分为不同层次的经济活动，其活动范围和内容都不一样。宏观经济管理是处于高层的管理，是从价值形态对社会经济的总体运行所进行的管理。

　　4. 宏观经济管理是一种间接管理。就是政府不直接干预微观经济的活动，而是通过市场，运用各种经济手段，对影响国民经济总体运行的各主要经济变量施加影响，利用市场的传导机制，来引导和制约微观经济行为，保证宏观经济管理目标的实现。所以，宏观经济管理必须是一种间接管理。

　　5. 宏观经济管理是一个包括了全部管理职能的完整过程的管理。政府在履行其经济管理职能时，首先要对整个社会经济的长期发展战略进行决策，然后依此为基础来编制宏观计划，并通过其组织机构和经济组织形式，利用各种调控手段和监督系统,对经济的发展进行调控,保证目标的实现,所以,宏观经济管理是一个包括了计划、组织、调控和监督等管理职能的完整过程的管理。

二、我国宏观经济管理与西方资本主义国家的不同特点

我国社会主义宏观经济管理与西方资本主义宏观经济管理,既有共性,也存在重大的原则性的差别。正确地认识我国社会主义宏观经济管理的特点,不仅便于借鉴西方资本主义国家宏观经济管理的经验,而且对于完善我国社会主义宏观经济管理的作用机制,搞好我国的宏观经济管理有着重要的意义。

我国实行的是以公有制为主体的、政府主导型的社会主义市场经济,而且,商品经济和生产力发展还不十分发达,因此,和资本主义相比,我国的宏观经济管理具有自己的特点。主要表现在如下几个方面:

1. 既要速度,又要效益。经济增长率是资本主义宏观经济管理追求的重要目标之一。在资本主义制度下,一般不会发生速度与效益对立的现象,经济增长率提高了,也即意味着效益的提高。因为资本主义私有制企业都从自身利益出发,关心投入与产出,不可能不顾消耗而片面追求产值、速度。在社会主义公有制条件下,如果企业权责利不能正确结合,就可能出现片面追求产值、速度而忽视经济效益的不正常现象。所以,我国宏观经济管理所追求的经济增长,一定要做到速度与效益的统一。

2. 控制国民收入超分配具有突出意义。在资本主义条件下,资本家受其自身利益机制的制约,不可能随便给工人增发奖金和工资,资本主义银行不会随便贷款给企业,而企业更不会随便使用银行贷款透支投资。因此,资本主义宏观经济管理多为刺激需求,而不是抑制需求。社会主义生产资料实行公有制,如果没有建立起严格的经济责任制,也就没有相应的机制制约。

3. 既要调节社会需求,也要调节社会供给。在资本主义社会,扩大再生产的权力在企业。为了实现社会总供给与社会总需求的平衡,宏观经济管理主要是通过财政、信贷和法制等手段调节社会总需求,而对社会总供给的调节是有限的。在西方经济中,虽然需求不足和通货膨胀交替出现,宏观经济管理的目标有时刺激需求以实现平衡,有时是抑制膨胀以实现平衡,但从长期看,资本主义经济中总的趋势往往是需求不足,宏观经济调节的主要对象是"需求小于供给"。而我国则不同,一方面,我国的经济发展水平较低,存在着人们日

益增长的物质文化需要与现有生产力水平还不能充分发挥以满足需要的矛盾。因此，很容易造成不顾客观条件、不讲经济效益、盲目追求生产规模扩大的"投资饥饿症"和忽视全局利益和长远利益，追求现有生产水平所不允许的个人消费的"消费过头症"，从而造成需求过大。另一方面，我国正处在新旧体制交替的特殊时期，各项体制改革深入进行，同时产业结构、产品结构的调整又未能到位，"消费不足症"也难以避免，造成需求不足。因此，这就增加了我国宏观经济管理的复杂性，既要避免"需求大于供给"的状况，又要克服需求不足。

4. 国家仍然需要掌握一定的物价管理权。因为我国经济中造成总需求超过总供给的原因比较复杂，仅仅运用财政金融政策不足以抑制需求膨胀。价格也是重要的宏观经济管理手段。在资本主义市场经济条件下，产品价格是放开的，国家一般不去直接管理，因此，严格地说，它不能成为宏观经济管理手段。在我国原有体制下，产品价格几乎完全由国家各级物价部门确定，这种价格管理体制，不利于搞活企业和发挥市场的作用。但是，价格管理体制改革的目标模式，也不应当是把一切产品的定价权都放给企业，国家仍要掌握必要产品的价格。社会物价总水平的基本稳定，是宏观经济管理追求的重要目标之一。要达到这个目标，重要的措施是控制信贷和货币的发行。但实践证明，单靠这个办法不行。所以，社会主义国家的宏观经济管理，必须包括对物价的管理，国家应当掌握一定的物价管理权作为实现社会总需求与社会总供给平衡的重要手段。

5. 要合理利用自然资源和促进科技发展。在资本主义私有制条件下，对自然资源的利用，主要是微观经济活动的事，宏观经济管理起的作用较小。而在社会主义经济制度下，完全应该做到合理地利用自然资源，保持生态平衡。但是，单靠微观经济活动，不进行必要的宏观管理，自然资源和生态平衡也会遭到破坏，其程度甚至会超过资本主义社会。在资本主义制度下，科技进步主要靠价值规律的作用和激烈的市场竞争的推动。当然，国家对一些重大科技进步，也要进行一定的宏观干预。在社会主义制度下，价值规律的作用不可能像资本主义那样充分，全民所有制企业间的竞争也不可能那样激烈。因此，社会主义制度下的科技进步，在发挥基层单位的积极性的同时，要更多地依靠政府的宏观经济管理。

6. 我国的宏观经济管理较之资本主义国家更复杂。西方资本主义国家的宏观经济管理，一方面，是建立在经过上百年历史发展起来的比较完善的微观市场机制上的,市场机制的存在和完善早已成为宏观经济管理的一个既定的前提。另一方面,西方国家在如何实施宏观经济管理上都各有自己的一套理论及方法体系,这套体系是他们在自身经济成长的特定条件下归纳演绎出来的。我国的情况有所不同:我国所缺乏并急需建立的,正是具有相当活力的市场体系,宏观经济管理不能压抑和削弱市场活力;相反,更应特别注意保护和完善这种新的有效的运行机制。我们要建立的是社会主义市场经济,国民经济和社会发展计划在宏观经济管理手段中仍然具有重要的地位。在理论和方法上我国尚未形成一套具有中国特色的社会主义宏观经济管理的比较完备的体系。

二、宏观经济管理的目标与变量

(一)宏观经济管理的狭义目标

宏观经济管理的狭义目标,是指政府在未来的一定时期内,为了保证宏观经济的稳定发展,而要使之保持或恢复的某种经济状态。大致有五个方面:

1. 社会总供给与总需求的平衡。宏观经济管理的基本特征之一就是总量管理,而总供给与总需求是两个最重要的总量指标,保证两者的平衡是宏观经济管理的首要目标。

在西方宏观经济理论中,社会总供给与总需求的平衡只是宏观分析和管理的手段,而不是目标。这是因为在高度分散决策的市场经济中,政府无法对总供给和总需求进行事前的控制,而只能运用各种财政、金融措施,对总供给与总需求进行事后的调节,通过干预经济以熨平周期波动,消除失业和通货膨胀。因此,西方经济学认为总供给与总需求的均衡只是一种理想的经济状态。均衡分析和现实生活证明,在宏观经济管理中,只要能保持总供给与总需求的大体一致,经济发展就不会出现大的问题和波动,经济就能比较平稳地发展。社会主义市场经济体制中的计划管理不仅为事后调节、而且为事前控制提供了经济基础。因此,在社会主义条件下,总供给与总需求的平衡就必然成为重要的宏观管理目标。

2. 产业结构合理化。宏观供求总量平衡与结构调整是密切相关的。结构平衡是总量平衡的基础。如果在宏观经济管理中,只重视供求总量管理,而不重视对结构的控制和调整,这不仅不会实现结构的动态合理化,而且当供给结构与需求结构不相适应时,即使是总供给与总需求之间达到了宏观总量上的平衡,这种平衡也是难以维持的。因此,在保证总量平衡的前提下,不断调整经济结构特别是产业结构,使之与需求结构相适应,并不断地趋于最优化,是宏观经济管理的重要目标之一。

产业结构,即国民经济各产业部门的比例构成。在我国主要表现为农、轻、重之间的比例结构,在西方则按一、二、三次产业进行划分。一个国家产业结构的状况,反映着一个国家的经济、技术发展水平。产业结构是否合理,在很大程度上决定着自然资源和社会资源能否得到恰当配置和有效利用,也决定着国民经济能否持续地协调稳定发展。

实现产业结构合理化的具体措施是制定正确的产业政策,包括产业结构政策、产业组织政策、部门内部产业组织政策以及产业立法和行政指导。

3. 物价稳定。物价稳定具有两种涵义:一是物价总水平的基本稳定,即将综合物价指数的波动限定在一定的范围内。物价综合指数是根据许多商品价格的加权平均数计算的。随着经济发展和改革的进行,各种商品的价格有的可能提高,有的可能下降,但综合起来应当保持稳定。这是我国稳定物价政策的基本内容。物价稳定的另一种涵义是,物价在一定时期内以一定的比率稳定地增长,即将通货膨胀控制在一定的限度内。这是西方资本主义国家对物价稳定的看法。

物价稳定的意义在于物价水平及其变化是宏观经济中多种因素综合作用的结果,而物价水平的变化反过来又对宏观经济产生极其重要的影响。因此,要想实现宏观经济的协调稳定发展,必须对物价进行管理,将稳定物价作为重要的宏观经济管理目标。物价稳定在宏观经济中的作用,具体表现在几方面:第一,稳定物价有利于生产的稳定发展。在物价基本稳定的条件下,生产主要受需求方的影响。需求增加,生产增加;需求减少,生产减少。由于需求的变化是平缓的,因此,以需求为基础的生产一般比较稳定。此外,稳定物价,还可以消除"高物价—高成本—高物价"的恶性循环,避免由于物价上涨而对经济发展的抵消作用。第二,物价稳定可以使人民生活得到保证。在物价稳定的情况下,货币工资的增加意味着人民生活水平的提高。如果不控制物价,价格的大幅度上涨,会抵消工资的上涨,导致工资物价的螺旋上升,影响人民生活的稳定。第三,物价稳定还有利于政治上的安定团结,可以为经济体制改革和政治体制改革提供良好的条件。

影响物价水平变动的因素是很多的,概括起来主要有三方面:一是商品价值量的变化；二是商品供求情况的变化；三是货币发行量的变化。此外，在商品价值、供求关系不变的情况下，货币投放量增多，也会造成物价上涨和货币贬值。因此，控制物价，使之保持基本稳定，不仅有赖于供求平衡的实现，而且必须控制货币的投放量。具体地说，就是要增加生产，抑制过度需求，控制货币发行量和信贷规模。

4. 经济增长。经济增长就是国民财富的增长。经济增长，一般可以用国民生产总值或工农业生产总值的增长速度来反映，也可以用国民收入的增长速度来反映。把经济增长作为宏观经济管理目标，就是要使经济按照一定的增长率或增长速度持续稳定地发展，避免经济的大起大落。

经济增长的合理标准。寻求经济的持续稳定增长，其核心问题就是要根据客观实际，合理地确定经济增长速度。一般地说，合理的经济增长速度必须符合以下三条标准：第一，在各种可选择的速度中，要尽可能实现经济的高速度发展。有人根据全世界社会生产年平均增长速度和我国社会总产值的平均每年增长幅度的统计资料，提出经济增长速度的三种类型，即高速度增长、中速度增长和低速度增长，并且对各类型经济增长速度的数量界限做了设想，认为6%—10%以上为高速度，4%—5%为中速度，1%—3%为低速度。如果上述假设成立，那么我国目前的经济发展就属于高速度增长。尽管上述设想可以讨论，但尽可能地寻求高速度增长，这无疑是合理经济增长的首要涵义。第二，经济的高速度发展，必须以比例和效益为基础。高速度发展要与产业结构的调整相适应，促进产业结构的合理化；高速度发展要能够带来社会经济效益的同步增长或更快增长。以比例和效益为基础的高速度，是可靠的，是能够持续保持的。第三，寻求合理的增长速度，还必须考虑国情、国力和国际情况。一个合理的速度是在综合考虑多种因素的基础上确定的，它是建立在各种可能性基础上的最快速度，因此，是最佳的或最优的速度。

5. 社会资源的充分利用。这里所说的社会资源是指整个社会中人力、物力、财力以及科学技术资源的总称。在宏观经济管理中，以实现社会资源的充分利用为目标的管理包括十分广泛的内容。它包括对社会总人口的控制、对劳动力人口的教育培训和广开就业门路，消除失业；包括对自然资源的合理开发和环境保护，实现生产、生活、生态的统一，人口、资源、环境的协调；包括对物资流通和分配的组织管理；包括对社会资金的集聚、分配和使用；还包括对科学技术的研究、推广和应用。

（二）宏观经济变量

宏观经济管理的狭义目标,是通过一定的宏观经济变量来表现的。主要的宏观经济变量有：

1. 国民生产总值。国民生产总值是指一个国家在一个特定时间周期内的总产出量和总服务量之和,通常以该国的货币单位作为计量单位。所谓总产出量,是指该国在这一特定时期之内(通常是一年之内)所生产出来的一切有形产品,如钢铁、粮食、衣服等;总服务量则包括一切无形的服务,如交通运输、医疗卫生、旅游、信息、演出、图书馆等等服务。国民生产总值是衡量一个国家经济活动的最重要的数据。过去的经济学教科书上一直以GNP(Gross National Product)作为国民生产总值的简称。近年来,经济学家们更倾向于用GDP(Gross Domestic Product)来计量它。GNP与GDP的差别在于：GNP计算所有属于该国居民的产值,不包括外国投资者在该国生产出来的属于外国人的那部分;而GDP则无论生产者和拥有者是否属于该国的居民,统统计入国民生产总值。

2. 价格水平。价格水平是一个与时间密切相关的相对性概念。"价格"是指总的平均价格,"相对"是指这一时期的价格相对于另一个隐性的价格而言。政府的统计局通过选定一些有代表性的商品,观察、记录它们的价格变化情况,再加以加权平均,从而得到各个不同时期(月、季度或年度)的价格水平。为了突出"相对性",价格水平都以"无量纲"的形式表达,即选定某一年作为"基准年度",把那一年的价格水平算做100,下一年度如果物价平均上涨了10%,则记作110,依次类推。为了分别分析人们的生活受物价的影响情况,以及工业生产受原材料等价格影响的情况,统计部门还会分别选定不同类别的商品来计算"消费物价指数"和"工业品物价指数"。

3. 通货膨胀率。通货膨胀率被定义为该时期与前一时期价格水平变化的百分比。例如,今年的价格水平为 P=133,去年的价格水平为 P′=128,则今年的通货膨胀率就是：

$$\pi = \frac{P - P'}{P'} = \frac{133 - 128}{128} = 3.9\%$$

要注意的是,价格水平是相对于基础年份而言的。例如我们选定2000年为基础年,则无论是 2000 年之前的所有年度,还是 2000 年之后的各个年度,都要以 2000 年作为基准。可能 1995 年的价格水平是 85,2002 年的价格水平是 133,等等,因而价格水平又被称作价格指数。但通货膨胀的概念与基础年份无关,只考虑相邻两个年度之间的价格变化率。除了年通货膨胀率之外,还有月、季度通货膨胀率。

4. 失业率。失业是指符合就业年龄的人(如 16 岁到 65 岁之间)、本人愿意工作而又没有工作。不愿意工作的人(如学生、家庭妇女等),则不被算作失业。失业率被定义为失业者在整个适龄工作人口中所占的比例。

5. 利率。利率即银行平均利息率,指以百分比表示的一定时期内利息量与贷出资本量的比例。分为年利率、月利率和日利率。例如,一个 1 000 元的借贷资本,每年得到利息 50 元,年利息率＝50/1 000＝5%,习惯称为年息五厘。

6. 外汇汇率。外汇汇率也叫货币兑换率,是用一国货币折算成另一国货币的比率。换言之,它是指在两国货币之间用一国货币单位所表示的另一国货币单位的价格。要确定两种不同货币的比率,先要确定用哪国货币作为标准,是用外币作为标准,还是以本币作为标准。与此相应,有两种不同的外汇汇率标价方法:一是直接标价法。它以 1、10 或 100 个外币单位为标准,折算成若干数额的本币以表示其汇率。在直接标价法中,外汇数额是一个固定不变的整数,外汇汇率的变动均以本币数额的变化来表示。目前世界上绝大多数国家都采用直接标价法,我国也采用此法。二是间接标价法。即以 1、10 或 100 个本币单位为标准,折算成若干数额的外币以表示其汇率。在间接标价法中,本币数额是一个固定不变的整数,外汇汇率的变动均以外币数额的变化来表示。

(三)宏观经济管理的广义目标与指标

1. 宏观经济管理的广义目标。宏观经济管理的广义目标,是指国家对国民经济各部门、各地区的社会再生产各环节在经济及社会发展方面,进行宏观管理预期达到的成果。宏观经济管理的广义目标,实际就是国民经济和社会发展目标。其目标主要有:

经济发展目标。它是指一国在一定时期里生产力发展的具体目标以及生产力发展要求的生产关系完善目标。它在宏观经济管理目标中居于中心地位。它通过一系列经济指标反映经济增长的幅度。这些经济指标有国民生产总值、全国工农业总产值、国民收入总额、人均国民收入、主要产品产量、百元生产性积累增加的国民收入等等。经济发展是人民物质文化生活水平提高的物质基础,也是科学技术和社会事业发展的物质基础。经济发展是宏观经济管理广义目标的核心内容。

科技发展目标。科学技术是生产力,科学技术是经济发展的重要因素,也是经济发展水平的重要标志。科技发展目标包括科学技术在一定时期内预期达到的水平及技术结构变革的目标,现有企业的技术改造、科技人才培养、教育事业的发展规模和水平,科学技术攻关项目及科技成果的推广应用等方面的要求。科技发展目标既包括自然科学的发展目标,也包括社会科学的发展目标。

社会发展目标。随着社会的进步,社会因素对经济和科技发展所起的作用越来越大。社会发展目标,包括发展社会事业和解决重大的社会问题等方面的社会发展的方向、规模和水平。如人口自然增长率、就业率、平均寿命、生态环境、治安、社会保障、文化、体育、卫生事业的发展目标等。

提高人民物质和文化生活水平的目标。满足人民日益增长的物质和文化生活需要,是社会主义生产的根本目的,所以,宏观经济管理的广义目标必须包括提高人民物质文化生活水平。这个目标包括人民的基本生活需要、享受需要、发展需要。

2. 宏观经济管理广义目标的指标体系。宏观经济管理的广义目标,是通过一系列指标表现的,形成一个指标体系。这个指标体系如何构成,是正在探讨的问题。我国有关部门为了比较全面地反映某一计划期间人民生活水平提高的状况以及经济和社会发展水平,提出了一套指标体系的设想。反映某一计划期间人民生活水平状况的指标共有 30 个,按其内容分为四大类。

综合性指标:人均消费水平。

满足人民基本物质生活需要的指标:包括 ① 吃。人均每天从食物中摄取的热量,人均每年粮食、肉类、蔬菜等消费水平;② 穿。人均每年纺织品消费水平;③ 用。人均每年日用品消费水平,每百人电视机、汽车、冰箱等拥有量;④ 住。平均每个城市人口、农村人口居住面积;⑤ 行。每万城市人口的铺筑道路长度,公交车辆的拥有量,高速公路的长度、每万人口的县乡公路长度。

满足人民文化生活基本需要的指标:包括 ① 教育。学龄儿童入学率,每万人口的大学生数,成人识字率;② 文化娱乐。平均每人每年拥有的出版图书册数、看电影次数,每万人口拥有的文化馆(站)数,每百人电视机拥有量,职工业余时间;③ 卫生保健。平均每千人口医生数、医院床数、婴儿死亡数,估计寿命。

社会安全保障指标:城镇就业率,职工事故死亡率,污水处理。

反映经济和社会发展水平的综合指标,包括10个指标,即国民收入总额、人均国民收入、百元生产性积累增加的国民收入、人均每年能源消费、人均每天从食物摄取的热量、城镇就业率、成人识字率、每万人口专业人才数、平均寿命、零售物价指数。

三、宏观经济管理目标的选择

(一)宏观经济管理目标选择的必要性

宏观经济管理目标的选择,是指政府在一定时期内根据社会经济形势和条件以及可能预见的未来趋势,对具体的宏观经济管理目标的要求、重点、地位及其指导方针所作出的选择和安排。之所以有必要对宏观经济管理目标作出选择,理由有三条:

1. 各个时期的经济形势不同,宏观经济管理所要解决的重点问题也就不同,因而在管理目标的选择上应该有所侧重。重点选择不当,会影响整个国民经济的发展平衡。如我国过去在重点选择上,忽略了交通、能源等目标,结果造成了经济发展中的"瓶颈效应"。

2. 由于物力和财力的制约,宏观经济管理也存在着根据一定时期的物力、财力来选择适当的目标和安排目标的先后次序问题。如果目标选择不当,超过物力、财力的可能,不仅目标实现不了,而且容易诱发通货膨胀。

3. 在实施宏观经济管理目标的计划中,还必须处理好各种关系,如速度与效益的关系、经济目标与社会目标的关系等等。我国过去在处理经济发展速度、经济结构和经济效益关系时,选择了速度型目标,即以速度为核心,经济结构和经济效益服从经济速度。实践证明,速度型目标不符合社会主义市场经济的要求。我们必须选择效益型的目标。

（二）宏观经济管理目标选择的原则

在宏观经济管理目标的选择上，应遵循以下原则：

1. 遵循客观规律和适合国情的原则。国民经济和社会的发展有其内在的客观规律。选择宏观经济管理目标就必须以客观规律为依据，而不能凭决策者的主观欲望。只有这样，才能使宏观经济管理目标建立在科学的基础上，促进经济、科技和社会事业的发展。社会主义发展生产的根本目的是不断提高人民的物质和文化生活需要。因此，确定宏观经济管理目标，特别要注意遵从社会主义基本经济规律的要求，不片面追求产值的增长速度，而应主要考虑给人民带来更多的实惠。但是，客观规律总是在各国经济和社会发展的具体历史条件下起作用的。离开本国具体历史条件确定目标，不可能取得好的效果。因此，在进行这项工作时，必须从我国国情出发，充分考虑我国政治、经济、科学技术、文化教育、自然条件以及人口和其他资源等的历史和现状，考虑各种社会关系和社会矛盾等。

2. 经济中心与科技、社会协调发展的原则。经济建设是基础，经济发展了，经济实力增强了，就为科技和社会事业的发展创造了物质前提。科技发展必须面向经济建设。社会发展既是经济发展的结果，又是经济发展的条件。如果没有科技和社会事业的协调发展，经济的发展也会受到很大的限制。因此，必须以经济发展目标为中心，围绕着它来制定科技和社会发展目标，使它们协调起来。

3. 需要和可能相结合的原则。目标过低，不利于充分发挥现有资源的作用，不能较快地改变落后面貌。但目标过高，脱离了物力、财力的可能条件，"欲速则不达"，则不仅不能调动人民的积极性，相反会挫伤人民的积极性。因此，选择宏观经济管理目标，既要考虑到建成社会主义现代化强国，跻身世界先进行列的需要，也要考虑到国家现实的经济实力、科技发展水平和资源的可能，使发展目标切实可行，经过领导和群众的努力能够达到。

4. 整体优化的原则。最优的标准是投入与产出的比例关系最优，宏观经济效益最好。就是以一定的投入取得最大的产出，产出尽可能多的符合社会需要的使用价值和价值。这个最优目标，不仅表现在各个具体目标的选择上，而且更重要的是表现在综合目标的选择上，要达到整体优化。

5. 借鉴外国经验与从本国实际出发相结合的原则。发达国家的经济增长不快,但经济发展较为稳定,管理水平较高,目标的选择较为合理,有许多经验很值得我国借鉴。但在借鉴外国宏观经济管理目标时,要注意我国与他国之间在社会制度、经济制度、经济水平、资源状况以及历史文化等方面的区别,从本国实际情况出发。

(三) 宏观经济战略目标的选择依据

宏观经济战略是宏观经济和社会发展战略的简称。它是指在较长时期内(例如5年、10年、20年),根据对经济、社会发展的各种因素和条件的调查研究,从关系经济、社会发展全局的各个方面出发,考虑和制定经济、社会发展所要达到的目标、解决的重点、经过的阶段,以及为实现战略目标所采取的政策措施。宏观经济战略所涉及的是国民经济及社会发展中带有全局性、长远性和根本性的问题。在选择宏观经济战略目标时,最基本的依据是国内的国情和国外的环境。

1. 国情国力的依据。选择宏观经济战略目标,只有从实际出发,才能对经济、社会发展起指导作用。从实际出发,首先必须从国情国力出发。我国尚处在社会主义初级阶段,基本国情是人口多,劳动力资源丰富;国民经济有一定的技术基础,但科学技术比较落后;资源相对不足,建设资金严重短缺。

人口问题。研究宏观经济发展战略首先必须考察劳动力,而考察劳动力必须研究人口问题。人口多,劳动力资源丰富,这是我国国民经济发展的有利条件。但也应看到,一方面,人作为消费者,就会消耗国民收入与社会剩余产品;另一方面,人作为生产者,必须与生产资料相结合,才能形成现实的生产力。因而人口多,又成为国民经济发展的限制性因素。而且,劳动力不仅仅是个"量"的概念,更重要的是取决于它的"质"。因此,控制人口的增长,提高人口质量,提高劳动者的素质,使之由体力型向智力型转变,是选择宏观经济发展战略需要认真考虑的问题。

科学技术问题。现代经济的发展,科学技术起着越来越重要的作用。随着科学、技术、生产的一体化,科学技术转化为生产力的过程正在加速。因此,在选择宏观经济发展战略目标时,必须认真研究科学技术的发展问题。这就要对我国目前的科学技术水平作出实事求是的估计。我国已有一定的科学基础,在某些领域水平相当高。但由于长期"左"的思想影响及产生的恶果,使我国科学技术的整体水平与发达国家相差甚远。

自然资源问题。尽管随着科学技术的进步,经济发展依赖于自然资源的程度在不断减弱。但在人类相当长的历史阶段,国民经济的发展还不能摆脱自然资源的约束。我国自然资源种类较多,有很多矿藏蕴藏量比较丰富,这是发展经济的有利条件。但我国自然资源分布不均衡,某些资源品位不高,对资源保护不够,特别是按人口平均拥有的资源很少。因此,总的说自然资源相对不足,不能满足长期建设的需要。

资金问题。资金是社会主义生产和再生产的重要条件之一。它直接影响着宏观经济的发展。我国建设资金严重不足,是经济、科技和社会事业发展的制约因素。在选择宏观经济发展战略目标时,一方面要考虑从多渠道筹集建设资金,包括在有利的条件下利用外资;另一方面,确定建设规模,要根据财力的可能,量力而行。

2. 国际环境的依据。社会化大生产和现代化科学技术的发展,促进了国际劳动分工的形成和世界市场的扩大,使各国之间的经济联系越来越紧密。一个国家的经济发展,不能在封闭的体系中进行,而应与国际条件和环境联系起来,利用国际环境所提供的有利条件,加速本国经济的发展。

国际市场。所谓国际市场,就是各国、各地区之间进行国际商品交换的场所,是商品生产和商品交换跨越国界的结果。国际市场的本质,在于通过竞争,通过商品、资本、劳动力、技术的流动,实现资源的合理配置,提高资源的使用效率。国际市场具有全方位的开放性、非完全的竞争性、较强的替代性和互补性、复杂性、较强的动荡性等特点。在选择宏观经济管理战略目标时,要充分考虑国际市场的情况和固有的特点,既利用其有利的条件,又降低其风险度。通过对外贸易,扩大出口,以劳动消耗较少、劳动生产率较高的优势产品打入国际市场,赚取外汇。同时,以多余的产品或资源换回短缺的物资,保证国内社会再生产的正常进行,以利于实现宏观经济管理的总体战略目标。

外国资本。一国进行经济建设需要巨额投资,这种投资,一方面要依靠本国国内的资金积累,另一方面则要吸收和利用外国资本。所以,选择宏观经济战略目标,既要考虑国内的资金,也要考虑可利用的外国资本。利用外国资本有两个方面:一是吸收外国直接投资;二是举借外债。就第一方面而言,我国可以通过中外合资经营、合作经营、补偿贸易、加工装配等形式利用外资。就第二方面来说,也有国际银行信贷、出口信贷、政府贷款、国际金融机构贷款、国际债券发行等多种形式。举借外债,必须注重外债的经济效益,提高创利率和创汇率,并保持清偿能力。

国际经济技术合作。选择宏观经济战略目标，还必须考虑国际经济技术合作的有利条件。通过多种形式的国际经济技术合作，有利于加强我国的力量，为我国的经济发展创造良好的国际环境。世界所面临的以微电子技术为中心的新的技术革命，也是选择宏观经济战略目标必须考虑的国际环境中的重要因素。这场新的技术革命是我们无法回避的挑战，也给我们提供了一次快速发展的机会。宏观经济发展战略只能适应这一新技术革命的趋势，提出有效的对策，力争在这场竞争中领先，促进我国经济和科技的发展。

第二节 宏观经济管理过程的程序

一、宏观经济的信息管理

（一）经济信息及其在宏观管理中的作用

所谓经济信息，就是指反映经济活动实际情况、特征和发展趋势及规律的各种消息、情报、资料的统称。它通过各种数据、文字和信号展示出来。经济信息是经济组织的神经系统，宏观经济管理离不开经济信息。宏观经济管理的过程实际就是经济信息的流动和处理过程。经济信息对宏观经济管理具有如下作用：

1. 经济信息是宏观经济预测和决策的前提。宏观经济的决策是宏观经济管理的最重要的职能。宏观经济决策正确与否，取决于经济信息。著名的决策理论学派的代表人物西蒙，把决策程序的第一个阶段概括为"信息收集处理"，道理就在于信息对决策的重要性。在进行决策之前，必须收集有关的资料、情报、数据，必须依据过去和现在的信息进行分析、判断，对未来的发展趋势作出科学的预测，然后才能作出科学的决策。

2. 经济信息是宏观经济计划及其实施的基础。宏观经济决策目标确立以后，还必须通过制定宏观经济计划来分解整体目标，筹划人财物，拟定实施措施，以保证决策目标的实现。在这一过程中，无论是分解目标，使之成为各项计划指标，还是分配资源，把各种资源落实到各阶段的各项计划指标之上，抑或是制定各项计划的实施细则，都必须以经济信息为基础，进行各种经济信息的处理。

3. 经济信息是宏观经济控制和监督的依据。任何经济系统在运行中要达到预定的目标,都必须进行适当的控制和监督。宏观经济决策和计划通过经济信息传入宏观经济系统以后,也要依靠控制和监督来保证宏观经济决策和计划的顺利实现。这种保证作用同样要以经济信息为依据,通过经济信息的输入和输出来发挥。

4. 经济信息是沟通各管理层次和环节的纽带。整个国民经济是由不同层次和不同要素构成的一个有机整体,生产和再生产的各个方面各个环节之间是相互联系、相互制约的。这个大系统的正常运转,要依靠信息来沟通系统内部和外部的各种经济联系,联结生产、流通、分配、消费的各个环节。没有信息的沟通,社会再生产过程就会处于混乱或瘫痪状态,经济组织体系也必然出现分散或瓦解。所以,要提高经济系统的功能,提高宏观经济的管理效率,首先要疏通信息,沟通渠道,使经济信息沟通顺畅。

(二)管理信息系统的结构

在宏观经济中,管理信息系统所包含的子系统,可以从不同的角度来划分。按照信息收集的范围,可以分为重工业、轻工业、农业、商业等各专业部门子系统和财政、价格、物资、劳动等各综合部门子系统;按照信息处理的过程,可以分为信息收集、处理系统和信息传输系统。

我国现行的宏观经济管理系统主要由四个子系统组成:

1. 社会统计系统。它是由各级统计部门的综合统计系统、各级业务部门的专业统计系统和基层单位的统计机构三个部分所组成的。它运用大量观察法、综合指标法、统计分组法等统计方法,全面地记录了国民经济各方面的情况,综合反映了社会经济现象的规模、水平、发展速度、比例关系和依存关系。社会统计系统是为宏观经济管理提供信息的主要渠道。它所提供的社会统计信息具有综合数量特征,不仅用数字来描述经济现象,而且在大量调查资料基础上加以综合汇总,用科学的综合数量来反映经济活动,因而对宏观经济管理具有十分重要的作用。

2. 社会簿记系统。它是由各财政部门和各银行系统所组成的。其中,银行信息系统是社会经济活动的核算中心和簿记中心。社会簿记系统以货币形式对社会经济活动进行记录、核算、监督和分析。它所提供的会计信息反映各企业经济活动的收支和盈亏情况,是企业分析经营活动、考核经济成果、制定企业经营决策和经济计划的重要依据;它所提供的财务信息,反映了国民经济各部门、各地区有关财务计划和预算的执行情况,是各部门、各地区编制财务计划和预算的重要依据;它所提供的银行信息,综合反映了国家财政收支状况、货币资金运动态势、市场供需矛盾变化方向以及各地区、各部门生产经营的实际情况,是宏观经济预测、决策、控制和监督的重要工具。

3. 科学技术情报系统。科学技术情报系统由各级科研和技术机构所组成,其主要任务是提供有关已经研究成功的科技成果在生产中具体应用效果的信息,以及提供有关各国科学技术部门正在研制项目和发展动态的信息。这些信息,对于国民经济发展战略与目标的选择和确定,对于产业结构的调整和优化,对于利用和引进先进技术,改变我国落后的生产工艺,都有着极大的意义。

4. 计划指挥系统。它贯穿于各级政府管理部门,通过各种建议、决议、指示、政策、条例、下达计划任务等经济信息,对社会经济系统的活动进行指挥和调控,也对社会簿记系统和科技情报系统等进行组织和指挥。

(三)宏观经济信息处理过程包括获取、加工、传输和贮存四个阶段

1. 经济信息的获取。这是整个宏观经济管理信息系统开展工作的起点和基础。它包括收集、验收、汇总和整理等工作。具体的工作步骤是:确定所需收集的经济信息的内容;寻找、选择和确定经济信息的来源;选择恰当的收集方式、方法,如观察法、调查法、索取法、购买法、追踪收集法等;对收集到的经济信息进行初步分析和整理。为了提高原始信息的质量,在收集信息的时候,一是要根据宏观经济管理需要,收集那些内容真实、能够系统和连续地反映经济活动的信息;二是要多渠道、多方面地收集,保证经济信息的全面性和完整性。

2. 经济信息的加工。这是宏观经济信息处理的关键环节。它是指将收集到的信息按照一定的程序和方法进行筛选、分类、排序、比较、计算、建立数学模型、分析和判断等过程。经过加工了的信息属于二次性的经济信息资料。经过科学的加工,可以使原始信息得以聚同分异,去伪存真,使之成为系统性强、含量大、目的明确、表达清晰、密集度大、条理性强、便于传输和贮存的有效

信息。

3. 经济信息的传输。这是宏观经济信息处理的目的。没有传输，经济信息就不能发挥其作用。信息的传输一般按如下过程进行：信息源→编码→传输通道→译码→信宿。经济信息能否及时、准确地传输，关键取决于传输通道的传输功能。传输通道既有管理组织机构和组织体系内部的，也有市场和社会的；传输的方式既有人工传递、电讯技术传递，也有靠自动化系统来传递。要提高经济信息传输的质量和速度，一方面，要选择合适的传输通道和传输方式；另一方面，要排除干扰，减少传递环节和层次。

4. 经济信息的贮存。这是经济信息在时间上的传输。加工过的信息，有的并不立即使用，有的虽然已经用过，但以后还有参考价值。所以，贮存和积累这些信息是为传输做好准备。信息贮存的方法一般有手工方法和计算机贮存的数据库方法两种。

管理信息系统提供的经济信息是为宏观经济管理服务的，因而经济信息的处理必须符合宏观经济管理的要求。具体的要求是：

1. 准确性。即能如实反映经济活动的客观情况，具有真实性。正确的信息是正确的决策、计划和控制的保证；相反，失真的信息不仅会影响整个管理工作的质量，而且会导致管理部门作出错误的决策，从而把整个管理工作引向歧路，给国民经济带来不可估量的损失。要保证经济信息的准确性，首先在收集原始信息时就要检查信息的准确性、可靠性。在加工中，杜绝参入加工者的主观臆想，防止原始信息发生变异，影响准确性。在传输中，要注意克服各种干扰，避免信息的失真。

2. 及时性。经济信息具有时效性，信息的价值和使用效果往往与信息的提供速度成正比。时间的延误会使经济信息丧失价值，从而延误宏观经济决策的时机，影响管理的效果。在社会主义市场经济条件下，及时的经济信息已成为宏观经济管理部门能否驾驭市场的前提条件。信息的及时性包含三层要求：一是记录及时，即要及时地记录已发生或出现的种种情况和问题。迅速地反映经济运行的进程状态；二是反馈及时，即及时地反馈宏观管理目标的实现程度和经济计划的执行情况；三是传递及时，即及时地把决策部门和管理中心的决策和计划传递给各级管理机构，并及时地沟通各级管理部门。

3. 适用性。这是指经济信息的相关性和有用性。整个国民经济系统的信息是大量的和复杂的，而各级管理部门对信息的要求，无论是范围、内容还是详简程度都是不同的。信息必须与各级管理部门的管理工作相适应，满足不同管理层次的需要。所以,管理信息系统必须研究和了解各层次的经济管理者对信息的要求,按照不同的要求来提供相应的信息。

4. 完整性。即宏观经济信息系统传输给经济管理机构的信息必须是完整的,而不能是片面的、部分的。完整的信息可以使管理者全面了解各方面的情况,充分考虑到影响管理对象发展变化的所有因素,从而减少管理失误。不完整的信息会使管理者知其一、不知其二,导致错误的判断。

5. 经济性。就是用较低的费用获取必需的有较多价值的信息。宏观经济所需要的信息量很大,而经济信息的提供却要花费大量的费用。为此,管理信息系统在其工作的过程中,一方面要节省经济信息获取、加工、传递、贮存的费用;另一方面要提高信息的有效性和利用率,讲究经济效益。

6. 科学性。即对信息的处理,包括收集、加工、贮存和传输等过程,要讲究科学的方法,综合地运用相关的科学理论、科学方法和现代化的技术手段进行信息管理,以满足上述宏观经济管理的信息要求。

二、宏观经济的预测和决策

(一) 宏观经济预测

所谓经济预测,就是对经济领域内的客观事物所作的预测,即对客观的经济过程的发展变化的趋势和状态作出预料、估计、分析、判断和推理。它是建立在对经济运动规律认识的基础上,反映或接近经济客观规律,把经济运动的未来的不确定性极小化的过程。

宏观经济预测也叫国民经济预测,它是以整个社会经济发展的总体作为预测对象的,主要研究国民经济发展中各个相关的总量指标,包括反映总量发展的绝对数指标、相对数指标、平均数指标以及这些指标之间的关系和变化趋势。如国民经济总目标和总成果的预测、生产建设总规模的预测、财政收支总水平的预测、物价总水平的预测、进出口贸易总额的预测,等等。

宏观经济在其运行的过程中,虽然具有相当的随机性、不确定性、多样性和变动性,但是,影响宏观经济活动的各个要素之间总存在着一定的联系;宏观经济运行的未来状态总是与过去和现在的某些因素相联系,并通过各种信息表露出来;宏观经济的发展总是遵循一定的经济规律的。正是由于宏观经济活动的内在关联性、连续性和规律性,才使得人们能够对它作出科学的预测。

宏观经济活动的内容十分复杂,相应的宏观经济预测体系也就十分丰富。宏观经济系统内部环境和外部因素的预测包括人口预测、社会发展预测、科学技术预测、自然环境预测和国际环境预测。宏观经济的综合预测包括国民收入预测、社会总产值预测、固定资产投资预测、人均消费水平预测、部门结构预测、地区布局预测、社会劳动生产率预测和社会经济效益预测。宏观经济的专业预测包括人民生活、资源开发、劳动、生产发展、财贸等方面的预测。上述内容共同构成了宏观经济预测体系。

在这些预测中,按预测的时间又可分为短期预测、中期预测和长期预测;按预测的性质可分为探索性预测和规范性预测;按预测所采用的方法可分为定量预测和定性预测;按预测的结果可分为有条件预测和无条件预测。

宏观经济预测是宏观经济管理中最重要的基础工作,对搞好宏观经济管理具有重要作用:

1. 宏观经济预测是提高宏观经济决策质量的保证。宏观经济决策的质量在一定程度上取决于宏观经济预测。首先,宏观经济预测所提供的数据、资料和方案,是宏观经济决策的依据,离开了这些数据、资料和方案,宏观经济决策就会陷入盲目状态,无从着手,根本就无决策质量可言。其次,宏观经济预测提供的各种分析,是选择最佳决策方案的根据。宏观经济决策是对整个国民经济活动所作的重大决策,它不仅需要正确,而且还要寻求最优的方案。宏观经济预测正是通过对宏观经济未来可能出现的种种发展途径、发展方向和发展结果进行了科学的分析,这就为宏观经济决策机构选择最佳的决策方案提供了科学根据。最后,宏观经济预测能够为宏观经济决策提供避免种种可能出现的情况和远景趋势资料,有助于宏观经济决策避免片面性、局部性和短期性,使其更具全面性、战略性和长期性。

2. 宏观经济预测是正确实施宏观经济计划的保证。宏观经济管理的任务,不仅仅是作出宏观经济决策并制定具体计划,还包括实施具体的宏观经济计划。在实施宏观经济计划的过程中,政府及其主管部门必须履行指挥、协调、控制和监督等管理职能。这个过程同样离不开宏观经济预测,同样要运用预测资料,或再度进行经济预测。离开了经济预测,就难以及时而准确地解决实施计划过程中出现的各种问题。如:要指挥得当,就必须在解决问题之前预测经济发展过程中的隐含问题;要协调有方,就必须了解参与经济活动的各方之间,包括中央与地方、地方与地方、中央与部门、部门与部门、地区与地区之间的特点、利益差别等,对其相互关系的后果和影响作出正确的估计;要控制和监督有效,就必须对构成国民经济整体的各部分作出分析,哪些是长线,哪些是短线,哪些要限制,哪些要鼓励和支持;所有这些,都离不开宏观经济预测。

3. 宏观经济预测是提高宏观经济管理效益的保证。宏观经济管理的根本目的,是要提高整个国民经济的效益。这也是以正确的宏观经济预测为基础的。无论是整个国民经济运行方案的制定,还是宏观经济计划的执行过程,都要求我们对各种方案和将采取的执行措施进行后果分析,对各种方案、措施的费用和经济效益进行比较、估计,对调整方案和补充计划的得失作出测算,对各种措施的影响程度和波及范围作出预计,以使用尽可能少的费用,取得尽可能多的效益。正确的经济预测,有助于提高宏观经济管理的效益;错误的经济预测,会导致经济管理失败,给国民经济造成损失。

(二)宏观经济决策

决策是人们在确定的条件下,寻找优化目标,并选择实现目标的满意方案的管理活动。所谓宏观经济决策,就是人们在宏观的经济活动中,在宏观经济预测的基础上,根据需要和可能来确定宏观经济目标,并选择实现目标的满意方案和政策措施的活动过程。简而言之,宏观经济决策就是对经济和社会发展目标、发展规划、行动方案、政策措施所作的选择和决定。

我国的宏观经济决策除了具有一般决策的共同特点如未来性、择优性、动态性外,还具有自己的特点。

1. 统一性。即我国的宏观经济战略目标、战略重点、战略步骤和方针、政策、原则、措施等,均由国家统一制定。各部门、各地区的具体目标和发展规划,都是以实现国家的宏观经济战略目标为出发点,以国家的经济指导方针、政策、原则为依据来制定并组织实施的。这个特点不仅保证了国民经济协调地发展,而且有利于正确处理各种经济利益关系,保证整体目标的实现。

2. 复杂性。我国是一个幅员辽阔、人口众多、地区发展极不平衡的大国,宏观经济决策是一项十分复杂的任务。首先,宏观经济决策涉及的目标繁多,它涉及速度、比例、效益、结构等要求,涉及经济增长、社会发展、科技进步、国防建设等领域,涉及人民生活、教育卫生、生态平衡、城市建设等目标。其次,国民经济是一个庞大的综合体,内部各系统之间存在复杂的相互关系,因而,宏观经济决策不能孤立地考虑某一方面的合理性,还要考虑其他的关系和反应。

3. 长期性。宏观经济决策所要解决的是全局性、战略性的问题,如社会总产值的增长速度和效益关系,国民收入的规模及其结构,产业结构的调整与改造,科技开发方向,生产力布局,国民经济的重大比例关系,等等。因此,宏观经济决策的实施周期比较长,我国的经济计划一般都是中长期,即5年或10年。

宏观经济决策的特点表明,宏观经济决策在宏观经济管理中具有十分重要的地位和意义。这种地位和意义主要表现在以下三个方面:

1. 宏观经济决策决定着整个经济管理活动的方向和成效。宏观经济决策关系整个经济建设的大政方针,是全局性、战略性、方向性的大问题。它决定影响和制约着宏观经济及其管理活动的一切主要方向和环节。

2. 宏观经济决策制约着其他管理职能的发挥。宏观经济管理活动的任何其他职能都离不开宏观经济决策。这一方面表现在,宏观经济计划是对决策目标的分解和实现目标的措施,组织则是在决策和计划的指导下,对实现决策目标进行权力的分配,控制和监督则是为了保证决策目标的实现;另一方面表现在,计划、组织、控制和监督等职能发挥作用的过程,实际也是进行决策的过程。

3. 宏观经济决策决定着社会经济效益的提高。影响社会经济效益的因素中,既有政治的、社会的、文化的、自然的因素,也有经济的、管理的、人口的、资源和科技的因素。在这些因素中,宏观经济决策的因素是决定性的因素,正确、科学的宏观经济决策能够保证国民经济沿着高效率、高效益的轨道运行。相反,宏观经济决策的失误将会给国民经济带来不可估量的损失。

4. 宏观经济决策影响着人民参加经济建设的积极性。国家的经济建设是全体人民的自觉行动,但人民的自觉行动必须通过一定的方式才能动员和组织起来。宏观经济决策正是一种动员人民、组织人民的有效方式。

三、宏观经济计划管理

计划,是指人们对未来事业的发展所作的具体安排和部署。经济计划则是人们按照经济的内在联系,对未来的经济活动的发展过程所作的安排和部署。所谓宏观经济计划,就是对整个国民经济的未来发展过程所作的安排和部署,具体地说,它是为了实现宏观经济目标而对整体目标进行分解、计算并筹划人、财、物,拟定计划实施步骤和方法,并制定相应的政策、措施等一系列的管理活动。

在我国社会主义市场经济体制下,宏观经济计划管理具有如下特点:

1. 计划管理的基础是市场。也就是说,在社会主义市场经济体制下,计划管理必须面向市场、了解市场、适应市场、服务市场。计划管理作为一种管理手段,并不排斥市场,取代市场,而是与市场经济发展的要求相适应。

2. 计划管理的性质以指导性为主。在市场经济体制下,国家、企业和劳动者都是独立的经济主体,它们都要根据自身追求的目标进行自主决策,并承担决策的风险和责任。所以,宏观经济计划不能无视各经济主体的利益,相反要通过引导它们的利益追求来调动其创造性和积极性。要做到这一点,其计划的性质就必须以指导性计划为主。所谓指导性,就是计划的内容和形式,都不具有行政指令性或行政强制性,而是具有预测性、导向性和政策性的特点。当然,以指导性为主,并不排斥在个别范围或领域实行有限的指令性计划,并不排斥行政手段。

3. 计划管理的方式以间接调控为主。所谓计划管理的间接调控,就是国家不直接规定各企业的生产任务,而是通过经济政策、经济杠杆、法律手段改变企业的经济环境,调节和影响市场供求关系及其变动趋势,引导企业作出符合计划要求的决策。它明显区别于计划经济体制下的直接调控,即国家运用行政权力,通过行政系统和行政手段直接向企业下达计划指标,规定企业的经济活动的任务,企业只是严格执行计划。在现阶段,我国的计划管理在相当大的范围和领域实行间接调控,只有在极少数的重要领域才实行直接调控。

4. 计划管理的内容以价值管理为主。在社会主义市场经济条件下,虽然国民生产的运动表现为实物运动和价值运动的统一,但整个社会经济关系基本上表现为市场经济关系。在市场经济中,除极少数关系国计民生的重要商品的生产和分配保留实物管理外,绝大部分商品的生产和分配都实行价值管理,这样做更有利于整个国民经济的综合性调控。

在社会主义市场经济体制下,对宏观经济实行计划管理仍然是十分必要的。因为,首先,现代市场经济是社会化大生产的市场经济,社会化大生产是一个有机整体,它客观上要求对社会经济各部门、各地区、各环节之间日益复杂的经济联系进行协调和规划,以促进整个社会经济活动的协调发展。其次,市场有其自身的缺陷,整个社会经济活动还有不少市场失灵的领域,因而政府必须加强对市场的宏观调控和计划指导,以弥补市场的缺陷。因此,在社会主义市场经济体制下,计划管理要转变职能,但这丝毫不削弱它对国民经济发展的调节作用。

四、宏观经济计划体系

宏观经济计划的内容十分繁杂,它不仅要根据宏观经济决策对国民经济再生产过程作部署和安排,而且对于与社会再生产密切有关的科学、文化、教育、卫生等部门的发展也要作计划;不仅要考虑各部门、各地区的计划,而且要制定短期、中期和长期的计划。宏观经济的计划体系是一个有机的整体,可以从不同的角度来分类:

1. 在计划的期限上,可以分为长期计划、中期计划和短期计划。长期计划一般期限为10年或10年以上,它规定国民经济、科学技术和社会发展中的重大问题,是制定中、短期计划的依据,是一种战略性计划和远景规划。中期计划的期限一般为5年左右,是计划工作重点。它对社会经济发展的战略目标进行具体的分解,在人力、物力、财力上规定具体的数量指标。短期计划是在某一短期内比较详细的人、财、物活动计划,一般以年度计划为主要形式;它以中期计划所规定的分年度指标为依据,对当年资源和需要进行平衡,规定比较具体的计划任务。

2. 在计划的范围上,可以分为中央计划、地方计划和基层计划。中央计划是对国民经济全局所作的总体计划,它规定了国民经济的重大比例关系,确定了国民经济各部门、各地区的具体任务。地方计划是在中央计划指导下,由各省、计划单列市、自治区根据本地区的人、财、物情况,综合平衡以后制定的计划,它是中央计划的补充。基层计划是在中央计划和地方计划的指导下,由企业根据自身的条件和市场的供求情况制定的计划,它是中央计划和地方计划的基础。

3. 在计划的内容上,可以分为生产计划、流通计划、分配计划和消费计划。生产计划,包括工业、农业、建筑业、交通运输业、社会总产品、国民收入等生产活动计划,固定资产投资、基建项目、更新改造项目等固定资产生产计划,重点科技项目、新技术推广项目、新技术引进和设备进口项目等科发展计划,劳动力、劳动生产率、职工人数等劳动力再生产计划。流通计划,包括物资流通计划、消费品流通计划和对外贸易计划。分配计划,包括物资分配计划、劳动工资计划、价格计划、财政信贷计划和国民收入分配使用计划。消费计划，包括城乡居民消费水平计划、城乡公用服务事业计划、教育卫生计划等。

4. 在计划的领域上，可以分为经济发展计划、科技发展计划和社会发展计划。经济发展计划是反映国家在一定时期内经济发展的主要目标、任务和重大方针、政策的计划。科技发展计划主要包括重大科技项目计划、重大科技攻关计划、重大科技成果推广和应用计划、新技术引进项目计划以及科研机构、科研人员和科普事业的发展计划。社会发展计划主要是对社会关系和社会过程的部署，包括人口、劳动就业、社会保障、环境保护、社会福利和教育、文化、卫生等内容。

五、宏观经济的监督

（一）宏观经济监督的含义与任务

所谓宏观经济监督，就是政府及其管理机构，依据法规、法令、计划、政策和制度等，对宏观经济的合法性、合理性进行审查监督的一种重要管理形式，是使宏观经济活动符合预定目标的一种控制手段。

宏观经济监督的任务主要有两个方面：一是通过一系列法律、法规、计划、政策等，对宏观经济活动参与者做出检查和鉴定，判断其是否合法，以维护他们的合法利益，防止和减少违法行为的发生。二是通过各种监督形式，使所有经济单位都加强经济核算，严格经济责任制，完善经营管理，克服生产的盲目性，提高经济效益。

宏观经济监督的含义及其基本任务，决定宏观经济监督具有以下基本的职能：

1. 预防性职能。即防止宏观经济运行脱离正确的轨道和偏离社会经济发展目标的职能。它一方面表现在对宏观经济决策和宏观经济计划进行审核和批准，以保证宏观经济决策和宏观经济计划的科学性和可行性；另一方面则表现在对宏观经济活动中潜在的问题和可能出现的偏向，提前弄清原因，采取纠正措施，以便克服在宏观经济运行中和在实现社会经济目标中出现的困难和缺点。

2. 补救性职能。即对宏观经济活动中已经出现的问题和偏差，采取补救性措施，使其迅速回到正确轨道上。它不仅能够及时地解决宏观经济活动中的问题，克服不利于实现宏观经济目标的种种因素，而且能够弥补这些问题和不利因素产生的后果,使其损失最小。

3. 评价性职能。即依据经济法规,对经济活动进行评价。通过监督和检查,对现行的经济活动与宏观经济计划进行比较和分析,并对其运行状况和成果作出公正、客观的评价,以决定其奖励惩罚。

4. 情报性职能。即通过对经济运行过程的全面监督,及时掌握宏观经济活动中的各种信息,并把信息反馈给经济决策部门,以便他们采取相应的对策,促使宏观经济良性循环。

5. 完善性职能。即使宏观经济管理过程更加周密,管理的效率和效益更加高的职能。进行经济监督,便能够在经济活动中,抓住有利的机会和条件,利用现有的潜力和有利因素,并根据社会经济活动的实际情况,完善实现宏观经济计划的有关政策、条例、法规和细则,从而使宏观经济更加有效地运行。

(二) 宏观经济监督的内容与方法

宏观经济监督是对宏观经济管理全过程的监督,同时又是社会再生产各环节的监督,涉及面比较广泛,其内容主要包括计划监督、市场监督、财政监督和银行监督。

1. 计划监督。主要指对计划执行的检查和监督,它是宏观经济监督的主体,其主要内容包括:检查、监督计划指标的完成情况;检查、监督执行计划过程中出现的重大问题和解决办法;检查监督执行计划过程中,贯彻执行国家有关方针、政策、法令、法规等情况。计划监督机构大体可分为两大类:一是政权监督机关。各级人民代表大会及其常设机构是行使检查、监督计划执行的权力组织,各级计、经委是计划监督的具体工作部门。二是业务监督机关,包括统计、财政、税务、银行、物价和工商行政管理等机构。计划监督的主要任务是:根据客观实际情况,及时对计划进行必要的补充和修改,保证计划的科学性和权威性;及时发现和消除计划执行过程中的不利因素;防止产生局部比例失调和薄弱环节,避免产生偏离计划的现象;对计划执行单位执行计划的情况进行监督,以保证计划的完成。

2. 市场监督。它是对在市场上从事商品交换活动的单位和个人,从商品的质量、价格、合同等方面进行的监督,其主要内容包括对商品经营者的监督、对商品的监督、对市场物价的监督、对计量的监督、对商标的监督、对市场票证的监督和对广告宣传内容的监督。执行市场监督的机构有工商行政管理部门、物价部门、税收部门、计量部门、商业部门等。其中,工商行政管理部门是最主要的执行机构,它负责对市场上的交易活动进行全面的监督。市场监督的主要任务是:监督商品经营者的登记发照及其活动范围,保证正当交易,取缔非法活动;监督商品的质量、价格及计量情况,维护消费者的利益;维持正常的市场交易秩序,打击市场上的犯罪活动;促进工农业生产的发展。

3. 财政监督。又称为实质性监督,是国家对财政资金的集中、分配、使用的监督,其主要内容包括预算监督、税收监督、财务监督等。预算监督指国家对预算资金的集中、分配和使用的监督,是财政监督的主体。预算监督负责监督国家预算的编制,检查财政收支活动,以保证财政经济计划的完成和有关财政经济方针政策的执行。税收监督指财政税务部门根据国家的政策、法令,对纳税单位和纳税人履行纳税义务的真实情况进行的监督。税收监督要求落实国家税收政策,树立正常的纳税观念,严肃国家财经纪律。它不仅能够督促纳税单位和纳税人及时地定额交纳各项税款,保证国家的财政收入,而且对于国家采用税收这一经济杠杆,调节宏观经济,具有十分重要的意义。财务监督是对企业、事业单位日常工作和业务活动中所发生的各种经济往来关系及财务收支的监督。财务监督主要对企业生产基金使用效率、产品成本控制、企业收入分配、专项基金筹集和使用等活动进行监督,使企业合法收入,按预算支出,有效地正确地使用资金。

4. 银行监督。是指国家通过银行对信贷结算活动进行的监督。它主要是通过银行的货币存贷、现金收支、转账结算业务活动来实现的,因而包括货币监督、现金监督和信贷监督等内容。其中,信贷监督是最主要的监督。银行监督主要通过资金流转,监督企业是否按照国家的计划和方针政策组织生产经营,是否合理使用资金,加快资金周转;同时,它还综合反映了国民经济的情况,对于宏观经济的决策、计划、组织和控制起着极为重要的作用。

宏观经济监督的方法可以分为一般方法和具体方法。一般的方法包括:经济监督与计划管理相结合的方法,经济监督与经济核算相结合的方法,经济监督与经济分析相结合的方法,经济监督与检查验证相结合的方法。具体的方法有详查法、抽查法、分析法、顺查法、逆查法、核对法、查询法等等。

(三) 审计及其在经济监督中的地位

审计是监督、审查的意思。它运用法律的手段,对全部或部分经济事项进行定期的和不定期的检查、观察、分析和监督,以判断其行为是否合法、正确和适当。

在社会经济活动中,审计的主要对象是国家财政资金、银行信贷资金和企业经营资金的收支状况,反映经济活动的会计资料、会计记录以及与此有关的内部控制制度。审计部门根据事实依据、理论依据和法律依据,采用送达审计、就地审计、委托审计、联合审计及其他审计形式。对审计对象的单据、账簿、报表、财产、款项进行稽核、检查和分析,以判断其资金的运用是否合法、正确,会计是否真实、适当,内部控制制度是否合理、完善,从而实现国家对财政经济活动的监督。

审计的应用十分广泛,因而其种类也可按不同的标准来划分。按审计的对象来划分,可分为国家预决算审计、税收利润审计、银行信贷审计、企业审计、基本建设审计和特种审计;按执行审计的机构划分,可分为内部审计和外部审计。

与此相应,审计的方式也多种多样。按审计范围,可分为全部审计、部分审计和专项审计;按审计时间,可分为定期审计、不定期审计,事前审查、期间审查和事后审查;按审计形式,可分为巡回审计、就地审计、送达审计、联合审计;按审查次数可分为初次审查、再次审查、继续监视审查、一次性审查等。

审计是国家实行经济监督的主要手段。从某种意义上来说,审计是对其他一些经济监督及其监督机关的监督,因而在经济监督中具有特殊的地位。

1. 审计是实现计划监督、市场监督、财政监督和银行监督的重要手段。在计划监督中,计划的编制是否符合客观情况,计划执行中有没有出现偏差,这是行使计划监督职能的前提。审计通过对计划执行部门和单位的经济资源、经营状况和经济行为的稽查和审核,及时地发现计划编制的问题和计划执行的偏差,为计划部门提供有关的资料。

在市场监督中,工商行政管理部门通过对企业购销业务和会计账目的审查,可以查明其有无违反国家政策、擅自抬价或变相涨价的情况;有无以假充真,以次充好,损害消费者利益的现象,从而使工商行政管理部门采取相应的措施,稳定市场,保障生产发展和人民生活。

在财政监督中,预算监督、税收监督、企业财务监督、基本建设监督、行政事业单位的财务监督和其他财政资金监督等等,主要是通过审计的检查、观察、审核、分析来实现的。国家通过审计,不仅可以及时发现某些单位和部门截留利润、偷税漏税、弄虚作假等违法乱纪行为,从而保证国家财政收入足额及时入库,而且可以防止铺张浪费、不遵守国家财政计划和财经纪律、乱用滥用资金的行为,提高资金的使用效率。此外,它还可以促使企业进一步加强经济核算,厉行增产节约,想方设法降低成本,增加利润,提高经济效益,从而为社会主义建设提供更多的积累资金。

在银行监督中,银行的信贷监督和货币监督也是在审计的基础上行使其职能的。通过审计,银行可以保证其信贷资金的发放与企业的实际需要和偿还能力相协调,又能够及时发现并制止企业之间相互赊欠,自由借贷,打乱国家的资金分配计划,从而实现其监督的职能。

2. 审计是保证计划监督、市场监督、财政监督和银行监督正确行使其职能的工具。审计是对社会经济生活的全面监督,它不仅监督其他经济监督的对象,而且还监督其他经济监督机关。通过审计,可以发现各经济监督机关在制度、法规、管理上的薄弱环节和缺陷,及时完善各经济监督机构的职能,提高其监督管理的水平。同时,还可以揭露各经济监督机关中的违法乱纪、渎职失职的现象及有关人员,及时地采取有效的措施,予以教育处理,从而提高各经济监督部门的工作效率。

第三节 宏观经济管理的方法

一、经济调节方法

（一）经济调节方法的含义与特点

宏观经济管理的经济调节方法,是指国家依据客观经济规律和物质利益原则,依靠经济组织,运用经济杠杆,调节控制国家宏观经济的重大比例关系和协调企业的经济活动,促进国民经济发展的一种方法。经济调节方法的实质在于贯彻物质利益原则,调整国家、企业和劳动者个人之间的经济利益关系,充分调动各方面的积极性、主动性,引导企业的经济活动符合国家计划的总要求,使生产符合社会需要。

经济调节方法具有以下几个主要特点：

1. 调节对象的平等性。经济调节方法首先承认其被调节对象,即各种经济组织和单位在获取自己的经济利益权上是平等的。社会按照统一的价值尺度计算和分配劳动成果;各种经济杠杆的运用对同样情况的企业或单位起同样的作用,不允许有特殊;经济合同的签订,其前提是各方都处于平等的地位。

2. 调节作用的诱导性。经济调节方法能够发挥作用的本质,是通过经济利益来诱导、刺激、推动被调节者按照调节者要求的方向进行经济活动,使被调节者的经济行为及其自身的经济利益与管理者要求的目标相一致。这种方法虽然并不直接指挥各个企业的生产经营活动,但它能够使按照宏观经济目标和计划从事生产经营活动的企业获得较多的经济利益,使背离宏观经济目标和计划从事生产经营活动的企业只图微利甚至无利可图,从而有效地把各个企业的生产经营活动引导到符合宏观经济管理目标的轨道上来。

3. 调节领域的广泛性。经济调节方法的使用领域和影响都很广泛,不但各种经济手段之间的关联错综复杂,影响面宽,而且任何一种经济杠杆运用的改变,都会引起社会多方面的经济关系的变化。经济调节方法的使用不仅对当前的社会经济活动会发生作用,还会对今后相当一段时间内的社会经济活动发生影响。

宏观经济管理运用经济调节方法,是发展社会主义市场经济,实现宏观经济管理目标,保证国民经济协调发展的需要。这是因为:

1. 我国社会主义市场经济要求宏观管理间接化。除了特殊的产品和特殊的服务需要特别条件外,企业和个人可以完全自主地决定各种具体产品和服务的产、供、销。企业和个人作出决策的依据就是市场价格变化的信号以及对有关收益和损耗的预测等。市场把各种产品和服务的供求连接起来,求得供求平衡。但由于市场调节的滞后性和盲目性,仅靠市场力量难以有效地解决社会总需求和总供给的平衡问题,难以实现效率优先、兼顾公平的原则。所以,社会主义市场经济要求政府对微观经济的运行过程进行宏观调控。但是。这种宏观调控,既不能代替企业和个人的决策,也不能直接干预企业和个人的微观经济活动,而只能通过经济政策、经济杠杆、经济计划等间接地进行。随着经济体制改革的不断深入,政府对企业的管理由以直接控制为主转向以间接控制为主,经济调节方法将成为对宏观经济进行全面管理与调节的主要手段。

2. 我国社会主义存在多重经济关系。我国现阶段还存在着多种经济成分,多种经营形式,多种计划管理形式。各个企业和经济单位都有自己的经济利益和经营自主权,因此,要按照价值规律办事,就必须通过经济杠杆对再生产的各个环节起调节作用。

3. 我国社会主义初级阶段的生产力水平不高,由于社会主义生产力发展水平还不够高,对物质利益的追求,不仅在普遍意义上,而且在特殊意义上都成为激发人们的工作热情的动力,这种出于对物质利益的关心发挥出的积极性,是推动社会再生产的强大动力。而经济调节方法的实质,就在于用物质利益来引导经济组织和企业的生产经营活动,以达到完成国家的经济和社会发展计划,按预期目标来调节社会生产和促进国家经济发展的目的。

(二)经济调节方法的主要内容

在宏观经济管理中,经济调节方法是借助经济杠杆来实现对经济活动的调节和控制的。所谓经济杠杆,是有关经济利益关系的经济范畴与一定的具体政策规定相结合,形成按一定方向调节社会生产、推动经济发展的工具。经济杠杆的工具有很多,如价格、税收、信贷、财政、汇率、工资等,其中最主要的是价格、税收、信贷三大经济杠杆。

1. 价格杠杆。价格是一种灵敏度高、有效性强的经济杠杆。价格杠杆是通过调整和控制价格水平的高低与涨落,以及各种商品比价、差价的变化,来影响交换双方的经济利益和市场供求状况,从而实现其对经济活动的调节作用的。主要作用有下列几个方面:

第一,引导企业生产经营方向,促进生产结构的合理化。在社会主义市场经济条件下,企业生产经营方向和扩大再生产投资方向会自发地面向价格有利、盈利水平高的部门、行业和产品,而背向价格不利、盈利水平低的部门、行业和产品。因此,国家可以根据国民经济产业发展的要求,运用价格杠杆,通过调整不同产品之间的比价关系,调整各部门、各行业、各类产品的盈利水平,正确引导企业的生产经营方向和扩大再生产的投资方向,促进生产结构的合理化。

第二,调节产品流向,平衡产品在地区间的供求。这一作用是通过合理地规定产品的产地和销地的差价来实现的。如果某种产品在一个地区产大于销,另一地区短缺,拉开地区差价就可以使产品流向短缺地区,平衡产品在地区间的供求。

第三,引导消费方向,促进消费结构的合理化。在使用价值相同或相近的情况下,一般地说,产品价格愈低,对消费者的吸引力越大;产品价格愈高,对消费者的吸引力越小。因此,在同类使用价值中总的消费方向必然趋向于价格较低的产品,而背向价格较高的产品。因此,国家可以根据一定时期内各类产品可供量与需求量的关系,运用价格杠杆,适当调高供不应求的短线产品的价格,以限制对短线产品的消费需求;适当调低供过于求的长线产品的价格,以刺激对长线产品的消费需求,正确引导消费方向,促进消费结构合理化。

第四,调节部分国民收入分配,协调各种经济利益关系。价格的变动不会增加或减少国民收入,但会改变国民收入在各社会集团、各阶层之间的分配,它在导致参与商品交换的一方增加收入或减少支出的同时,必然导致另一方相应地增加支出或减少收入,从而影响各社会集团、各部门、各阶层的实际收入水平。因此,国家可以在一定范围内通过适当调整某些产品的价格,以协调各社会集团、各部门、各阶层之间的经济利益关系。

第五,促进企业改善生产经营,提高社会经济效益。价格是商品价值的货币表现。商品的价值量决定于生产商品的社会平均必要劳动消耗。在供求大体平衡的条件下,商品价格大体上符合价值。在这种情况下,生产经营好的企业由于个别价值低于社会平均必要劳动消耗决定的社会价值而获得较多的盈利;而那些生产经营差的企业,就会由于个别价值接近或高于社会价值,而盈利较少甚至亏损。根据这个原理,政府可以运用价格杠杆来鼓励先进企业和鞭策落后企业,促进企业提高生产技术,改善经营管理,降低成本,提高盈利能力,进而全面提高整个社会的经济效益。

第六,调节外贸进出口,以增加外汇和保护国内产品。这个作用主要是通过产品的内销与外销差价来实现的。如:对鼓励出口的产品,可以加价收购,增加出口换汇,内销部分则低价收购,加价出售;对限制进口的产品,可以提高内销价格,限制消费,节约外汇,保护国内同种产品的生产。同样道理,对限制出口、奖励进口的产品,也可以通过价格杠杆来调节。

运用价格杠杆的调节作用,最重要的是规定合理的调价幅度。幅度不合理,不仅难以收到预期的效果,而且会带来许多副作用或逆效应,如增加国家财政负担,影响物价稳定等。正确地规定调价幅度,不仅能够解决具体产品的比价、差价,而且能够解决好物价总水平的控制,把价格的结构性调整与合理的控制价格总水平统一起来,使价格的变动符合国力的承受能力,有利于实现宏观经济的调控目标。

2. 税收杠杆。税收是国家财政收入的重要组成部分,也是调节生产、流通、分配和消费,进行宏观经济管理的一个经济杠杆。税收杠杆的宏观调节作用是通过国家的税收政策来实现的。国家在参与国民收入分配中,通过法律形式,设置不同的税种和税目,规定不同的税率、减免税和纳税环节等,造成对各种经济活动有利或不利的条件,体现国家对各种经济活动的鼓励政策或限制政策,从而达到调节商品生产者、经营者的经济活动,以及调节国民经济运行的目的。与其他经济杠杆相比,税收杠杆具有强制性和无偿性的特点,并兼有经济方法、法律方法和行政方法的作用。税收杠杆对经济活动的调节控制作用主要表现在下列几个方面:

第一,调节国家、集体和个人的利益关系,实现宏观控制与微观搞活的结合。运用税收,通过收入的分配和再分配,调节国家、企业单位和个人之间的利益关系,既保证国家财政有稳定的收入来源,又通过一定的税负使企业和个人的生产经营符合宏观经济发展的目标和计划;既实现宏观控制的目标,又搞活了企业。

第二,调节不同部门、行业的留利水平,促进生产结构合理化。通过规定较低的税率,或给予减税、免税等优惠条件,扶持重点部门、重点产品、短线产品和新产品的发展;通过规定较高的税率等不利条件,控制某些长线产品、陈旧产品的发展,从而正确引导现有企业的生产经营方向和扩大再生产的投资方向,促进生产结构的合理化。

第三,调节企业之间的不合理差距,促进企业之间的平等竞争。由于资源丰富程度、开发条件、地理位置等外部条件的差异,企业之间的经营成果常常会出现不合理的差距。对此,国家可以针对影响企业经济效益的主要外部条件,设置有关的税种(如资源税、能源税等)并规定相应的税率,使那些靠优越的外部条件而获得的级差收入收归国家。这样,就可以缩小外部条件给企业经济效益造成的不合理差距,促进企业在大体相同的基础上,在机会均等的条件下,靠改进生产技术、改善经营管理的真功夫开展竞争,以调动企业的积极性。

第四,调节各种所有制经济之间的经济效益,促进它们共同发展。国家可运用税收杠杆,通过对国有企业和集体企业、个体企业征收各项税收,使各种经济成分的税收负担趋于合理,防止不同经济成分之间收入差距过分悬殊的现象,巩固和发展公有制经济的地位,保护个体经济的合法收益,以促进多种经济形式的共同发展。

第五,调节国内外经济合作与贸易关系,促进对外开放。国家可以运用税收杠杆,在税收方面对中外合资经营、合作经营企业和外商独资企业提供一定的优惠待遇,以吸引外资和引进先进技术装备;对出口产品实行免税,以增强本国商品在国际市场上的竞争能力,为国家增加外汇收入等等。

运用税收杠杆调节和控制宏观经济运行,关键是要根据宏观经济发展目标,科学地估算税源分布,正确地设计税种、税目、税率和征收环节。在税负上,既要考虑国家财政收入,又要从实际出发,考虑税负者的负担能力。过重的税负会窒息企业的活力,产生逆调节效果;不适当的减免税会造成国家财政收支的不平衡。

3. 信贷杠杆。信贷,特指银行信贷,是指银行将货币暂时贷出,借款人应在一定时期后还本付息的信用活动。银行信贷和财政拨款是我国组织和分配资金的两个渠道。各企业单位的资金,除一部分基本建设投资来自财政拨款外,日常生产经营周转和扩大生产所需要的资金都来自银行贷款。与财政拨款相比,银行信贷是以有偿使用、还本付息为特征的。因此,它直接关系企业的经济利益,比从财政取得的拨款负有更大的经济责任。信贷的这个特点,使它成为一个重要的经济杠杆。信贷杠杆的宏观调节作用,是通过银行业务中的贷款投向、贷款额度、偿还期和利率来实现的。信贷杠杆的调节作用主要表现在下列几个方面:

第一,调节存款利率,广泛筹集闲置资金。把社会上暂时闲置的资金动员筹集起来投入生产建设,是挖掘现有资金潜力的一种重要方法。运用信贷杠杆,对企业单位存款支付一定的利息,可以作为一种辅助手段促进企业单位更多更快地把闲置的资金存入银行。对于城乡居民储蓄来说,信贷杠杆则会发挥重要的作用。对活期储蓄和各种定期储蓄实行差别计率,不仅有利于更广泛地动员社会闲置资金,而且有利于稳定存款余额,促使国民经济稳定、快速发展。

第二,调节信贷投向,促进生产结构的合理化。信贷是资金分配的一条渠道,是各部门、各企业生产经营活动所需资金的重要来源。国家银行可以运用信贷杠杆来体现国家对不同部门、不同企业、不同产品的鼓励和限制政策。如对短线产业、瓶颈产业和支柱产业,可以通过降低贷款利率、放宽贷款条件、增加贷款数量等手段给以支持;相反,对长线产业,则可以通过提高贷款利率、严格控制贷款、减少贷款数量、中止贷款等手段来限制。这样,可以有效地调节控制各部门的发展规模和发展速度,促进生产结构的合理化。

第三,控制货币投放,使货币流通量与商品可供量相适应。信贷资金的投放,必须与商品的可供量相适应。信贷资金不足,必然影响生产和流通,造成产品积压、流通阻塞、生产停滞;信贷资金投放过量,则会引起需求过旺、供应不足和物价上涨。所以,国家应该运用信贷杠杆,在货币流通量超过商品流通需要时,一方面大力吸收存款,回笼货币;一方面压缩贷款规模,减少货币投放;在货币流通量不能满足商品流通需要时,则可以适当扩大贷款规模,增加货币投放。这样,就可以通过控制货币流通量,保证货币流通量与商品可供量相适应,促进国民经济稳定协调发展。

第四,调节信贷资金使用条件,促进企业合理使用资金。国家银行可以运用信贷杠杆,实行差别利率,控制贷款条件,对企业生产经营正常周转所需的定额流动资金收取低息,对定额之外的信贷资金收取高息;对生产经营好、产品适销对路的企业,在贷款上给予支持,对生产经营差,产品积压滞销的企业,在贷款上加以限制等等。这样就能够促进企业合理使用资金,减少资金占用,加快资金周转,提高资金使用效率,提高社会经济效益。

信贷杠杆能否发挥有效的宏观调节作用,取决于两个条件:一是受贷企业真正成为自主经营、自负盈亏的商品生产者和经营者;二是银行真正企业化,有自主经营权,在信贷业务上不受行政部门的干扰。

(三)运用经济杠杆要注意的若干问题

1. 要注意经济杠杆的配套运用。各种经济杠杆,作为一个调节系统,具有多方面的功能。但每一个子系统的经济杠杆,都有自己的主要活动领域或作用范围,都有各自不同的特点和职能。在宏观经济控制过程中,政府对经济调节方法的使用,是对经济杠杆的综合运用,而不是单一杠杆的运用。构成宏观调节系统的价格、税收和信贷三大杠杆,各具特点,各有不同的运用条件和局限性。价格杠杆对生产、流通、分配、消费各个领域的经济活动影响力最强,影响面也最广。这表现在调节作用的双向性,即提高价格,既会刺激生产,也会控制消费;降低价格,既会刺激消费,也会控制生产。而且,部分价格的变动,往往会引起一系列的连锁反应。价格杠杆的这些特点,一方面使价格成为最有效的调节手段;另一方面也容易引起国民经济较大的震荡。税收杠杆,它除了具有强制性、无偿性和相对固定性的特点之外,最突出的特点是作用对象单一,作用界限清楚。但由于税收具有法律形式而相对稳定,所以难以对复杂多变的经济运行情况作出灵敏的反应。信贷杠杆通过调动资金的分配影响各方面的经济活动。它的突出特点是比较机动灵活。但信贷杠杆的作用也会受

到信贷业务范围的限制。因此,要实现宏观经济控制的目标,就必须注意各种经济杠杆的配套运用,重点是两个方面的配套:

第一,各种经济杠杆在作用方向和作用时间上相互配套。经济杠杆是在一个广泛的空间里起作用,不仅有作用的方向,而且有作用的时间。从协同配套要求来讲,既要求方向一致,也要求时间统一。在一般情况下,对于同一作用对象来说,各种经济杠杆在发挥推动、鼓励或限制作用时,必须在方向和时间上吻合。一旦出现各种经济杠杆的作用方向相背离,时间不统一,经济杠杆的作用就会相互掣肘,相互抵消,难以取得最佳的经济效果。当然,这种吻合统一,并不排斥在某种情况下,利用必要的时间差。另外,在经济杠杆的运用中,除其主要作用的发挥外,其他次要作用或派生作用,也会或多或少直接或间接地对经济生活产生影响,这种影响可能是积极的,也可能是消极的。对于消极影响,需要由其他经济杠杆的积极作用来消除。强调各种经济杠杆要注意配套运用,目的正是为了保证各种经济杠杆在运用中步调一致,形成一种合动力,实现推动经济运行的最佳效果。

第二,各种经济杠杆的纵向运用和横向运用的相互配套。所谓纵向运用,指的是掌握各种经济杠杆的主管部门,如计划、财政、银行、物价、劳动等部门,根据国民经济的发展要求,在调查研究的基础上,制定并发布运用经济杠杆的有关决策规定,用以指导各项经济活动。所谓横向运用,指的是具体掌握经济杠杆的各个部门,在运用经济杠杆时,相互之间密切合作,互相协作。经济杠杆的配套运用,在很大程度上取决于各种经济杠杆的纵向运用和横向运用能否保持协调。在这种纵横交叉联系中,必须注意正确划分好各个经济杠杆主管部门的权利和责任,寻求最佳的结合点。并注意解决好经济杠杆的分级管理和多层次决策与运用问题。凡是涉及国民经济全局范围的重大价格变动、税种和税率的确定,以及利率的调整等,必须由中央决定。其他只涉及局部范围的经济杠杆的相关政策规定的调整,可以由地方主管部门根据当地的经济发展状况自行决定。

2. 要注意经济杠杆的运用时机。经济杠杆的调节体系是多层次和多样的。社会经济活动十分复杂,经常处于不断变化之中。这种变化,不仅有数量的表现,而且有时间的过程。为了实现经济杠杆的综合调节,有效地发挥经济杠杆的作用,必须注意根据不同时期的经济发展情况和客观规律的要求,科学地选择经济杠杆,准确地把握运用时机。

所谓经济杠杆的选择,即是说,在为达到同一目的的经济活动中,有时可以运用不同的经济杠杆来实现。这时究竟以哪种经济杠杆为主要调节手段,需要预测比较各经济杠杆运用之后,可能分别出现的不同效果,权衡利弊得失。寻找最佳方案,作出正确的选择。比如,当某种商品的市场供求出现矛盾,需要刺激生产、协调供求关系时,运用价格杠杆和税收杠杆都可以从经济利益上鼓励生产的扩大。但两种杠杆的作用效果却有所不同。从刺激生产的角度看,适当提高价格或是降低税率,都可以扩大生产供给。但从协调供求关系看,降低税率或减免税收,只能调整生产者的经济利益,并不能影响消费者的经济利益,减少消费需求,使供求关系得到缓和。而价格的适当提高,不仅可以通过调节生产者的经济利益,刺激生产的增加,也可以通过调节消费者的经济利益,控制消费的扩大。所以,从这个角度看,运用价格杠杆比运用税收杠杆的效果更佳。

经济杠杆的主要调节手段选择以后,还应当选择一些可以与之配合的经济杠杆协同运用。所谓把握经济杠杆的运用时机,就是要在掌握国民经济发展动态的基础上,抓住经济杠杆的运用时间。既不能提早,又不能过迟。时间过早,客观条件尚不成熟,容易出现徒劳无益或事倍功半;时间过迟,客观情况已经变化,容易丧失良机,造成被动。因此,从一定意义上讲,准确地把握经济杠杆的运用时机,是实现经济杠杆综合调节,决定经济杠杆的作用能否有效发挥的关键之一。

3. 要注意经济杠杆的财力保证。这里所说的财力,主要指国家可以直接控制掌握的财力,即包括财政控制的部分,也包括银行掌握的部分。在宏观经济调节手段运用中,纯粹行政手段和法律手段,一般不需要财力保证。只有运用经济杠杆的调节手段,才与财力的保证直接有关。为什么?原因有三个:

第一,经济杠杆本身就是若干商品货币的价值范畴。经济杠杆的运动,实际就是价值运动的具体表现。必然要涉及成本、利润、资金、货币等形式。

第二,运用经济杠杆的调节手段推动经济运行,也就是通过各方面经济利益的调整,利用各方面对经济利益的关心所激发出的强大动力来推动经济运行。在经济利益的调整过程中,总是有某一个方面或某几个方面的经济利益得到改善,即增加所得;其他方面的经济利益因此受到控制,即减少所得。

第三,对于运用经济杠杆的主体来说,在发挥经济杠杆的推动和鼓励作用时,要相应伴随一定财力的付出,不是增加支出,就是减少收入。比如,运用财政补贴杠杆,一方面可以增加企业或居民的收入,另一方面则要增加财政支出;再如,运用税收杠杆,降低税率或者减免税收,对企业来说可以增加收入,对财政来说就要减少收入。反之,发挥经济杠杆的限制作用时,会相应伴随一定财力的增加。比如,开设新税或提高税率,减少补贴或压缩投资,不是增加收入就是减少支出。经济杠杆运用中的这种增支或减收、增收或减支的变化,也就是上面说的经济利益关系的重新调整及组合。

在不同时期内的不同情况下,经济杠杆的运动幅度不同,作用的范围大小不同,所需要的财力保证程度也自然不同。对国家来说,一种经济杠杆或多种经济杠杆的运用过程所引起的财力增减变化,有时可以相互抵消,有时则无法抵消,往往免不了要引起财力支付的增加。如果经济杠杆的运用所需要支付的财力,超过客观上所能提供的财力保证,那么经济杠杆的运用,就要因财力的限制而受到影响,作用就很难充分发挥。正是由于财力状况会影响和制约经济杠杆的运用程度,所以,我们在运用经济杠杆调节宏观经济时,必须同时充分估计财力的承受能力,考虑财力的可能保证程度。

4. 要注意经济杠杆的运用限度。经济杠杆的运用,不仅有个质的问题,即充分比较各种不同经济杠杆的运用效果,从中选择最佳方案,而且也有一个量的问题,即要有一个合理的限度,作用的大小要恰如其分,既不能过猛,也不能不痛不痒。作用力过大,可能事与愿违,产生相反的结果;作用力太小,又往往难以奏效,达不到预期的经济目的。因此,必须注意经济杠杆的运用限度,无论是鼓励还是限制都应有一个合理的数量界限。比如,为了同一目的,在同一时间里,对同一作用对象,可能从经济杠杆的鼓励和限制中,得到多少或减少多少好处,而在客观上应当给予多少或限制多少好处。这种实际可能和客观需要的数量关系对比,是综合运用经济杠杆所必须注意的一个重要问题。只有这两者之间的数量关系大体相适应,经济杠杆的调节作用才能有效地得到发挥。

(四) 经济调节方法的优点与局限性

1. 经济调节方法的优点。与上述经济调节方法的特点和内容相联系,经济调节方法具有明显的优点:

容易调动各经济主体的积极性。经济调节方法能够把企业、劳动者的生产经营成果和单位、个人的物质利益结合起来,促使其从物质利益上关心生产经营状况,提高其增产节约的积极性。

有利于增强经济主体的自主性。使用经济办法管理经济,就意味着给企业以经营自主权,企业就可以解脱上级机关行政命令和指令性计划的束缚,主动地发掘潜力,最有效地使用人力、物力和财力资源来提高经济效益。

有利于树立经济主体的竞争意识。在市场经济条件下,用经济调节方法管理各经济主体,使各经营单位意识到,只能依靠物美价廉、优质服务才能获得更大的物质利益,从而增强其竞争意识,促使经营单位提高技术和改善管理。

2. 经济调节方法的局限性。但是,由于经济调节方法不具有法律规范的强制力和行政管理的约束力,使它对经济活动的调节作用受到一定的限制,存在以下几个方面的局限性:

它不能直接衔接国家指令性计划范围内的必须保证的产需关系,也不能对事关全局的重大经济活动进行周密的组织指挥。当国家宏观经济发展需要进行重大调整时,单靠经济调节方法,不能迅速克服各种阻力,保证各方面统一认识,统一纪律,统一行动。

它不能具体确定各种经济活动必须遵守的行为规范,不能有效地制止个别企业违反国家和公共利益的行为,难以处理经济活动中的一些纠纷,因此,不能靠它来完全保障良好的经济活动秩序。

综合运用经济杠杆的实际效果,不仅会受到经济调节的主体,即国家经济管理部门、管理人员的认识能力的限制,而且会受到经济调节的对象,主要是各生产经营单位的反应能力和行为的限制。

既然经济调节方法既有明显的优点,又有其固有的局限性,因此,我们一方面要创造条件,使其优点充分发挥出来,使之成为宏观经济管理中的主要方法;另一方面,又要注意在运用经济调节方法时,辅之以必要的行政手段和其他办法,以克服其局限性,使其更有效地控制和调节经济的运行。

二、行政调节方法

(一) 行政调节方法的含义、形式及其客观必然性

宏观管理的行政调节方法,是指国家依靠行政组织,运用行政手段,按照行政方式来管理宏观经济活动,以保证国民经济各个方面围绕共同的目标协调行动,维护全局的根本利益的一种管理方法。

行政组织是按照行政管理的需要组织起来的管理单位,实行严格的等级

制度,每一级行政组织和每一个行政领导职务都有严格的职责和权力范围。行政手段是指各种行政的决议、决定、命令、指令性计划、制度、纪律、工作程序、标准等。行政方式是指以行政的强制,直接左右被管理者行动的管理方式。

在我国的现实经济生活中,行政协调方法的运用主要有以下四种形式:

1. 带有政策性的行政手段。即为达到某种经济目的,政府制定有关的经济政策,指导经济活动的进行。例如,为了自觉利用经济规律,充分发挥经济杠杆对社会经济的调节作用,一方面要完善经济杠杆本身的各种机制,另一方面也要对各种经济杠杆的运用制定某些具体的协调政策,等等。

2. 具有法律效力的行政手段。即政府管理机构为生产经营单位和各级经济组织规定的法律规范和行为准则。例如,为了有效地利用市场机制,正确地发挥市场机制的作用,政府要制定必要的市场工商管理条例,颁布有关规章制度,并要求各生产经营者遵守法规、条例,在政府政策法令允许的范围内从事生产经营活动,对违法者给予经济的和法律的制裁。

3. 具有强制命令的行政手段。即政府管理机构运用手中的权力,对社会经济活动进行直接的行政指挥和控制。例如,为调整产业结构和企业组织结构,调整一些重大的比例关系,通过采取行政命令、运用组织措施等形式,强行对一些生产经营不善或生产能力过剩的企业实行兼并,强令压缩固定资产投资规模等。

4. 具有约束力的行政手段。即政府管理机构通过下达任务等形式,严格约束有关方面的经济活动。例如,为了实现国民经济综合平衡的需要,对关系国计民生的重要产品中需要由国家调拨分配的部分,实行指令性计划,约束各生产经营单位必须严格执行,保证按期实现。

运用行政调节方法是宏观经济调节的客观必然性。

1. 运用行政协调方法是管理社会化大生产的客观需要。在我国,以社会化大生产为主体的国民经济,存在着全社会范围的社会分工。正像企业中的共同劳动需要统一指挥那样,在全社会范围内也需要进行统一的协调和必要的统一指挥。必要的行政协调方法,是避免生产建设的盲目性,发挥社会主义优越性的一个重要途径,也是组织社会化大生产的一个必不可少的重要手段。

2. 运用行政协调方法是协调各种经济利益差别和矛盾的需要。在社会主义制度下,社会成员之间的基本利益虽然是一致的,但在各经济单位之间,各地区、各部门之间也存在着经济利益上的差别和矛盾,解决这些矛盾的主要办法是民主协商,实现经济管理的民主化。以在民主的基础上坚持必要的集中,才能建立高效率的日常管理工作。在调整产业结构和生产布局等全局性战略决策中,只有依靠国家的强力决断,才能顺利地实现。这就必须赋予政府经济管理机关在必要时行使强有力的行政指挥权。

3. 运用行政调节方法是计划经济体制向市场经济转型的需要。我国经济体制改革的目标,是建立社会主义的市场经济。这种市场经济不同于西方发达资本主义国家市场经济的地方之一,就在于强调国家在宏观经济管理中的计划管理作用,强调必要的行政手段。国家可在一定时期内,把关系到国计民生的重要经济部门置于国家直接控制之下,以保障人民的基本利益和社会再生产的顺利进行;国家可以干预各地区、各部门的经济活动,合理地进行生产力布局,以便建立合理的经济结构;国家可以运用行政手段,集中必要的财力进行重点建设,以改变比例失调状态;国家可以通过行政措施,纠正经济生活中某些不良倾向,维护社会主义经济秩序。当然,随着经济体制改革的逐步深入,国家对经济的管理逐步由以直接控制为主转向以间接控制为主,行政方法的运用相对减少。但是,在新旧经济体制更替的一定时期内,决不可以轻易放弃或低估行政协调方法的作用。

(二) 行政调节方法的优点与局限性

行政调节方法具有以下几个基本特点:

1. 强制性。这是行政调节方法的根本特点。各级行政组织及其负责人依靠行政权威发布的行政指令,对被管理者具有强制执行的性质,上级组织和领导人在管理过程中可以对下级的行动进行强制性干预,直接控制下级的行动,下级对上级的指令必须服从和执行。行政方法的强制性只对特定的对象,即下属组织及其成员有效。

2. 垂直性。行政调节方法是通过行政系统,按照行政层次来管理经济的。一般地说,行政指令是纵向垂直传递执行的。行政协调方法所强调的是垂直关系和垂直管理信息,而横向关系和横向管理信息对各级管理者无约束力。

3. 单一性。单一性包括两方面的含义:一方面是指下级组织和领导人只接受一个上级的领导和指挥;另一方面是指一个管理指令只含有对某一个问题的一个硬性的行动方案,下级必须无选择地执行。

4. 无偿性。采用行政调节方法进行经济管理,上级组织对下级单位的人、财、物、技术等的调动和使用,不必讲究等价原则。根据行政命令所进行的各单位之间的人、财、物、技术等的调配使用不计价,不搞经济核算,一切根据行政管理的需要,可以不考虑价值补偿问题。

由于行政调节方法具有上述特点,它在宏观经济管理中具有一些其他方法所不及的优点。主要表现在:

1. 运用行政调节方法,时间短,见效快。尤其是在国民经济发展遇到困难和挫折,以致出现重大的比例失调时,通过行使行政协调方法,可以迅速控制和扭转局势,运用得当,能够取得令行禁止的效果。如我国 20 世纪 80 年代初期国民经济调整时,政府通过采取果断措施,压缩了基本建设投资;对轻工业实行优先的原则,降低了重工业的生产发展速度,使积累和消费、农轻重等国民经济一些主要比例关系,在较短的时间里基本趋于合理。

2. 运用行政调节方法,统一性强,稳定性好。为保证国民经济发展的协调稳定,国家需要统一制定一些重大经济政策,控制全局性的经济活动,并依靠运用行政手段来贯彻落实。因为行政手段可以将一定时期内国民经济的发展目标、发展重点,转变成指令或任务,要求各方面共同努力去实现。比如,为了搞好基础设施的建设,给我国 20 世纪 90 年代的经济振兴打好基础,国家在全国范围内,对国有企事业单位和部分城镇集体企事业单位,征集能源交通重点建设基金。这样做,可以集中各方的力量,加快重点建设的步伐。同时,运用行政手段管理经济,还具有相对的稳定性。因为涉及全局性的一些重大经济政策的制定和落实,在一定时期内,要具有连续性,保持相对稳定。

3. 运用行政调节方法,权威性强,约束力大。行政手段有利于对社会经济活动,特别是宏观经济活动进行有效的集中控制。当国家、集体、个人三者之间的利益关系出现矛盾,过分强调局部利益和眼前利益而影响全局利益和长远利益时,运用行政手段进行调节,往往比运用其他手段调节更能奏效。同时,与指令性计划相配合,可以保证计划的顺利实现。另外,采用行政手段,还能够有力地制止和打击经济领域中的各种违法乱纪活动。

行政调节方法在宏观经济管理中有着十分重要的作用,但这种方法也有其局限性,主要表现为以下几方面:

1. 行政方法的形式主观性强,容易违背客观规律,产生主观臆想。行政协调方法的作用,主要是通过制定经济政策、规章制度、管理条例和下达指令等形式来实现的。这些政策、制度、条例、指令等,在相当程度上带有人们的主观意志,或者说在相当程度是人们意志作用的结果。行政调节方法运用得是否合理和科学,主要取决于人们主观上对客观事物的认识是否正确,取决于人们对客观规律和复杂的经济活动的了解和掌握程度。

2. 行政调节方法强调管理权力的高度集中,并具有强制性特点,因而它不利于发挥被管理者的积极性和创造性。片面地、单纯地运用行政协调方法来管理经济,以行政干预来直接控制企业的生产和经营,必然造成政企职责不清,使企业成为行政机关的附属物,成为行政指令的机械执行者,企业自主经营的权力被剥夺,自身的经济利益被忽视,发展生产的积极性、主动性、创造性被压抑,社会主义经济就会在很大程度上失去活力。

3. 行政调节方法是纵向垂直管理,它很容易割断社会化大生产的内在联系。行政调节方法的垂直性和直接性较强,因而横向沟通困难,经济组织之间不易联系和协调。领导机关按照行政系统、行政层次、行政区划来管理经济,人为地造成了经济分割和经济封锁。

4. 行政调节方法要求一切事情必须按照既定的层次和程序办理,缺乏必要的灵活性。在市场经济条件下,市场情况瞬息万变,要求各个生产者和经营者能不断采取对策,增强对环境系统的适应性。片面地、单纯地运用行政方法来管理经济,将权力完全集中于行政机关,不可能把每个企业、每种产品的生产经营活动都安排得恰到好处,并能适应多变的市场需求,而企业又无权自行根据情况变化采取相应的措施和行动,这就必然会影响经济工作的效率,容易丧失经济活动的有利时机。

5. 行政调节方法的适时性差,很难适应客观情况的不断变化。运用行政调节方法来管理宏观经济具有相对稳定的优点,但与此同时,它又具有适时性比较差的缺点。它不能像经济杠杆那样可以适应时间和情况的变化。各种规章制度和各项管理条例,大多是针对某一时期的具体情况而制定的,随着时间的推移和情况的发展,原有的制度、条例难免会出现合理不合法或合法不合理的现象,因而会给经济管理带来某些混乱。

既然行政调节方法优点与局限性俱存,那么,在宏观经济管理中,我们就不能简单地抛弃它,也不能扩大它的运用范围,更不能滥用行政调节方法甚至单纯依靠行政调节方法。行政调节方法的运用,只要不违背经济规律的发展要求,不限制企业必要的生产经营自主权,不损害企业应有的经济利益,不压抑企业自身的经济活力,就应当是可取的。所以,关键是要科学地适度地运用行政调节方法,而不是简单地否定。

1. 必须从国民经济运行的实际情况出发,遵循客观经济规律。运用行政调节方法不等于强迫命令、个人专断、官僚主义和瞎指挥。它必须建立在深入研究实际经济过程、客观规律的基础上。在确定各种指令性指标,各种带强制性的行政命令、指示、规定时,都要首先考虑是否符合客观经济规律的要求,是否合乎实际,具有经济依据,是否有利于调动积极性,提高社会经济效益。

2. 必须正确划定行政调节方法的运用范围。在宏观经济管理中,应正确发挥政府机构的职能作用,如制定经济和社会发展战略、方计、计划,以保证全社会经济活动围绕一个正确的总体目标进行;制定诸如技术政策、能源政策、劳动政策、外贸政策、技术引进政策等等,引导社会经济活动向健康方向发展;控制基本建设规模和投资方向,部署重点工程建设,确保国民经济按比例协调发展;制定并监督执行经济法规,为经济组织的生产经营活动确定行动准则,维护正常的经济秩序;对某些关系国计民生重要产品的生产和某些重大经济活动进行直接干预,以保证宏观经济效益的提高,等等。

3. 必须加强行政调节主体自身建设。为了正确发挥行政调节方法的作用,必须加强行政协调主体,即各级政府机构的自身建设。首先,应建立健全机构,包括决策机构、参谋咨询机构、执行机构、监督机构、信息反馈系统等等,各机构间衔接协调,密切配合,以适应改善和加强宏观控制的要求。其次,必须提高政府工作人员的素质,使他们既懂马克思主义基本理论,又有经济知识和专业知识,全心全意、踏踏实实地为社会主义建设服务。再次,必须建立和健全责任制以及考核、任免、奖惩制度,以激励政府工作人员充分发挥个人才智从事有效的管理活动,防止政府工作人员滥用职权,造成不应有的损失。最后,必须掌握和运用现代化管理的基本理论、具体方法和有效工具,以适应新形势下进行宏观经济管理的需要。

4. 必须使行政调节方法与经济、法律等方法相配合。行政协调方法的运用要服从调整社会基本经济关系的规律,要同各种调节社会经济利益关系的经济政策、措施相协调;行政协调方法的运用必须在法律允许的范围之内,并离不开法律的保证。在宏观经济管理中,使行政协调方法与经济、法律方法相配合,综合运用各种方法,使它们汇成一体,取长补短,相辅相成,可以避免管理工作的片面性,提高管理的效果。

三、法律调节方法

宏观经济管理的法律调节方法,是指国家通过经济立法、经济司法工作,调整各经济主体在经济活动中所发生的各种经济关系,保证和促进国民经济顺利发展的管理方法。

经济立法指由国家权力机关制定或批准法律、条例、章程等法规,借以规范经济活动。我国的经济法律和法规一般有:用于调整国民经济总体活动关系的国家计划法、基本建设法、预算法、税法、外汇管理法等;用于调整国家和各级经济组织对自然资源、能源的利用关系的自然资源法、森林法、能源法、环境保护法等;用于保护劳动者及其集体的经济权利的劳动法、社会福利法、专利法、著作权法、商标法等;用于调整各部门、各地区、各企业之间的经济活动关系的经济合同法、运输法、商业法、价格管理法、建筑法、银行法、公司法、工厂法等;用于调整中外经济关系的中外合资经营企业法、中外合资经营所得税法、外国企业所得税法等等。

经济司法是国家司法机关(包括各级检察院、法院的经济检察部门和审判部门,社会经济仲裁和公证机构等)按照经济法律和法规,解决各种经济纠纷、审理经济犯法案件的执法活动。它通过各种侦查、调查、仲裁、起诉和审判的手段来保证各种经济法律和法规的实施。它对具有犯法行为的组织和个人一律依法进行处罚。

经济立法和经济司法,是宏观经济管理中法律调节方法运用的不可分割的两个方面。各种经济法律和法规的颁布实施,使国民经济的管理和各种经济单位的经济活动以及他们相互之间的关系有了法律的依据。经济司法工作的开展使各项经济法律和法规的实施和执行得到了保证。两者是一个整体,缺少任何一方面,都会使法律调整方法的运用受到根本性的破坏。

宏观管理的法律调整方法和行政协调方法一样,都是依靠国家强制力来保证实施的,对于任何违反法律的行为,国家机关都将用强制手段予以制裁。但与行政方法相比,法律调整方法也有一些明显的特点:

1. 更普遍的约束性。经济法规由国家制定和认可,并以国家名义颁布施行,因而更具有普遍的约束力。行政机关的命令或规定,只对所属系统有效,而国家法律则对全社会有效。它不但是全体公民的行为准则,国家行政机关也必须贯彻执行,任何行政机关或行政首长,都无权修改法律,违法时都要追究责任。

2. 更强的稳定性。法律方法是根据法律条文来管理经济的。把政策规定变成法律条文,必须经过严格的立法程序。法律制定出来以后,要为全社会所知晓和理解,依法办事也有一套制度和程序。这样,用法律条文来加以规定和坚持实行的,只能是那些比较稳定的经济关系和较长时期运用的政策和管理制度。所以,法律方法就具有更强的稳定性。当然,法律条文也并非永远不变,而是要随着情况的变化而作相应的修改。但修改法律要由原制定机关按严格程序进行。

3. 更明确的规定性。法律条文必须明确具体,而且每个条文只能有一种解释,并对解释权有明确的规定。这样,才能详细地告诉人们,允许做什么或不允许做什么,允许怎样做或不允许怎样做。法律条文的这种更加明确的规定性,是严格执法的必要条件。

运用法律调节方法的必要性具体表现在:

1. 运用法律方法是保证社会主义市场经济正常运行的客观要求。市场经济发展的历史证明,市场经济与法制建设以及法律方法的运用是相互联系、相互促进的。在市场经济发展的每一个阶段,市场经济运行的每一主要过程和主要方面,都是靠法律定经纬、划界限;保证市场经济的规则性,都是靠法律来辨是非、判公平,以维护正常秩序的。只有运用法律调整方法来治理经济,才能使市场经济建立在公平竞争的基础上。没有国家的经济立法和经济司法,市场经济的正常运行将是不可能的。对于我国来说,社会主义市场经济还处于不完善状态,广泛运用法律调整方法,就显得更为重要。

2. 运用法律调节方法是提高经济管理科学化的客观要求。用法律调节方法来管理经济,就是把社会化大生产的客观要求通过国家立法,变成法律条文,从而把科学管理的内容法制化。所以,在宏观经济管理中更多地采用法律方法,加强它的作用和扩大它的应用范围,就是提高经济管理的科学化的客观要求。一个国家经济立法和经济司法的完备程度和执行的严格程度,是衡量这个国家经济管理水平的标志之一。我国过去相当长的一段时间里,各方面的管理工作都是人治重于法治。经济管理中更存在着无法可依、有法不依、执法不严的现象。许多重大问题只凭党政领导个人专断,是我国经济管理曾一再出现重大决策失误的原因之一。实行改革开放以来,经济管理的现代化和科学化,使越来越多的经济关系和经济活动准则需要用法律形式固定下来,客观上要求我们在宏观经济管理中加强法制建设,善于运用法律方法来管理经济。

　　3. 运用法律调节方法是充分调动广大劳动群众积极性的需要。在宏观经济管理中，充分运用法律调整方法，以法的形式保障广大企业职工的主人翁地位，保障他们参加企业管理的权力，保证劳动者的劳动条件不断改善，保证"各尽所能，按劳分配"原则的正确贯彻，保证兼顾国家、集体、个人三者利益，以使劳动群众的物质文化生活水平能随着生产的发展不断得到提高，保护公民的合法收入、储蓄、房屋以及其他财产的所有权不受侵犯，就能使广大劳动群众从政治上和物质利益上关心社会主义现代化建设，不断向生产的深度和广度进军，发挥主人翁精神，提高劳动生产率。

　　4. 运用法律调节方法是促进对外经济关系发展的需要。对外开放，加强国际间的经济合作和技术交流，是一国经济发展不可缺少的条件。但要发展对外经济关系，首先要解决对我国和外国所有者的合法经济利益的有效保护问题。对于经济利益最有效的保护手段就是法律。充分运用法律调整方法，逐步建立完备的涉外经济法规，设立专门的经济司法机关，行使司法管辖权，保护我国的政治和经济权益，保障国外合作者的合法权益，制止他们的非法活动，这对于进一步加强和扩大同外国的经济技术合作，促进对外经济关系的发展，具有十分重要的意义。

复习思考题

1. 如何把握宏观经济管理的概念？
2. 我国宏观经济具有的特点表现在哪些方面？
3. 简述宏观经济管理的目标与变量。
4. 宏观经济管理过程有哪些主要环节？
5. 宏观经济管理的方法有哪几个主要方面？

第六章 政府失败与政府管理效能改进

由于市场本身存在的种种缺陷,政府通过介入、干预经济活动来弥补市场缺陷有其客观必要性。但是,弥补市场经济缺陷的政府职能本身并不是完美无缺的。在现实的经济活动中,人们期望政府能够办好市场办不好的事,结果却发现政府不仅不能补救市场失灵,反而降低了社会效益。这种现象称之为"政府失败"。政府失败是西方现代市场经济国家的政府干预所产生的一种普遍现象,是一个重大的理论与实践课题。西方学者特别是公共选择和政策分析学者已对这个问题作了较长时间的研究,形成颇为系统的"政府失败论"。

第一节 西方政府失败理论

一、政府失败问题的提出

市场经济是一种由市场机制来配置社会资源的经济体制或经济运行方式。但是纯粹的市场经济或完全竞争的市场是不存在的,现代市场经济可以说是一种混合经济,在市场经济发展的任何阶段,政府都必须发挥其作用,履行其社会经济职能,只不过是在不同的国家,在市场经济发展的不同阶段,政府干预的范围、内容、方式及力度有所不同而已。

从西方市场经济的理论与实践来看,市场的缺陷及市场的失灵被认为是政府干预的基本理由。在市场经济体制条件下,社会资源的配置通过价格机制的作用来实现,但市场调节及价格机制发生作用有一定的前提条件,而且市场本身不是万能的,市场不是理想的,存在着市场失灵。因此,需要由政府来调节市场机制,弥补市场缺陷,纠正市场的失灵。

为了弥补市场的缺陷和纠正市场失灵,现代市场经济国家的政府在社会经济生活中扮演着公共物品的提供者、收入和财富的再分配者、市场秩序的维护者和宏观经济的调控者等角色,它们采取了一系列的干预行为来调节市场机制,既要保证市场运行的外部条件,又要作为市场机制的补充。二战后西方各国所采取的干预措施尽管在某种程度上弥补了市场缺陷,纠正了市场失灵,然而,政府本身的行为也有其内在局限性,政府同样会失败;市场解决不好的问题,政府也不一定能解决得好,而且政府失败将给社会带来更大的灾难,造成更大的资源浪费。特别是从20世纪70年代开始,西方国家出现的"滞胀"现象以及其他社会经济问题,正是政府过度干预、政府失败的集中表现。在实践上,从70年代末80年代初开始,西方各主要市场经济国家的政府为克服"滞胀"现象以及政府过度干预所产生的其他问题,纷纷采取了放松管制、减少干预政策,并实行私有化,向自由放任回归。这就在客观上促使人们在分析政府与市场关系问题时,从原来对市场缺陷和市场失灵的关注转向对政府行为局限性及政府失败的关注。当代西方社会科学尤其是公共选择学派和政策分析学派的政府失败论或非市场缺陷论,正是在这种背景下形成和发展起来的。

公共选择学派首先对政府失败问题进行较系统的研究。公共选择理论实际上是经济学和政治学交叉融合而产生的一种理论。公共选择理论的创立者布坎南认为:公共选择是政治上的观点,它以经济学家的工具和方法大量应用于政府或市场决策而产生;它是观察政治制度的不同方法。按照另一个公共选择学者缪勒(Dennis C. Mueller)的说法,公共选择理论可以定义为非市场决策的研究,或简单地定义为将经济学运用到政治科学。公共选择的主题与政治科学的主题是相同的,涉及国家理论、投票规划、投票者行为、政党政治、官僚机构等等。然而公共选择所使用的是经济学的方法,它的基本假定就是"经济人"假定,即人是自利的、理性的效用最大化者。由此可见,公共选择理论就是应用经济学的假定和方法来研究公共决策问题的一个研究领域,其核心主题则是用经济学的方法来说明市场经济条件下政府干预行为的局限性以及政府失败问题。

尽管公共选择学派提供了一个关于政府失败的综合理论,然而,仅靠公共选择所提供的理论还远不能满足一个完整的政府失败理论的要求。此外,公共选择学派的政府失败的研究只限于政府,而未扩展到其他的公共部门(如基金会、大学、非私有的医院等)。

针对这种情况,一些政策分析者力求扩展和深化公共选择学派对于市场或政府缺陷的研究,例如兰德公司研究生院院长、政策分析家查尔斯·沃尔夫、政策分析家戴维·韦默(David L. Wermer)和艾登·维宁(Aidan R.

Vining)都把市场失灵和政府失败问题作为政策分析的理论基础。较系统地探索政府失败的类型与原因,从直接民主制、代议民主制、官僚主义、集权分权固有的问题中寻找政府失败的根源,并总结了防止政府失败的一系列有效措施。

经济学、政治学和政策分析等学科领域的学者对政府失败问题的研究及其理论成就,改变了现代西方社会科学,尤其是经济学和政治学在研究政府与市场关系上把分析的重点放在市场缺陷的研究,而忽视非市场缺陷的局面,使政府失败问题成为西方学者关注的焦点之一。布坎南说过:如果说20世纪30年代、40年代在西方经济学中占主导地位的是市场失灵论的话,那么,到了70年代、80年代,这种主导地位已经让给政府失败论了。布坎南的话似乎有点言过其实,但的确反映了当代经济学在研究政府与市场关系时的转向——由注重市场失灵转向注重政府失败。经济学的自由放任传统是亚当·斯密等人奠定的,但现代经济学的自由主义学说是奠定在英国的马歇尔、法国的瓦尔拉和意大利的帕累托等人所写的著作之上的。他们的著作力求以抽象的模式说明在一种纯粹的和理想的竞争情况下市场的运行过程。凯恩斯主义和阿瑟·庇古等人的福利经济学理论的出现改变了经济的自由主义的主导地位。20世纪20年代以后,福利经济学家们的大量文献都致力于分析市场缺陷,为国家干预的合理性辩护。60年代、70年代出现的以公共选择学者为代表的"新政治经济学家"则致力于政府干预的局限性及政府失败的研究,回到自由主义的传统中。然而,与市场失灵研究相比,政府失败的研究尚不成熟,政府失败问题亟待深入的探讨。

二、政府失败现象的表现、类型与成因

市场失灵有不同的类型及成因,政府失败也有不同的表现、类型及其根源,这是政府失败论所要探讨的最基本的问题。政府失败有种种表现,可以归纳为公共政策失效、官僚机构提供公共物品的低效和浪费、内部性与政府扩张、寻租及腐败等基本类型。政府失败的主要原因在于公共物品供求关系的特点、公共决策的内在困难以及缺少一种有效的非市场机制——它能够把私人的或组织的成本与效益同整个社会的成本与效益进行调节和计算。政府失败的类型及其成因有以下这些方面。

第六章 政府失败与政府管理效能改进

（一）公共政策失效

政府对经济生活干预的基本手段是制定和实施公共政策,以政策、法规及行政手段来弥补市场的缺陷,纠正市场的失灵。与市场决策相比,公共决策是一个更复杂的过程,存在着种种困难、障碍和制约因素,使得政府难以制定并执行好的或合理的公共政策,导致公共政策失效。这非但不能起到补充市场机制的作用,反而加剧了市场失灵,带来更大的资源浪费,甚至引发社会灾难,这是非市场缺陷及政府失败的一个基本表现。

按照公共选择和政策分析学者的看法,公共决策失误或政策失效的主要原因来自于公共决策过程本身的复杂性和困难以及现有公共决策体制和方式的缺陷。具体来说有如下四种原因:

1. 社会实际并不存在作为政府公共政策追求目标的所谓公共利益。

2. 即使现实中存在着一些大家利益比较一致的情况,现有的各种公共决策体制及方式(投票规则)因其各自的缺陷而难以达到最优化或理想的政策。以多数原则为基础的民主制是现代国家所采用的一种通用的决策体制,它较之于独裁制或专制体制,是一种巨大的进步和更合理的决策体制。但是,这种民主制是很不完善的,甚至可以说是相当不民主的。无论是直接民主制,还是间接(代议)民主制都有其内在缺陷:前者中固有的问题有周期循环或投票悖论和偏好显示是否真实的问题;后者中固有的问题主要是被选出的代表由于其"经济人"特性而追求自身利益的最大化,而不是选民或公共利益的最大化、而选民却难以对其实施有效的监督。现有的投票规则或表决方式(如一致通过、过半数、相对多数、绝对多数、三分之二多数等)也远非是完美的。例如,多数原则不可能是完全民主的,它将出现多数人对少数人的强制;一致同意原则的决策成本太高,容易出现议而不决,贻误时机。即使按照多数原则做出的决策也未必反映大多数人的偏好。多数选择制最终使人们选择的政策成为符合"中间"选民之偏好的政策。

3. 信息的不完全,公共政策议程的偏差、投票人的"近视效应"、沉积成本、先例等对合理决策的制约。决策信息的获取总是困难而且需要成本的,选民和政治家所拥有的信息都是有限的,因而许多公共政策实际是在信息不完全的情况下做出的,这就很容易导致决策失误。第一,公共政策议程确定的偏差或不当会造成决策的失误。例如,受到大众传媒报道或强烈影响的某些政策议事日程与作为合理寻求改善社会福利方法的公共政策的概念不完全相一致；受领导人强烈偏好影响和在利益团体影响下所确立的政策议程，未必是解决公众所迫切关心的社会问题。第二，投票人的"近视效应"。由于政策效果的复杂性，大多数选民难以预测其对未来的影响，因而着眼于近期的影响，考虑目前利益，而政治家或官员由于受选举周期或任期的影响，其结果通常是在政治家或官员的短期行为和长远利益之间产生明显的脱节。为了显示政绩，谋求连任或晋升，他们就会迎合选民的短见，制定一些从长远看弊大于利的政策。第三，沉积成本和先例。政策方案及项目一旦执行，便须投入成本；若要中止一个错误或不理想的方案或项目，有关的当事人就会以沉积成本为由反对中止该方案或项目，理由是："项目中止了，我们岂不是白白浪费千百万血汗钱？"此外，先例也常常为提案者提供机会去获得公众对其提案的支持；通过诉诸过去明显类似的政策案例，使不合理的提案获得通过。

4. 政策执行上的障碍。政策的有效执行依赖于各种因素或条件。理想化的政策、执行机构、目标团体、环境四者是政策执行过程中所牵涉到的重大因素。这些因素中的任一方面或它们之间的配合出问题，都可能招致政策的失效。政策执行依赖于强有力的执行组织及各部门或单位的密切配合，执行机构不健全，各部门不协调、合作，执行人员不力，必将引起政策失效。在政策执行博弈中，由于中央与地方分权，中央与地方利益的差别，地方政府有可能与中央政府讨价还价，力求从中央获得更多的利益，并导致"上有政策、下有对策"现象的发生。

（二）公共物品供给的低效率

非市场缺陷或政府失败的这一表现也可说成是官僚机构（bureaucracy）的低效和浪费。由于公共机构尤其是政府机构的本性以及公共物品供求关系的特点，使得它们提供公共物品也难以做到高效，尤其是产生提供过剩公共物品和成本增加现象。

根据公共选择和政策分析学者的观点，导致公共机构提供公共物品低效率尤其是官僚机构低效率的主要因素有：

一是对公共物品的估价或评价上的困难。大多数的公共部门并未通过市场竞争性地出售其产出的公共物品，这就使得要衡量公共物品的价值尤其是国防、法律与秩序、医疗卫生和社会保障一类的产品价值遇到了困难。官僚机构提供公共物品所追求的是社会效益,而非经济效益,社会效益的衡量缺乏准确的标准和可靠的估算方法及技术;同时,要合理确定社会对某一类公共物品需求的数量,提供公共物品的政府机构的规模以及对这些机构绩效的评估是困难的,甚至是不可能的。

二是公共机构尤其是政府部门垄断了公共物品的供给,缺乏竞争机制。市场竞争迫使私人企业设法降低成本和提高效益,那些不以最高效率的方式来有效使用资源的企业最终将被淘汰出局。然而,在公共机构中却没有这种优胜劣汰的竞争机制。由于没有竞争的对手,官僚机构就可能过分投资,生产出多于社会需要的公共物品,如不适当地扩大机构、增加雇员、提高薪金和办公费用,从而造成大量的浪费。

三是政府机构及官员缺乏追求利润的动机。私人企业经理具有强烈的创新激励机制、利润动机,为企业找到降低成本的技术创新等方面的强烈刺激;而政府机构及其官员都没有降低成本、追求利润的激励机制及动机。由于官僚不能把利润占为己有,加上公共物品的成本与收益难以测定,所以,与企业经理不同,官僚的目标并不是利润的最大化,而是机构及人员规模的最大化,以此增加自己的升迁机会和扩大自己的势力范围。

四是监督机制的缺陷。政府官员的行为必须受到立法者(政治家)和公民或选民的政治监督。但是现有的监督机制是不健全的,许多监督形式是软弱无力的。特别是监督信息的不对称、不完全使得对官员的监督徒有虚名。政府官员一般都是在信息不对称的环境中工作的,立法者和选民都缺少足够的必要信息来有效地监督公共机构及其官员的活动。官员(被监督者)比监督者(立法者和选民)拥有更多的关于公共物品及服务方面的信息,尤其是成本、价格方面的信息。这样监督者完全可能受被监督者所操纵,后者有可能制定并实施某些有利于自身利益而损害公共利益的公共政策。

(三) 内部性与政府扩张

公共机构尤其是政府部门及其官员追求自身的组织目标或自身利益,而非公共利益或社会福利,这种现象被人们称为内在效应或内部(在)性(internalities)。犹如外部性被看成是市场缺陷及市场失灵的一个重要原因一样,内部性或内在效应被认为是非市场缺陷以及政府失败的一个基本原因。

内部性的存在意味着"私人的"或组织的成本和利润很可能支配了公共决

策的制定,这种内在性决定了公共官僚机构的运行及官员的行为。

既然内部性决定了公共组织尤其是官僚机构的行为及运行,那么它应是各种政府失败类型的一个最基本的或深层次的根源。它可以用来解释各种非市场缺陷及政府失败。

(四) 寻租及腐败

寻租(rent-seeking)及腐败是政府失败的又一个基本类型。寻租是政府干预的副产品。当政府干预市场时,就会经常形成集中的经济利益和扩散的经济费用,政府干预带来了可以以"租金"形式出现的经济利益,租金是超过机会成本的收入。寻租则是为这样的干预而进行的游说活动,是用较低的贿赂成本获得较高的收益或超额利润。在现代寻租理论中,一切利用行政权力大发横财的活动都可以称为寻租活动,租金则泛指政府干预或行政管制市场而形成的级差收入(即超过机会成本的差价),一切市场经济中的行政管制都会创造出这种差价收入即租金。寻租活动的特点是利用各种合法或非法的手段(如游说、疏通、拉关系、走后门等),以获得拥有租金的特权。寻租活动导致政府失败,因为它使资源配置扭曲,或说它是资源无效配置的一个根源。寻租作为一种非生产性活动,并不增加任何新产品或新财富,只不过改变生产要素的产权关系,把更大一部分的社会财富装入私人腰包。寻租导致不同政府部门及官员争权夺权,影响政府声誉和增加廉政成本;它妨碍公共政策的制定与执行过程,降低行政运转速度甚至危及政权稳定。寻租及腐败是经济发展、政治稳定和文化进步的陷阱。一旦落入这个陷阱,就会使社会处于低效、停滞甚至紊乱的状态。

按照公共选择学者的看法,既然寻租是政府干预的必然产物,那么,在有政府干预的地方就可能产生寻租现象。例如,在现代社会,不少行业经常试图通过政府许可证来限制他人的加入,以保持其利润或高工资;国内制造商经常为国外进口的关税和限额而进行游说,以使其能高价出售产品;政府也可以通过直接确定价格来为生产者创造租金。公共选择学者认为,寻租得到的利润并非是生产的结果,这一特点被称为寻租行为的非生产性。如果离开政府的干预,没有政府干预所提供的特殊垄断地位,寻租便无从谈起。寻租与一般寻求利润不同,后者是指作为经济人的生产者通过自身的市场竞争能力而获得高于生产成本的那一部分收入,并不需要政府的干预。

总之,通过政府失败的表现、类型及根源的分析,公共选择和政策分析学者得出的基本结论是:市场的缺陷或市场的失灵并不是把问题转交给政府去处理的充分条件,市场解决不好的问题,政府未必解决得好,甚至会把事情弄得更糟。在市场"看不见的手"无法使私人的不良行为变为符合公共利益行为的地方,可能也很难构造"看得见的手"去实现这一任务。

三、走出"政府万能"的误区

对"政府失败"的分析,已经从理论上打破了"政府万能"的神话。但是,对于我国来说,由于两千多年封建集权制形成的"大一统"文化积淀,以及几十年的计划经济体制的影响,人们养成了对政府的过分依赖思想,"一切靠政府"已经成为人们普遍的思维习惯和生活习惯,"政府万能"的观念仍然根深蒂固。这种观念在很大程度上阻碍了社会主义市场经济体制的形成、建立和完善,因为社会主义市场经济体制的本质要求,就是确立市场在资源配置中的主导地位,让政府确立资源配置的宏观调控地位。因此,现实的经济运动迫切要求人们尽快走出"政府万能"的误区。要彻底打破"政府万能"的神话,走出"政府万能"的误区,必须从如下几方面来加以认识:

(一)"政府万能"是计划经济体制赋予的,而不是政府的意愿

那么,在计划经济体制下,政府为什么以"万能"的假象出现呢?这完全是计划经济体制赋予给它的特殊使命,而不是政府的主观愿望。在当时的经济生活中,计划经济体制是排斥商品关系和货币关系的。这样一来,社会化大生产的客观比例,实际上就只能以中央政府的计划部门的计划为惟一标准。因此,在计划经济体制下,政府自然就成了无所不包、无所不管、无所不能的"万能"政府。无论是宏观的还是微观的,精神的还是物质的,经济的还是政治的,都由政府亲自管。甚至人们的衣食住行、生老病死,都由政府包下来。

(二)"政府万能"的体制不是提高而是降低了政府的管理能力

"政府万能"还有一个误区,就是认为政府包揽的事情越多,越有利于提

高政府的能力。事实上刚好相反。政府的能力越强,越能胜任更多的职能,但不是政府承担的职能越多,越能提高政府的能力;当政府能力有限时,减少政府的职能,可以提高政府能力的发挥程度;相反,增加政府的职能,将降低政府能力的发挥程度。实际情况也正是如此。在旧经济体制下,由于政府包办了企业的微观经济活动,政府工作人员的主要精力都用在企业的日常活动上,陷入了分钱、分物、批项目、批投资等繁琐事务而不能自拔,因而大大地降低了政府的战略决策能力、规划能力、服务能力和调控协调能力。

提高政府的能力,更为主要的和首要的是提高政府的权威,提高政府领导人和工作人员的素质,以及建立科学、民主的决策制度。正确地界定政府的职能,避免政府承担一些没有必要承担也承担不好的职能,对于保证政府能力的正常发挥,是十分重要的。这也正是我国目前强调转变政府职能的意义所在。

四、走出市场与政府的两难选择

在分别打破了"市场万能"的神话和"政府万能"的神话之后,我们却面临着这样的两难选择:是市场,还是政府?在两者之间简单地作出选择是困难的。我国要走出市场与政府的两难选择,就必须在确立社会主义市场经济体制目标的同时,一方面处理好政府与市场的关系,另一方面着力于改进政府的经济管理效能,以避免或降低政府在介入、干预社会经济运动中的"失败"程度,达到真正弥补"市场失灵"的效果。

要处理好政府与市场的关系,一方面在政府的指导和管理下,建立和培育社会主义市场体系;另一方面各级政府通过运用经济杠杆,通过社会主义市场发挥间接调控作用。目前,我国市场体系还很不健全,消费品市场虽具有一定规模但还不够完善,还没有形成统一的市场。生产资料市场、资金市场、劳务市场、技术市场、人才市场、产权市场等还处于形成或起步阶段,市场分割、行政控制、交易行为不规范等现象还比较普遍。需要采取切实的措施,消除这些现象,特别是要坚决拆除分割市场的各种"篱笆墙",建立公平竞争、开放有序和城乡统一的市场体系。

第二节　政府经济管理效能的改进

如上所述,要走出市场与政府的两难选择,必须改进政府管理效能,使政府既能通过干预经济运行以弥补"市场失灵",又能避免"政府失败"。抽象地讨论政府能够做些什么是毫无意义的,关键还在于如何提高政府管理能力和管理效能。

一、西方学者纠正与防范政府失败的理论

公共选择和政策分析学者都曾提出克服政府干预行为局限、纠正和防范政府失败、改善政府机构及公共部门工作效率的对策措施。

如何纠正和防范政府失败现象呢?公共选择学者以及政策分析学者主要围绕改革公共决策体制及政治制度、引进竞争机制(用市场力量改进政府效率)两个方面来加以说明。

公共选择学者认为,政府失败是西方公共选择或公共决策体制的缺陷所造成的,实质上是西方政治制度的失败。因此,要避免政府失败,首先必须改善现有的西方民主政体,发明一种新的政治技术和表达民主的方式。在公共选择学者眼里,现代西方政府的失败与其过时的民主政体有关。前述关于政府失败尤其是政府低效、政府扩张的原因只解释了为什么政府会提供过多的公共服务,而没有解释为什么整个社会通过其代表机构接受这种办法,这正是现有的西方民主政体尤其是选举制度所造成的。他们认为,与其说政府失败反映了市场经济的破产,不如说反映了政治制度的彻底失败。这种制度是19世纪产业革命初期的产物,自那时以来,它并没有多大的改进;现在,它们受到一系列不平衡作用的打击,政府的全面干预损害了市场和市民社会。公共选择学者所提出的改造现存西方民主政体的具体措施有:

1. 进行立宪改革。在公共选择学者看来,要克服政府干预行为的局限性,避免政府失败的一个关键是在立宪上做文章。布坎南等人从立宪的角度分析政府政策制定的规则和约束政治、经济管理者的规则或限制条件,即他们并不直接提出具体的建议供政策制定者选择,而是要为立宪改革提供一种指

导或规范建议,为政策制定提出一系列所需的规则和程序,从而使政策方案更合理,减少或避免公共决策的失误。

2. 对政府的财政过程尤其是公共支出加以约束。在公共选择学者看来,政府扩张及浪费的集中表现是政府行政经费或公共开支的扩大趋势,增加机构和人员最终也体现为经费的增长。因此,要有效地抑制政府的扩张和浪费,必须在政府的财政过程上做文章,通过财政立法、税制选择、平衡预算和税收支出的限制等措施来约束政府的财政过程尤其是公共开支。

3. 完善表达民主的方式以及发明新的政治技术。针对现有西方民主政体尤其是投票规则或公共决策方式的各种缺陷(投票悖论或循环,相互捧场或互投赞成票,多数人专制,中间选民定理等),公共选择理论家主张改革现有的西方民主体制,完善表达民主的方式,发明新的政治技术,以便作出"更好的决策"或"更好的选择"。但是公共选择学者并没有提出太多的新招,他们中的大多数人求助于在公共选择过程或公共决策过程中采用更高的多数制(如三分之二多数),以使人们在众多的、相互对立的个人或集体的目的之间作出更符合多数人偏好、利益的决策。

公共选择和政策分析学者主张用市场力量改善政府的功能,提高政府效率,以克服非市场缺陷及政府失败。他们认为,以往人们只注意用政府来改善市场的作用,却忽视了相反的做法——用市场的力量改善政府的作用。实际上,市场力量是改善政府功能的基本手段,通过在政府管理中注入一些市场因素,可以缩小非市场缺陷的影响范围。这种做法的好处在于:第一,可以减少对于政府干预整个社会的官僚化的需要;第二,可以减少政府对信息以及成本—效益分析经常出错误的情况,因为这些错误的分析会误导政府的干预活动;第三,促使政府改革的市场方法可以在诸如环境控制、减少交通拥挤以及增进环境质量等方面,在私有领域中提供一种促进技术变化的动力,以使其朝社会所期望的方向努力。

二、改进政府经济管理效能的措施

(一)强化政府权威

首先要强化中央政府的权威。对于一个发展中国家来说,要有领导有秩序地实现现代化,就必须有一个具有高度权威的中央政府,这是社会现代化运动的客观规律的反映,也是当代世界政治发展的经验总结。采取任何不恰当的削弱中央政权权力的政治体制,都会给国家的政治带来动荡甚至内乱。菲律宾在结束马科斯的统治之后,政局一直动荡不安;前苏联的瓦解,原因固然很多,但一个不可忽视的重要因素,就是由于中央政府缺乏足够的权威来控制和引导各联盟共和国,以致各联盟共和国的离心倾向越来越严重并不断蔓延,最终导致联盟解体。而且,从当代世界经济的发展看,加强中央政府权威也是一个大趋势。西方国家的中央政府都是有意识地强化其权威,重点是强化其吸取财政的能力,加强政府干预经济的能力,并在收入公平分配、社会保障、提供公共财产等方面发挥重要作用。冷战结束后,世界各国展开了以经济和科技为基础的综合国力竞争,一个国家要在激烈的竞争中取得主动地位,一个基本的前提就是全国全民族协调一致,统一行动。因此,一个强有力的中央政府,对于发展中国家是十分必要的。

强调中央政府的权威,决不是强调中央集权、专制,也不是要削弱地方政府的权力。长期以来,我国在中央与地方关系的处理上,一直过分强调中央利益,强调"大而公"的整体利益,忽视和挫伤了地方自主建设、自我发展的积极性。在市场经济条件下,鼓励一部分人和一部分地区通过合法途径和手段先富起来的战略决策无疑是正确的,但由于政策和法规的不完善,以及管理体制上的漏洞,以致出现了许多违背中央决策的混乱现象,一些地方、一些单位搞"上有政策,下有对策",甚至出现"诸侯经济"、"条块经济"等,干扰了中央政府权威的加强。所以,在当前提出强化中央政府权威具有特别的意义,但决不是要走回头路,回到旧体制。而是在强调中央的权威的同时,要正确处理好中央与地方以及各部门之间的关系。而且,不仅中央权威要加强,地方政府的权威也要加强。

那么,如何强化政府权威呢?

1. 提高政府领导集体的整体素质。政府的效能,在一定程度上取决于政府的工作人员的素质,尤其是行政领导的个体素质。但是,政府的权威在更大程度上取决于政府领导集体的整体素质,因为政府权威是集体的权威,而不是个人的或者少数几个人的权威。政府的权威,首先来源于人民对组成政府的领导集体的信赖,来源于能够取信于民的领导集体。所以,要强化政府权威,关键是提高各级政府领导集体的整体素质。

2. 规范政府行为。政府的权威表现为政府权力的行使具有科学的规范。政府行为的失范,会导致政府权威的削弱甚至丧失。我国当前一些地区出现的政府权威下降以及经济领域中的混乱状况,莫不与政府行为的失范相关。要实现政府行为规范化,必须实现政府行为法规化。

3. 建立政府工作程序。政府权威的确立还有赖于政府的高效率,而工作程序安排得当,井然有序,就能节省时间,节约人力,保证质量,提高办事效率。所以,建立科学的政府工作程序,也是确立政府权威必备的。

4. 塑造良好的政府形象。政府形象是政府在社会公众中的外在表现,它是社会公众对政府"言"与"行"的感觉、印象和评价的总和。政府形象的好坏,直接影响到政府权威的高低。一方面由于政府的权威基础——权力来源于人民,因而政府的任何言行都必须反映人民的利益、愿望和要求。但另一方面,政府的存在就是为了制定法律、法规和政策,以治理社会,使社会和人民在既定的规则和秩序中生存和发展。因此,政府权威的高低,直接表现为人民认同、拥护、执行政府的法律、法规和政策的程度。如果政府有一个良好的形象,人民对政府就有较强的认同感,就会发自内心地、自愿地服从政府的法律、法规,政府的政策就容易得到人民的拥护,容易得到全面的贯彻、执行,政府的作用也就会发挥得更充分。

5. 提高政府的财政吸纳能力。财政是维护政府存在、建立政府权威的必要条件,是政府履行并实现其职能的经济基础。政府的权威不是一种摆设,而是通过政府的一系列职能和工作所表现出来的实践力量,如调节国民经济的生产和再生产,调节各种经济利益关系,提供社会公共物品,维护国家的安全和社会稳定,支持和发展社会的文化、教育、科学、卫生等各项事业,这些职能的有效履行和目标的实现,莫不是以一定的财政实力作为经济基础的。从一定意义上说,政府的权威与政府的财政实力成正比关系。

(二)转变政府职能

政府的管理效能,实质上就是政府权力运行的有效性问题。政府权力必须与其职能相适应,当政府权力总量超过所承担的职能总量时,会造成政府权力运行的困难和障碍。但是,政府的职能并不是固定不变的,而是随着社会的经济、政治、文化的发展而变化。当政府能够适应社会的发展,及时调整自己的权力和职能范围、内容时,政府的权力运行就能有效地提高,否则就会降低效能,甚至有可能走向瘫痪而停止运行。在传统经济体制下,政府经济管理效能低的一个重要原因,是政府的权力运行大大地超过了其职能范围,管了许多不该管或管不了或管不好的事情，成为"万能政府"，结果该管的事情也管不好。所以，要提高政府管理经济的效能，必须加快政府职能转变，摆正政府的职能范围和内容，使政府的权力运行走上正确的轨道，使其真正能为其所能为。

（三）提高政府政策能力

所谓政府的政策，是政府为实现一定时期的任务，为调整各种利益关系而规定的行为规范和行动准则。政策具有三大功能：一是导向功能，即对人们的行为和事物的发展方向具有引导作用；二是协调功能，即协调社会发展过程中各种利益主体的关系；三是控制功能，即通过政策对人们的行为和事物发展的制约，以实现对整个社会和经济的控制。由于政策具有特殊功能，政府管理经济的效能的高低，在很大程度上取决于政府政策能力的高低。

（四）利用市场力量改善政府服务功能

把市场因素和企业家精神引入政府管理中，不仅完全可能，而且十分有效。这是近20年来发达国家改革政府的实践所证明的。

从20世纪70年代末以来，以英美为代表的西方国家掀起了一场政府改革运动。这场改革有两个重要内容：其一，把市场机制引入政府管理，提高政府的整体管理水平。具体做法是，建立外部市场，将政府的某些服务项目向社会出售，交由私人管理，如垃圾处理、环境保护甚至罪犯管制等；建立内部市场，将某些政府公共事务在政府机构内部出售，如将医疗服务、学校教育等服务项目，通过地方相关部门与医院、学校签订合同，根据市场需要制定具体政策以实施管理；鼓励地方政府与地方政府之间、政府内部各部门之间、政府与社会之间展开竞争，在竞争中提高服务质量，降低管理费用。其二，把企业家精神引入政府管理，树立"顾客至上"的新理念。许多改革者主张，政府中的文官应该像私人企业中的经理，公共行政的运作可以划分为各种不同的义务，公众则是他们的顾客。政府官员在履行义务时，应像私人企业的经理对待客户一样，热心为公众服务。在这个理念指导下，一些西方国家在政府改革中，十分注重政府形象的塑造，尽量满足社会公众的要求。

由于英美等国的改革取得明显的成效，越来越多的国家和地区加入到了这场政府改革的潮流之中。

　　几乎在西方国家推进政府改革的同时,我国在全方位改革中也把政府改革作为一项重要内容。特别是党的十四大之后,我国政府改革的"市场导向"更加明确,即在建立社会主义市场经济体制的过程中,按照市场经济规律的内在要求,来确定我国的政府职能、机构设置、运行机制和管理手段。在这场政府改革中,探索如何利用市场的力量来改善政府的服务功能是它题中应有之义。

　　要根据我国的实际需要和具体条件,摸索出适合我国国情的把市场机制引入政府公共行政管理的形式和方法,推进政府改革的进一步发展,使政府机构的服务质量和办事效率适应经济发展的要求。

　　要树立政府管理是一种服务的意识,回归我们立党、立国的本意。把管理变为服务的政府改革,西方国家与我国的出发点未必相同,但在政府必须不断满足社会公众的要求,为社会公众提供良好的服务方面则是一致的。而且,这方面的改革,我国比西方各国更具优越性,因为我们党历来把全心全意为人民服务,作为各级政府机关和全体公职人员的基本宗旨,作为政府改革必须遵循的基本准则。

　　必须特别指出的是,把市场因素注入政府管理中,并不等于要搞私有化,也不能搞成私有化。这一点,即使在资本主义私有制的国家里,如美国,也是如此。所以,对于我国来说,任何假借把市场因素注入政府管理之名来鼓吹和推行私有化的观点、做法,都是应该反对和制止的。

三、政府失败论的启示

　　公共选择和政策分析学者的政府失败论,是现代西方市场经济发展的产物,是对西方市场经济发展中政府与市场关系实践,尤其是20世纪30年代、40年代之后政府全面干预经济生活实践的一种理论反思。反过来,它成为当代西方市场经济国家处理政府与市场关系的一种新理论或新模式,特别成为80年代以后西方各市场经济国家政府行政改革的理论指导。当代西方政府改革的市场化、社会化和私有化的取向体现了政府失败论的基本精神。90年代初,两个美国人D·奥斯本和T·盖勒布写了一本在西方颇有影响的书,书名叫《改革政府:企业精神如何改革公营部门》。作者根据对近二三十年来美国政府改革的经验研究以及他们自己的思考,提出了政府改革或重塑政府的

第六章 政府失败与政府管理效能改进

十大原则：① 起催化作用的政府——掌舵而不是划桨；② 社区拥有的政府——授权而不是服务；③ 竞争性政府——把竞争机制注入到提供服务中去；④ 有使命感的政府——改革照章办事规则；⑤ 讲究效果的政府——按效果而不是按投入拨款；⑥ 受顾客驱使——满足顾客的需要，不是官僚政治的需要；⑦ 有事业心的政府——有收益而不浪费；⑧ 有预见的政府——预防而不是治疗；⑨ 分权的政府——从等级制到参与和协作；⑩ 以市场为导向的政府——通过市场力量进行变革。这些原则既反映了当代美国政府改革的新趋势，也体现出公共选择和政策分析学者的政府失败论所提出的改革思路。

应该说，公共选择和政策分析学者对于非市场缺陷及政府失败的政治经济学分析，建立在西方发达市场经济和西方政府—政治体制及过程的基础之上，因而不可避免地带有西方政治及意识形态的色彩。但是，他们的确也指出了市场经济条件下政府与市场关系的一般特征或共性，指出政府干预行为的局限性，并提出了某些防止或纠正政府失败的有效措施。我国目前正处于由计划经济向市场经济的转轨时期，公共选择和政策分析学者所指出的政府失败现象，如公共政策失效、政府机构膨胀、效率低下、寻租及腐败行为在当前我国也是存在的，有的还相当严重。因此，公共选择和政策分析学者对于政府失败问题的讨论，对于我们在社会主义市场经济的发展过程中，处理好政府与市场的关系，合理确定、发挥或转变好政府职能，完善宏观调控的机制及手段，避免政府失败具有一定的启发意义。它提醒我们：

1. 必须高度重视市场经济条件下政府干预行为的局限性及限度问题。既然政府在履行其职能，干预市场运行时并不总是起到弥补市场缺陷以纠正市场失灵的作用，市场解决不好的问题，政府也不一定能解决好，那么在建立和完善社会主义市场经济体制的过程中，必须确定好政府干预的范围、内容、方式及干预的力度，在市场机制能较好起作用的地方，应尽快让市场去发挥作用。政府应当补充而非取代市场机制。

2. 必须随市场经济发展及经济体制变革，及时进行政治—行政体制改革（尤其是转变政府职能）。按照公共选择和政策分析学者的观点，经济过程与政治过程是相互联系的，政治制度是经济过程的内生变量。因此，为了使市场经济能更快地发展与运行，必须进行政治—行政体制改革，特别是及时转变政府职能，由微观的直接的干预过渡到宏观的间接的调控；在当前体制转轨时期，要特别防止用计划经济的手段来管理市场经济。

3. 必须在政府机构中引入竞争机制，用市场的力量来改进政府的工作效率。公共选择和政策分析学者所提出的这方面的建议特别值得我们思考和借鉴，例如，政府的某些活动如许可证、牌照的发放可以采用拍卖的方式；可将某些公共物品及服务的生产和供应委托给企业，或同一种物品及服务可由几个公共部门来提供（形成竞争）；可以在政府机关内部确立节约成本提高效益的激励机制。这些办法有助于克服或防止政府失败，提高政府工作效率，减少浪费。

4. 必须加强公共决策和政府管理的法制化建设，尽快实现依法行政、依法治国。公共选择学者强调立宪改革，注重宪法、法律和制度建设尤其是公共决策规则的改革，这有合理性。市场经济是法制经济，现代社会是法治社会；市场经济秩序的确立、运行必须靠制度来保证，政府的决策和管理活动也必须靠法律来规范。因此，在转轨时期，必须加强法制建设。重视制度规则的选择和创新，尤其是将政府的公共决策和行政管理纳入法制化轨道，改善公共决策系统，提高公共政策质量；加强行政立法和行政执法，依法约束政府行为，将政府机构规模、人员及经费开支的数量以法律的形式固定下来，实现政府管理过程的程序化，提高依法行政水平。

5. 反腐败必须釜底抽薪，从体制及制度的创新上下功夫，从根本上消除寻租及腐败滋生的土壤与条件。依照公共选择学者的"寻租理论"，行政权力对市场的干预和管制是寻租的根源。因此，抑制寻租及反腐败必须从制度或体制创新方面入手，消除腐败和寻租产生的土壤和条件。这就要求我们在加快市场体制形成，实现经济体制变革，推进政治—行政体制改革的同时，形成一整套有效的行政法规和办事制度，建立起一个灵活、高效、廉洁的政府管理体制。

复习思考题

1. 政府失败的类型及其成因有哪些？
2. 为什么说"政府万能"这种观点是错误的？
3. 改进政府经济管理效能的措施有哪些？

第七章 重塑政府

没有一个有效的政府，不论是经济的还是社会的可持续发展都是不可能实现的。政府在经济与社会发展中的中心地位，不是作为增长的直接提供者，而是作为合作者、催化剂和促进者而体现出来的。市场和政府是相辅相成的。在为市场建立适宜的机制性基础方面，国家是必不可少的，绝大多数成功的发展范例，不论是近期的还是历史的，都是政府与市场形成合作关系从而纠正市场失灵，而不是取代市场，因此重塑政府有着重要的意义。

第一节 重塑政府的意义

一、国家的产生及其发展

不同的国家在起源上的特点各不相同，但随着时间的推移，它们在全世界都有一种共同的可界定的特征。一般说来，一个标准的现代国家都有统一的领土和人口，并由一个拥有独立的司法、立法和行政执行功能的主权政府在此范围内发挥中心的、协调的作用。

进入 20 世纪后，以现代标准来看，国家或政府仍然是小规模的。第一次世界大战之后所发生的一系列重大事件，才使得国家的发展过程产生了一个重大的转折点。其中，第一件大事是 1917 年的俄国革命，它导致大多数私人财产权的废除，并通过中央计划的方式使国家控制了所有的经济活动。第二件大事是 20 世纪 30 年代的大萧条，它导致全球性的经济崩溃（前苏联除外），并促使各国政府进行反周期政策的试验，以恢复经济的活力。第三件大事是由第二次世界大战带来的地缘政治形势的极大变化，从而在发达的工业国中出现了对社会保障问题的争论，并由此而引发了 20 世纪 50 年代对政府作用与干预政策的重新探讨。

现代政府主要承担解决市场失灵问题与促进社会公平这两大职能,其职能实现程度主要取决于政府干预的程度。

一般而言,政府能力低的国家都将其注意力首先集中于基本功能上,即提供纯粹的公共物品,诸如财产权、宏观经济稳定、控制传染病、安全用水、道路设施以及保护穷人等。

除了这些基本的服务之外,就是中介功能,如外部效应的管理(比如污染)、制定垄断行业的法规以及提供社会保险(比如养老金、失业救济金等)。

有较强能力的政府可以发挥更积极的功能,通过帮助协调来解决市场问题,如积极的产业政策与金融政策等。

当前,在大多数现代国家中,政府的管理与调控作用都要比以前更为广泛、更为复杂。

二、政府机构与经济成果

随着现代政府职能的扩大,政府既是社会经济活动规则的制订者,又是社会经济活动的参与者,而且实际上还是主要的参与者。政府机构每天投放资源、指导信贷、采购商品、提供服务、谈判并签订合同;这些活动对于交易成本和经济活动以及经济成果有着深远的影响,尤其在发展中国家更是如此。如果政府做得好,就可以加速发展,如果做得不好,那么它将会导致萧条,在极端情况下还可能导致经济和社会的解体。因此,政府处于一种独特的位置:它不仅必须通过社会和政治进程而建立正式的规则(这些规则其他组织是必须遵守的),而且作为一个机构本身,它也必须遵守这些规则。

总结几个世纪以来的经验教训,政府大致可以采取以下各种方式来改善和发展经济:提供一种宏观经济和微观经济环境,这种环境为有效的经济活动设定正确的刺激机制。提供能促进长期投资的机构性基础设施,如:财产权、和平、法律与秩序以及规则。确保提供基础教育、医疗保健以及经济活动所必须的物质基础设施,并保护自然环境。

但是,历史也告诉我们,政府的行为也可能造成大量危害:错误的规则会阻碍财富的创造,比如,通过扭曲价格,政府会削减私人财富,其方式如货币定值过高等。即使规则本身是良好的,它们也可能被公共机构及其职员以一种有害的方式来执行,比如,他们通过繁琐的公文程序或贿赂,使建立新企业或改造旧企业的企业家增加交易成本。更重要的是,政府造成的损害最有可能来自不确定性,如:政府经常改变规则,或不明确政府自身的行为规则,那么工商界和个人在今天就不能肯定明天什么会盈利,什么会亏损,什么是合法,什么是非法,那么他们将会采取一些代价较高的战略来防范未来不确定的风险,其方式有,进入非法经济或使资本转移到国外,这些都会阻碍发展。

政府除了有能力制定基本的规则之外,还必须保证连续一贯地实施这些规则,以便确保人们对于政府制定的规则不会在一夜之间被改变而充满信心。影响政府可信度的因素主要包括:

1. 政府制定规则中的可预见性。它是指企业家必须应付的在规则和政策上出现未曾预想到的变化的程度,对于这些变化,他们通常是没有发言权的。在世界上的一些国家与地区,企业家经常面临或担心政府政策的突然变化。

2. 政治的稳定性。政府的变更(不论是合乎宪法的还是不合乎宪法的)往往伴随着深远的政策上的突然变化,因为这种变化会对企业部门带来严重的影响。许多地区的企业家感觉到,他们国家的机构性框架不够牢固,它不大可能在不造成严重破坏的条件下经受住政府发生的变更。

3. 人身与财产能否得到保障。这是指企业家对于政府能否保护他们的人身与财产的安全是否具有足够的信心。

4. 司法执行的可靠性。这是指司法机构能否随意地执行有关的规则。运作良好的司法体系是法律原则的中心环节。

5. 政府腐败的程度。它是指私人企业家为了完成某些工作,是否必须向政府部门或政府官员付出额外的代价,而且在行贿之后是否还担心被另外的政府机构或官员所敲诈。

三、政府膨胀及其后果

人们所期望的是一个高效率的政府,但是,在现实世界中,人们所看到的却是政府的膨胀,以及随之而来的政府效率的下降。20世纪初以来不断发生的市场失灵曾使人们想起国家调控这只"看得见的手",而伴随着政府膨胀而来的效率的下降,即政府失灵,又使人们重新想起了市场那只"看不见的手"。然而,在今天这样的时代,要想从根本上把政府从社会的经济生活中排挤出去不仅是不可能的,而且也是完全错误的。因此,正确的做法不是去向国家干预经济的那些原则提出挑战,而是应该理智地通过政府部门的改革,来提高政府部门的效率,对政府进行简单的批评对于问题的解决可以说是无济于事的。

西方学者认为,政府过度膨胀主要是由以下一些因素造成的:

1. 政府官僚追求政府机构的最大化。作为"经济人",政府官僚追求的并不是"利他",而是名誉、地位、权力、酬金等利己的目标。按照著名的帕金森定律,政府官员的名誉、地位、权力和酬金经常与其所在的政府机构的规模大小成正比。因此,政府官僚为了提高其知名度与社会地位,为了握有更大的权力,为了获得更高的酬金,必然会千方百计地扩大政府机构,争取获得更多职能和预算。

2. 政府官僚的行为不受产权的约束。私人企业家的行为建立在私有产权的基础上,因此他们最终都要受到各自预算的限制。但对政府官僚来说,这样的产权约束几乎不存在。由于政府预算是公共所有的,因此政府预算可出现赤字,其额度也可以通过政府追加税收来提高,政府官僚的行为不受产权的约束。

3. 政府官员的行为不受利润的支配。私人企业经理的活动受利润的支配,因此他们想方设法降低成本费用,用尽可能少的预算费用来获取尽可能高的利润,从而给自身带来好处,如职务的提升、利润的分享等。政府官员则不同。他们的收益不是与其工作效率正相关,而是与政府的预算正相关。以利润为目标,降低成本提高利润,虽然对人民大众有益,但对于政府官僚来说却没有任何收益。正是由于政府官员的行为不受利润的支配,从而导致了政府预算的最大化和国家职能的过度增长。

4. 对政府部门的监督乏力。在西方的民主制度中,政府官员须服从当选者和公众代表的政治监督,无法为所欲为。但由于委托制的实行,监督效力大大下降,同时由于监督机构的信息依赖于被监督机构来提供,监督者完全有可能受到被监督者的蒙骗和操纵。

5. 政府机构的高度垄断性。国家属于自然垄断的范畴,这决定了政府机构的高度垄断性,使政府成为各种公共产品的垄断供给者。政府机构在公共物品供给方面的垄断地位有利于政府隐瞒有关公共物品生产实际所需的成本费用和风险程度的信息,不利于政府机构采用有效的管理与生产技术降低公共产出的成本费用,最终导致政府机构的膨胀和预算规模的扩大。

6. 政府官员与政治家间的串谋交易。在西方国家,政治家要面对选举的压力,而政府官员则不必。当政治家面临巨大的选举压力时,往往倾向于以提供更多的公共产品来获取选民的支持。作为资金控制者，政治家可通过追加政府机构的预算来要求政府官员生产出更多的公共产品来帮助政治家继续当选。政府官员与政治家间的这种串谋交易也造成了政府的过度增长。

最后，对于大多数发展中国家来说，政府的扩大与它们坚信国家主导型的经济发展战略可加快经济发展的速度这个因素密切相关。发展经济学的文献认为，在一定的历史和经济条件下，国家的干预是经济增长的关键因素。这些条件包括：经济发展落后或发展迟缓；初级产品出口的经济增长乏力或失败；扶植进口替代工业的必要性；存在抑制企业家精神和投资的文化与社会障碍；存在国内经济缺乏联系之类的经济结构扭曲；跨国公司对主要经济部门的支配以及存在构成经济增长阻力的守旧和顽固的反对派力量等。另外，在经济条件的变化要求经济结构和外部经济关系迅速转变的时候，国家对发展战略的干预，或者以战略来指导经济的发展也是非常必要的。

那么政府规模的扩大产生了什么样的后果呢？

第一，随着政府规模扩大与机构膨胀，它在人们没有觉察的情况下使越来越多的决定权从私人手里转移到政府官僚的手中，该转移损害了公民与消费者的利益，因为为了更多地消费政府官员认为他们应该消费的东西，他们得缴纳更重的赋税，付更高的价钱，而只能得到少于自己真正希望得到的东西。

第二，随着政府规模的扩大与机构膨胀，由政府部门占用的社会资源的数量不断增加，这不仅减少了私人部门的投资，不利于经济的发展，而且也大大增加了政府部门浪费的可能性。

第三，政府部门的膨胀与政府机构的增加还造成机构重叠、人浮于事，在政府部门缺乏竞争的情况下，必定会导致其工作效率的下降。

这样，改革政府，将政府活动的重点从数量性转向质量性，借以阻止政府的规模膨胀，并尽可能地提高政府的有效性，就成了问题的关键所在。

然而，对于转型中的中国政府来说，情况却有所不同，站在市场经济的立场上来看问题，中国政府既存在规模过度膨胀、效率较低的问题，又存在政府能力与市场经济体制对其能力要求不相符合的问题，因此，对于转型中的中国政府来说，改革政府将同时涉及以下两个方面的内容：一是根据市场经济对政府的要求，提高政府的能力；二是针对计划经济留下的政府规模过于膨胀的问题，精简政府机构，提高政府的工作效率。

第二节 政府能力与作用的一致

一、赋予政府新的职能

政府干预经济已是不争的事实,各国政府都对经济进行干预和调节,问题的症结在于,如何使政府的能力与政府的作用相统一。所谓让政府的能力与其作用相符,首要的就是要在转变政府职能的基础上,让其承担起与市场经济相适应的新职能。在经济转型过程中,中国政府至少需要从以下三个方面完成其职能的更新。

(一)政府生产职能的更新

按照新制度学派的国家理论,政府也是一家"企业",它从纳税人那儿获得收入,然后去生产社会产品。当然,与一般的企业相比,它是一家非常特殊的企业,其特殊性主要在于它的经营方式、所生产的产品以及消费者的付费方式均与一般的企业不同。从经营方式讲,政府作为企业具有高度的垄断性。至少在每届政府的有效执政期,政府生产是具有完全垄断性的,没有一个非政府机构能够生产像政府一样的产品,例如法律和秩序等。

政府生产活动的特点告诉我们,政府在规范的市场经济中生产私人消费品显然是无效率的,政府生产行为的垄断性与交换过程中的非自愿性将彻底毁坏市场,从而导致社会经济资源的低效甚或错误配置。为此,必须在政府与企业之间进行职能分工,由政府来生产民间企业所不能生产的公共产品,由企业来生产政府并不能生产的私人消费品。

对于走向市场经济新体制的中国政府来说,首先需要转换的是它的生产职能,即从私人消费品生产的领域中退出,去从事社会公共品的生产。

为了顺利完成生产公共品的功能,应该保留部分国有企业。这是因为,除了国防、法律与秩序等这类无形公共品可直接由政府机构生产之外,大多数有形公共品都需要建立专门公营企业或事业单位来生产。但是,无论是公有企业还是公营事业单位,它们在社会经济活动中的作用与政府机构大致相同,它

第七章 重塑政府

们与政府的关系大都是预算关系,而非税收关系,它们的发展反映的是政府所要实现的各项目标,因而它们基本上属于"政府界",而不属于"企业界"。从规范市场经济中国有企业的上述特点看,它们的数量应该是受到限制的,它们的经费支用不属于投资范畴,而是属于政府预算范畴,所以它们的存在并不意味着政府应当成为社会投资的主体,并相应承担起资产经营与管理的职能。

（二）政府调控职能的更新

现代市场经济是一种需要政府从宏观上对其加以调控的市场经济。

政府对市场经济进行宏观调控的职能是：① 实现市场经济体系与社会政治和行政体系的结合,创造市场经济得以运行的经济制度与社会政治条件；② 生产市场经济正常运行所必不可少的公共产品,求得社会经济资源在公共产品与私人企业生产之间的均衡配置；③ 纠正市场失灵现象,保持市场经济的有效运转与国民经济的稳定增长。

然而,在中国传统的计划经济体制下,政府执行的并非是以上各项调控职能,而是抑制市场、限制企业与个人市场行为的调控职能。因此,对于中国政府来说,它不仅需要进行前述生产职能的转换,而且还需要进行调控职能的转换。这种职能转换的要点是：变对微观经济主体(企业与个人)的直接行政控制为对市场与整个国民经济活动进行宏观上的间接调控(不排斥必要的直接控制)。

（三）担当起制度创新的职能

从计划经济体制过渡到市场经济体制需要一系列的制度创新,而制度投资或创新并不仅仅是或者基本上不是一种经济现象。综观人类历史,制度的规则最终都是必须通过公共当局来制定和推行的。因此,制度创新与变化在本质上属于一种依存于政治和经济力量相互作用的"政治经济"事件。制度创新的这一属性决定了它属于政府的职能范围。在一国经济增长和发展的重大转折点上,当进一步的经济发展需要在制度上进行重大变革时,政府尤其需要加强它的制度创新职能。

市场经济的制度前提大致可以归纳为以下三大类：第一,是与市场经济相适应的法律体系；第二,是与市场经济相适应的财产制度；第三,是与市场经济相适应的货币、人力与公共产品等的供给制度。它们共同构成了中国政府进行制度创新的基本内容。除了以上三个大类的制度前提之外,我们还可以加上第四类重要的制度前提,那就是与市场经济相适应的伦理道德。在一个道德契约结构不够标准的地方根本就没有社会,所以中国在走向市场经济新体制的创新过程中不能不包含这方面的制度创新。

在确定了制度创新的主要任务之后,还有制度创新的基本内容:

1. 秩序。大到宪法秩序,小到各种法律秩序,均必须有助于市场经济的发展及其有序运行。如果没有这种秩序,那么国民经济活动的收益将归属于寻租者而不是企业家。一旦出现这种结局,社会经济活动将会日益丧失效率,社会生产率将会逐渐趋于萎缩。

2. 人们的财产权利。在这方面,政府所要承担的功能是确定财产权利,并且保护这些权利。如果没有这样的制度创新就不会有市场经济,这是因为市场经济是一种交换经济,而交换经济必须以财产独立为前提,否则就只有分配或掠夺。

3. 市场经济的有效性。如果没有稳定的货币,市场经济不可能有效;如果没有人力资本的开发,特别是企业家的供给,市场经济不可能有效;如果没有足够数量的公共产品供给,市场经济还是不可能有效。

4. 社会认可性。用以交换的市场首先需要满足这样的条件:人们相互尊重对方的尊严和允许他人在有用的对象中作出选择,否则任何人都不能对任何东西拥有财产权。这就是说,权利只有在道德共同体的要求得到认可时才会出现。因此,建立与市场经济相适应的道德伦理观的过程,实际上就是确立社会公德的过程,即对市场经济从道德上加以认可的过程。

政府进行制度创新的效率将主要取决于以下两个因素:知识基础和创新成本。其中,制度创新的知识基础取决于我们所拥有的社会科学知识以及对于经济状况或运行过程的清晰了解,这样的知识越多,我们设计和实施制度创新就会干得越好。制度创新的成本主要包括克服既得利益集团的成本、立法改变上的成本以及制度设计的成本等。这些成本会高得令人望而却步。因此,为使制度创新能够获得成功,政府就必须避免零和博弈的制度创新方法,尽量采取那些能够产生正和博弈效果的制度创新方法。

由于各国的基本国情不同,各国在加强政府决策体制的过程中所采取的方法自然也就有所不同。在大多数经济发达的工业化国家里,已经基本形成一种动作良好的决策机制,其实质内容为:适当地准备政策建议;严格地按照总体预算框架估算不同政策建议的成本；通过协商和辩论对这些政策建议进行严格的评价；实现并记录这些决定并且监督其实施等一系列机制。除此之外，有许多发达工业化国家还通过充分发挥政府核心部门的行政能力来加强这种能力，像法国的内阁秘书处、日本的通产省以及美国的行政管理和预算局等。这类政府机构的职能是负责组织各部委在上呈政策建议之前进行协商和协调。另外，在美国和一些欧洲大陆国家，还创立了其他一些决策过程中进行协商和监督的机制。例如，同议会制下的内阁相对应，美国总统制下的国会各委员会就是进行决策辩论和协商的主要场所。

中国既是一个发展中国家，同时又是一个转型经济国家，因此，对于中国来说，要加强政府的决策能力，就必须同时克服在发展中国家与转型经济国家中常见的那些存在于决策体制中的弊病，并参照发达工业化国家的经验，对现行的决策体制加以根本性的调整。为此，政府就必须从以下两个方面对现有的决策体制加以改革。

1. 以市场经济为生态环境。通过有效地开发政府新的职能领域来建立新的政府决策体制。中国近20年来的改革进程始终有政府机构与决策体制的改革与之相伴随，但是，仅仅以职能转换为核心的政府改革，只是明确了政府应该干什么和不能干什么，它还无法使政府从根本上脱出其传统的范式，在改革中获得比较彻底的再造，而脱不出自身传统范式的政府必然会在传统的惯性作用下，在一定的条件下恢复原态。因此，对于今天的中国改革和社会发展来说，政府管理与决策体制改革的终点绝不仅仅是政府职能的转换，而是要在有效地开发政府新的职能的基础上建立新的政府管理体制与决策机制。

2. 通过适当的分权来提高政府的决策能力与效率。在经济全球化的今天，全球竞争对每一个致力于现代化的国家政府在运作成本、能力、效率等方面都提出了比以往任何时候都更高的要求。为适应这一趋势，政府改革，特别是在政府职能和权力方面的改革与重组，已成为世界各国的普遍做法。无论是资本主义国家还是社会主义国家，无论是发达工业化国家还是发展中国家，都面临改革政府以适应激烈的全球竞争的任务。

二、强化公务员制度

无论是制定政策还是提供服务，有效政府的生命力都在于公务员队伍的高素质和专业化，因此，建立一支高素质专业化的公务员队伍就成为提高政府能力和运作效率的另一个决定性因素。建立一支能干敬业的公务员队伍,报酬固然重要,但其他因素也非常重要。

1. 基于个人才干的招聘与晋升制度。公务员的招聘制有助于政府部门引进高质量的人员,并可提高公务员自身的地位与声誉和政府本身的工作效率。在很多国家,公务员招聘考试标准极为严格,以便从报考人中筛选水平较高者。通过明确晋升的目标和标准,以及奖励长期工作业绩优秀者的方法,可以在聘用之后继续保持政府公务员提高其能力的压力。晋升制度不合理,公务员会更多地考虑如何去取悦上级或有权势的政治家,这样也就削弱了通过严格招聘标准建立声誉的努力。中国在改革开放以前的计划经济体制下是没有公务员制度的,有的只是不经考试和终身录用的干部制度。自改革开放以来,过去那种干部制度已被政府公务员制度所取代,这是一个极其重大的进步。但是,考虑到中国现行的政府公务员制度还处在发展初期,因而还需要进一步加以完善。具体说来是:第一,坚决澄清那种把政府部门简单地等同于一般的社会就业部门的错误看法;第二,利用现有的高等学校来增加政府公务员后备人才的培养和供给;第三,在国家财力所限,政府仍对公务员实行低薪制的情况下,应对政府公务员采取更为严格的考核与晋升制度,以防止贪污腐败分子进入政府部门,特别是进入政府的核心部门或上层领导岗位;第四,加强政府公务员招聘考试的独立性与权威性;第五,公务员的晋升考核,特别是高级公务员的晋升考核应有独立的部门来负责,尽可能地减少用行政任命的方法来提升公务员的职位。

2. 树立和强化政府公务员的团队精神。团队精神指的是政府公务员对一些标准的共同理解,并在各自的行为中表现为正式和非正式的行动准则。基于这种共同的理解和共同的行为准则,公务员们都会矢志维护本团队的声誉,因为团队精神会给予其成员一种目的感和归属感,并形成他们为实现团队目标而努力的自律意识。然而,这样的团队精神并不是可以轻易地建立起来的,它不仅需要公务员理解其工作的性质与意义以及人们对公务员的工作期望,而且还需要他们彼此间的相互理解,这就需要加强对公务员尤其是新录用的公务员的培训。

3. 给予政府公务员足够的工资报酬。通过采取基于才干的招聘与晋升制度,以及随之而来的公务员声誉的提高,政府工作岗位正在成为非常具有吸引力的工作岗位。为了吸引社会优秀人才进入政府部门工作,并且防止他们进入政府部门之后因报酬过低而走上贪污腐败的道路,给予政府公务员以足够的报酬是必要的。那么,什么样的公务员报酬才是足够的呢?从各国的实际情况来看,凡是公务员报酬低于其在私人部门同行的收入的国家,政府就很难吸引高素质的人才进入政府部门工作,并且在政府部门往往存在严重的腐败现象。在那些政府公务员的报酬高于私人部门的国家里,政府部门吸引的优秀人才就多,政府官员的廉洁自律、献身精神以及工作效率也就大为改观。但是,问题在于中国是一个发展中低收入国家,因此,在中国要想使得公务员的工资水平有所提高,首先是要精简政府机构,因为只有这样做,才能形成一个有效的政府,使经济得到快速的发展,进而达到增加国民收入和公务员工资总额的目标。目前中国政府正在进行的精简政府机构的改革已经朝着这个方向跨出有力的一步。

第三节 提高政府运作效率的途径

一、用企业精神改革政府部门

现代经济形态和市场机制越来越复杂和精致,技术操作也越来越科学化、电脑化、国际化,作为政府应该努力适应这些新的发展。政府和企业是根本不同的两种机构组织。企业领导者的行为动机是获取利润,政府领导者的行为动机是为公众服务。企业的大部分收入来自其顾客,而政府的大部分收入则来自其纳税人。企业的劳动力通常来自其竞争,政府则来自种种垄断。

这样一些区别产生出政府部门与企业根本不同的激励方式。所有这些因素形成一个环境,在这个环境中政府官僚对风险和回报的看法同企业部门的经理人员的看法完全不同。在政府中,一切激励因素是以不犯错误为导向。你取得了99个成功也没有人会注意你,但只要你犯一个错误你就完了。公司企业激励员工的标准手段在政府部门中几乎是不起作用的。

政府部门与企业部门还有许多其他的不同。政府是民主的和开放的,所以它的行动比公司企业缓慢,而公司企业的经理们可以关起门来迅速作出决定。政府的基本使命是"办好事",而不是挣钱,所以企业的成本效益计算到了政府部门就变成了道德的绝对准则。政府必须常常替每个人提供平等服务,不管这个人支付的能力和对服务的需要如何,于是政府也就做不到像公司和企业那样的市场效率。

所有以上这些差别导致一个结论,即政府不能像企业那样运作。但是,政府不可能像企业那样运作这一事实并不意味着它不可能更有企业精神。任何机构,无论公营还是民营,都可以有企业家的精神,正像任何公私机构都会出现官僚主义一样。

采取什么样的改革措施,才能将企业精神引入政府部门,进而达到提高政府运作效率这一根本目标呢?

1. 把掌舵和划桨分开。美国著名的管理学家彼得·德鲁克早就指出,成功的组织总是把高层管理与具体操作分开的,因为这样就可使高层管理者集中精力进行决策和指导。德鲁克强调说,实际操作应由另外的员工来做,否则,主管们便会被具体的操作任务分散精力,从而基本的指导性决策便无法作出。将德鲁克所说的这一企业管理的基本原理应用到政府部门,那就要求政府把提供作为掌舵的决策与作为划桨的服务加以分开,以便使得政府的决策能力与服务效率都得到提高。例如,当政府只对环境保护进行决策和指导(即掌舵),而将清除垃圾等这类具体的公共服务交由竞争性企业部门承包经营,那么,作为掌舵人的政府便可以高瞻远瞩,而使决策的效率得到提高。另一方面,属于划桨范畴的垃圾清理工作,由于被竞争性的企业部门承包经营,市场竞争机制便会发生作用,结果,保护环境的这一实际操作的效率也将比直接由政府来承担要高的多。我们在此需要强调的是,将掌舵与划桨加以分开并不是要减少政府的治理,而是需要更多更好的治理。

2. 把竞争机制注入到政府部门。把竞争机制注入到政府部门,可以提高效率,即投入少产出多;迫使公营的垄断组织对顾客的需求作出反应;竞争鼓励革新,而垄断则会扼杀革新;竞争也有助于提高政府雇员的自尊心和士气,因为在竞争环境下,政府部门若竞争失利,其雇员就会失去工作保障。可以通过开展以下三个方面的竞争来达到把竞争机制导入政府部门的目的:

(1) 开展公对公的竞争,例如,一项政府多个部门都可参与的工作,就应当鼓励这些政府部门通过相互竞争来降低政府的预算开支。

(2) 开展公对私的竞争,例如让公立医院和机构直接同盈利性和非盈利性的按合同提供服务的民营组织竞争等。

(3) 开展民对民的竞争,即在政府部门准备将某些公共服务的产出交给民营部门承包的情况下,政府应要求参与承包的民营企业通过标的竞争来获取承包权。

3. 树立政府支出的"投资"观点。民营企业通常注意资产负债表的两边:

支出与收入,借方与贷方。并且,在大多数情况下,它们关心收入这一边要胜于关心支出这一边,即:支出必要的钱,以使回报增加到最大限度。但是,对于政府部门来说,往往只注意资产负债表的支出这一边。它们忽视回报,把注意力只集中于使费用降到最低限度。仅仅因为费用问题,有些政府部门甚至常常拒绝考虑会产生巨大回报的重大投资。例如,它们延缓花钱修路,最后道路只得重建,为此需要花的钱往往要几倍于仅仅重铺路面的钱。因此,要用企业精神来改革政府,就要求政府树立起公共支出也是一种投资的观点,即对它们所花的钱当做一笔投资来看待,并且要向民营企业那样,习惯于估计一笔投资的回报如何,即不仅要关注资产负债表的支出一边,而且更应重视资产负债表的收入一边。这样做,在很大的程度上并不是为了赚钱,而是为了省钱。换句话说,要求政府衡量在投资上的回报,目的就是要使政府懂得什么时候花钱,以及在什么情况下花钱可以为它们,从而为纳税人省钱。

4. 使政府官员变为企业家。官员的行为动机往往是膨胀政府部门的支出,而企业家的行为动机则是尽可能地减少和节约投资支出。这种行为动机的差异产生于这样一种事实,那就是在企业部门,有某种奖励刺激作为管理者的企业家尽可能地节约支出,提高投资回报,而在政府部门则没有这样的刺激。因此,如果人们要想使政府官员也能像企业家那样行为,通过节约支出来降低纳税人的税负,那么就应采取以下这些改革措施来给予政府部门的官员以必要的刺激,并由此而把他们从政府官员转变成为精明的管理者或"企业家",允许政府各部门分享预算节余。允许政府各部门把预算节余所得用作个人奖励,以此来激励政府公务员的工作积极性与责任心。允许各政府部门把一部分预算节余所得转化为该部门的创新资本(基金),以便使其有能力去开发新的工作程序和承担更多的服务。

5. 在政府公营部门内部重组市场。市场不仅在民营部门存在,也在公共部门内部存在。当市场在公共部门出现时,我们通常称之为系统,如教育系统、职业训练系统、心理卫生系统。但它们都是市场,就同金融系统、银行和保险系统一样都是市场。如果我们能把市场指导的思想应用到公共系统上去,从而把市场的供求关系与竞争法则引入这些公共系统,那么就可使这些公共系统的运作绩效与工作效率迅速得以改观。

二、权力下放

为了提高政府的运作效率,不仅需要导入企业精神,而且还需要通过权力下放来发挥地方政府的积极性,以便使政府的服务能够更符合地方的愿望。

在中国,对权力下放日益增长的要求,也是市场改革更为广泛的进程的一部分。权力下放能够使政府从众多琐碎繁杂的具体事务中摆脱出来,集中履行其核心职能,从而提高政府的能力与效率。

要想使下放权力的改革能够达到改善与提高政府运作效率的目的,就应制定正确的改革战略,而制定正确的改革战略的基本出发点则是正确评估各级政府的能力。如果中央政府在管理全国财政和货币政策、颁布和实施有关政府间事务的可靠规则或者在提供能使受益者们凝聚起来的调控方面能力软弱,那么权力下放就将难以成功。如果政府内部或各级政府之间的关系强烈对立,或者省级政府的能力极其软弱,那么权力下放的改革也不能达到预期的目的。在这种情况下,就应推迟下放权力的改革,或是采取更为谨慎的分阶段或按部门进行改革的方案,例如可以从教育、医疗保健或者基础设施等领域首先开始进行权力下放的改革。我们认为,在中国加强中央政府在财政、金融和司法等方面的权威,而赋予各级地方政府以更多经济发展权,可能是比较可取的改革战略。

三、未来属于精简机构的国家

为了提高政府运作的效率,除了上述两项改革(用企业精神改革政府和下放权力)之外,另一个十分重要的改革措施便是精简政府机构。

精简政府机构最重要的前提是要对国家和社会的责任范围作出准确的评价,目标应当是国家行政机构更多地从传统的政府角色发展为公共服务企业和公共服务管理部门,这也就是说,除了那些关系到国家主权的传统任务外,公共管理部门必须找到从传统的政府管理部门转为现代服务管理部门的道路。

从精简政府机构的角度来看,除了需要将那些可由市场与企业完成的功能从政府部门中分解出去之外,还要将那些既不适合市场与企业来承担,又不适合政府去完成的职能交由非政府的公共部门去承担与完成。因此,为了达到精简政府机构的目的,发展市场经济的同时,需要适当发展非政府的公共部门,这些部门的基本特点是,它们以自己的服务来获取收入、维持其支出,并尽可能实现盈利,而不应当像传统的政府部门那样,依靠税收收入来平衡其支出。

在我国,就提高政府运作的效率而言,应将精简政府机构置于比用企业精神改革政府和下放权力改革更为优先的地位。这是因为,把精简政府机构置于优先的地位,可在实现政府职能与非政府职能的分离基础上,建立起明确的政府运作的法律规则,提高政府的决策能力和反应能力,并可为在政府部门、特别是分解出去的非政府公共部门中导入企业精神,以及进一步下放权力的改革创造良好的条件。

第四节　市场全球化与超国家调节

一、市场全球化趋势的由来

20世纪70年代以来,国际贸易出现了迅速扩大和发展的趋势,英美等国家称之为"全球化"(globalization)。这次的"全球化"现象与历史上的世界市场有很大不同,不只是商品贸易、资本、劳动力或服务输出等问题,还涉及到金融体系和国际调节机制等许多新现象、新问题。目前的这个市场全球化趋势,最早可追溯到半个世纪以前、二战结束时西欧实施的"马歇尔计划"。美国援助西欧国家的前提条件之一,就是西欧国家要向它开放国内市场。随后,欧美一些国家先后主动或被动地实行了贸易自由化政策。市场全球化和资本集中同各国政府的政策有很大关系,贸易自由化政策推动了全球化。有些国家不仅支持本国的跨国公司向外发展,对外来跨国公司进入本国也给予补贴和税收优惠,如英国、爱尔兰和改制后的东欧国家便是如此。后来,东亚和其他地区的国家也都大力推行开放国内市场和吸引外资的政策。从1970—1997年,先后取消对进口商品和服务控制的国家从35个增加到137个。有些是个别国家进行的,如20世纪80年代初,英国取消了对外贸的监控。许多东南亚国家也先后通过立法,放松了对外贸和外国投资的限制。有的是通过多边谈判,集体采取国际贸易自由化的措施,如"关税和贸易总协定"(GATT)的乌拉圭回合谈判等。

科技进步为市场全球化提供了客观可能性。交通运输业的飞速发展,微电子计算技术与现代通讯相结合,特别是光导纤维通讯技术的运用,推动了信息时代的到来。电话、电视、电脑和因特网的普及,缩短甚至消除了时间和空间的距离。这些现代的通讯、计算机、自动控制化设备促进了全球化的到来。可以说,由于有了全球化的需求,才产生了信息化的产业。国际贸易、资本的国际流动、科技的发展,它们相互间密不可分,互相促进。

20世纪80年代出现了市场全球化加快的趋势,跨国公司是推动这次全球化运动的主角。在资本主义发展史上,通过企业合并扩大资本积累是一种规律。

90年代初,企业合并主要是为了大规模裁员或关闭重叠企业,以便降低成本。即使积极性的合并,也多是为了扩大企业的业务范围,实行多种经营,以便占领更大的市场。

90年代中期,以企业合并为标志的全球化出现了新一轮高潮。

为了应付全球化竞争,金融业捷足先登,世界各大银行纷纷合并,以抢占地盘。瑞士的两大银行——瑞士银行(SBC)与瑞士联合银行(UBS)合并,瑞士政府和欧洲联盟已经批准了这两家银行合并。合并后的瑞士银行的总资产超过7 000亿美元,已成为欧洲的最大银行,也成为仅次于日本的东京三菱银行的世界第二大银行。美国国民银行与美洲银行合并后,总资产达到5 700亿美元,超过一直独占鳌头的大通曼哈顿银行,成为美国最大的银行,大大增强了它的竞争实力。美国第一银行也与第一芝加哥银行合并,总资产达到298亿美元,成为美国第五大银行。这几家银行合并时还打破了美国的法律禁令,兼并了保险、经纪和证券业务。美国银行急于合并的意图,显然是想趁日本陷入经济和金融危机、欧洲忙于内部货币一体化而无暇他顾之机,在世界金融市场中抢占滩头阵地。

在其他领域,企业合并速度也在加快。为了抢占世界市场,美国波音公司与麦道公司合并,德国的奔驰汽车公司与美国的克莱斯勒汽车公司合并,日本和韩国的汽车业、电子业、造船业也加快了合并的进程。美国波音公司与麦道公司的合并具有利润和战略的双重考虑,目标是针对欧洲的空中客车公司,得到美国政府的大力支持,合并后波音已经占领64%的世界市场。

在全球化趋势下,有些企业合并,不仅是为了扩大财力,也是为了充分利用专业技术资源。资金密集型企业极力寻求技术上可以互补的伙伴,扩大经营规模。英国制药业中的葛蓝素公司与史美克公司合并虽然在降低成本上的意义不大,但两个企业的科研开发经费合并在一起,大大提高了产品竞争力,使世界上其他制药公司望尘莫及。

不过,首先应该看到,在全球化的趋势下,各国首先要维护本国利益和国内市场。发达国家大力倡导全球化,但它们不会轻易放开本国的商品市场和资本市场。从外国公司在这些国家的国民生产特别是加工业中所占比重可以看出这种趋势。

其次,还应看到,市场全球化只是经济区域化的进一步发展,而且,区域一体化的发展速度始终超过全球化。经济发展的客观规律表明,当规模经济发展到一定程度以后,为便于利用优势互补和其他因素,经济活动往往就趋向于相对集中在一定的地区,形成区域性经济技术优势。所谓全球化和国际化,目前的重点依然是以北美、西欧、日本三个地区为经济中心,首先加强了这三个中心之间的相互往来。20世纪80年代以来,绝大多数跨国的投资集中在少数发达国家之间。这些国家的经济在迅速实现一体化,其结果是在汽车、飞机、宇航等国际化强度较高的产业中形成难兄难弟你我的局面。欧洲联盟的发展也是一个佐证。区域化发展最早和取得成效最多的是欧洲联盟,它的对外贸易主要是在欧盟成员国之间进行的。

最近开始出现的区域与区域之间的贸易发展的趋势,可能会形成由同一个区域内的国家互相订立最优惠贸易协议从而损害到多边贸易体系的发展的情况。区域的贸易发展会带来地缘政治的变化,也可能造成不同区域集团之间在经济和政治两方面产生摩擦。

再次,国际经济组织在推动市场全球化方面起了重要的作用。"关税和贸易总协定"(GATT)改名为"世界贸易组织"(WTO)以后,于1996年12月在新加坡举行了第一届部长级会议。在这次会议上,所有世贸组织的成员国都在《新加坡宣言》中重申将履行在乌拉圭回合自由贸易谈判中所作的承诺,并且接受对投资、竞争策略和政府采购的透明度等几个新课题的工作纲领。绝大多数的成员国还对资讯科技协议谈判予以大力的支持。

二、市场全球化的利弊得失

全球化不仅是指国际贸易的地区空间扩大,而且意味着国际竞争也更加激烈了。全球化将要求民族国家让渡出部分主权,而且对每个国家的整个经济活动提出挑战。

贸易全球化和自由化是好事还是坏事？利弊得失如何衡量？几乎在每个国家中都存在着对立的看法和激烈的争论。这些争论不仅是如何对全球化作出全面的科学的评价问题，也同人们所处的不同地位和利害关系有直接关系。在不同程度上也与意识形态有一定关联。

目前，世界上许多国家的研究机构和学者正集中力量观察和研究全球化的起因、过程和发展趋势，分析它的积极作用和负面效应，以及如何克服已经出现的和可能出现的问题或危机，等等。对于贸易全球化问题确实应该认真研究，实事求是地进行分析。不能天真地把全球化看做一片玫瑰色，也不能简单化地把全球化看做一团黑。在不可避免、甚至不可抗拒的全球化趋势下，我们应该采取积极的态度，迎接全球化的挑战。在全球化的竞争中，应该以国家利益为重，趋利避害，采取必要的对策和措施，争取得到尽可能多的好处，把损失降低到最低限度。

20世纪80年代以来加速发展的贸易全球化或自由化趋势，当然是西方工业和贸易强国，特别是美国推动下的产物。资本实力雄厚、掌握先进技术和优势产业的跨国公司首先从全球化取得了最大的实利。

全球化对发展中国家也产生了巨大的影响。近10年来，总的来讲，发展中国家从贸易全球化中还是受益的。应该看到，如果没有全球化，发展中国家的产品通过双边贸易进入发达国家是相当困难的，贸易全球化确实给发展中国家发展本国经济带来了某些机遇。从1965年到1995年，亚洲国家在世界贸易中的份额增加了4倍，人均收入增加了7倍。发达国家劳动密集和资源密集型产业向发展中国家转移，使得发展中国家劳动密集型制造业有较大的发展。

应该指出的是，发展中国家吸收了大量的外国直接投资，但发展情况很不平衡。只有10个国家的国际贸易收入在国民总产值中的比重有明显增加，17个国家略有增加，44个国家的这一比重没有增加反而有所减少。有近一半的国家没有得到直接投资。这一差别可能将继续下去，这同发达国家对不发达国家的公共援助日益减少有关，也同某些不发达国家的基础设施差、运输费用高等因素有关。

中国在全球化的总趋势下，也大量吸收了外资。1996年中国一国吸收的外资就相当于1989年发展中国家吸收外资的总额。1997年外商在中国的直接投资达到450亿美元，已成为全世界除美国以外外商投资最多的国家。

应该看到，在全球化的大趋势下，西方发达国家在降低"关税壁垒"的同时，往往设置或加高了质量、环境、反倾销、知识产权等方面的"管理壁垒"，借此限制发展中国家的产品进入它们的市场。

全球化运动对国际社会经济结构的影响是很大的。

首先，贸易全球化没有缩小反而扩大了国家内部的差别和国家与国家之间的差别。在极力主张贸易自由化的美国和英国，它们国内在收入和财富上的两极分化越来越严重是大家公认的事实，连经合组织对此也不时表示担忧。劳动者、消费者的经济权利和民主权利受到威胁和损害。当然，按照某些自由主义经济学家的主张，分配不均和保持相对贫困对经济发展有好处，并且是经济增长的必要因素。这种两极分化也许正是他们所需要的。不同国家之间的经济发展差距也越来越大。

其次，目前，除了建立在加工业、农业、矿业和科学技术等产业之上的国际市场外，又出现了一个全球性的资本运动市场，同时伴随着大规模的国际金融投机活动。国际资本运动以追逐最大利润为目标，它们已不满足于通过加工资源进行国际贸易，还要靠金融投机赚取巨额利润。在正常情况下，只要经济有所增长，国际贸易也会向好的方向发展。资本一般向风险较小的地方流动，而在金融投机的股票市场上，经济越波动越能赚钱。

第三，目前，许多企业已经逐渐变成世界性企业，国家仍然保留着民族国家的形式。现代经济形态和运作的高度国际化，经济操作方式日趋复杂化，使一些特殊利益集团和已经在经济竞争中抢先占了优势的既得利益集团总是希望维持已有的竞争优势。随着垄断趋势的加强，某些跨国企业独占了许多重要的行业。民族国家和社会对它失去控制和监督的能力后果是相当危险的。西方国家把许多权利让渡给市场，企业却拒绝承担必要的"社会责任"。在国家与市场之间，失去原有的平衡，民族国家与世界企业之间的鸿沟也越来越深。

面对全球化的冲击和挑战，民族国家应该进行必要的结构调整和政策调整，适应并利用全球化的进程来发展自己。发达的工业化国家希望在全球化的进程中进一步巩固自己在科技、资金方面的优势地位，抵消和限制不发达国家的自然资源优势和劳动成本优势。它们利用现有的优势地位，力图制定和实行有利于它们的经济法规和协议，建立有利于西方的国际经济秩序。当然，发达国家之间也存在巨大的利害冲突与激励竞争。发展中国家面对发达国家在国际经济中的垄断地位，必须对全球化进程采取既积极又慎重的态度。发展中国家为了克服贫穷状况和摆脱依附地位，必须制定独立的、有效的经济政策,既要利用全球化提供的有利条件,发展外贸,吸引外资,也要保护民族经济,防止国际金融投机和不公正竞争对本国国家利益的侵害。

三、迎接全球化的挑战

全球化是世界经济结构和市场结构变化的产物,也是现代科学技术发展的部分结果。资本在国际间迅速流动的趋势看来已难以避免。跨国公司采取的战略迫使不同国家、地区和社会进行激烈的竞争,世界金融市场的变动牵动了每个企业和每个人。集团化、区域化、全球化改变了国家与世界的关系,民族国家面临着严峻的抉择:要么采取完全闭关锁国的政策,把自己孤立于全球化的大潮之外;要么调整经济政策和经济结构,使之适应国际经济结构和世界市场的重大变化。

世界市场的发展和国际竞争的加剧对各个国家和人民是双刃尖刀,既是发展经济的机遇,也是对能否经得住全球化冲击的挑战。一个国家或企业,在全球化的进程中有可能因成功而得利,也可能因失误而受害。我们不能只想从全球化中得到好处,看不到全球化带来的冲击和可能造成的威胁。而各国政府和企业家对于这场全球化运动肩负着更直接更重大的责任。

中国为建立社会主义市场经济和适应市场全球化的需要,陆续制定了《公司法》、《商业银行法》、《反不正当竞争法》、《消费者权益保护法》、《票据法》、《担保法》、《广告法》、《仲裁法》、《对外贸易法》、《预算法》、《审计法》、《城市房地产管理法》、《劳动法》,并修改了《经济合同法》、《税收征收管理法》、《个人所得税法》等。这些法律对规范市场主体和市场行为,加强宏观调节,振兴基础产业和支柱产业都具有重要意义。但为了建立比较完善的市场经济体制,在国家立法上还有很长的一段路要走。例如,各国已经普遍建立的《反垄断法》我国同样需要。突出的行政垄断现象必须通过法律手段加以限制和惩罚。

中国将坚持开放方针,继续向世界市场开放,包括金融和服务业市场。为了更好地吸收外资,必须切实改善投资环境,修订完善现有法规,结合投融资体制改革,简化审批程序。在继续努力吸引外资的同时,要总结经验,注意引导外资产业投向,引导外商更多地投资于农业、高新技术产业、基础工业、基础设施、环保产业和出口创汇型产业,积极吸引外资嫁接传统产业和对老工业基地的技术改造。要着力调整利用外资技术结构,积极引进跨国公司投资,对于能提供先进技术的合资、合作项目,要以市场换技术,允许扩大内销比例。要强化利用外资地区政策导向,鼓励外资投向中西部地区,沿海地区限制外商投资的项目在中西部地区可适当放宽;中西部地区各省、自治区、直辖市可选择确有优势的产业和项目,经国家批准后,享受《外商投资产业指导目录》中鼓励类项目政策;鼓励外商投资中西部地区基础设施建设,探索开发矿产资源,并加大对项目配套资金及相关措施的支持;经国家批准,中西部地区省会城市可进行国内商业、外贸、旅行社的开放试点等。

中国要继续扩大对外开放领域,在开放竞争性产业的同时,有步骤地推进服务贸易的对外开放。旅游资源开发、国内贸易、外贸和旅行社的开放试点在地域和数量方面都要扩大。要多渠道、多方式利用外资。要鼓励多种所有制形式、多种企业形式共同吸引外资,继续把吸收外资作为国有企业改造的有效途径;允许私营企业吸收外资发展经济。要扩大吸收外商投资的方式,继续进行外商投资股份有限公司试点,进一步增加外商投资特许权项目试点数量,按照规范、有序的原则推进转让项目运营权或收益权对外引资试点,抓紧制定和完善相应的法规。要稳步利用国际证券市场引进外资。要加强和规范对外投资管理,有步骤、有选择地推动符合条件的企业对外投资,重点是石油、天然气等矿产资源和农业、林业资源开发项目。中国将加强对国外贷款的管理,严格控制外债规模。继续实行国外贷款的全口径管理,从严控制借用国际商业贷款和短期债务,严禁地方和企业到境外非法融资和变相举债,规范和加强对外债总量和结构的统一监管,有效防范金融和外债风险。要改进对外借款管理,完善国外贷款项目的转贷办法和担保机制,结合投融资体制改革的要求,简化审批程序。要注重国外贷款使用管理,明确不同类型国外贷款的产业和地区投向,作好项目前期准备工作,优化用款方案,提高国外贷款的使用效益。要建立责权利统一的借用还运作机制,各地区、部门和企业要落实还款责任,加大清欠力度,保证债务的对外履约,维护对外信誉;地方政府要尽快建立偿债准备基金。要加强和完善外债统计和监管预警体系,为科学决策提供依据。

目前,中国服务业在国内生产总值中所占的比重略超三成。中国服务贸易额1996年达400多亿美元,年增长率近两成,高于世界服务贸易同期的增长水平。中国服务贸易自由化与亚太经合其他一些成员经济体相比,在国民待遇、市场准入、透明度和统计数据以及信息收集等方面,尚有较大差距。从中国服务贸易的发展水平和自由化的现状可以看出,正处于转轨过程中的中国经济仍有不少制约服务贸易自由化进程的因素,这也决定了中国服务贸易的开放是一个循序渐进的过程。中国服务业已具备了进一步扩大对外开放的条件。经过十多年的发展,中国服务业具备了一定的国际竞争力;中国经济开放程度不断提高也为进一步开放服务市场创造了条件。国际服务贸易迅速发展和国际服务贸易自由化的推进,将会增强中国服务业的发展活力和竞争地位,为我国提供一个较有利的外部环境。

中国政府从1994年开始在财政、银行、外汇管理、汇率制度、对外贸易和国有企业等方面的改革进展,不仅保证了中国经济的"软着陆",而且在亚洲金融危机中使中国的情况远好于东亚其他国家。金融危机的恐慌没有在中国发生,因为中国有巨额外汇储备和经常项目盈余,中国的外债大多是长期债务,且资本流入主要是外国直接投资形式,同时人民币在资本项目下尚不可自由兑换,限制住了大规模的资本外流。但由于日元不断贬值,中国政府正承受着沉重的压力以保持人民币汇率稳定和支持香港的联系汇率。中国承担的国际责任已超过了中国这一发展中国家的经济地位。

复习思考题

1. 影响政府可信度的因素有哪些?
2. 政府过度膨胀是由哪些原因造成的?政府规模的扩大会产生什么样的后果?
3. 如何完成政府职能的更新?
4. 强化公务员队伍可从几方面考虑对策?
5. 提高政府运作效率的途径有哪些?

第八章　中央和地方的经济关系

在任何一个国家里,中央与地方的关系都是一个非常重要的课题。在这里没有一个基本的公式可寻,其中起主导作用的是利益的平衡过程,中央与地方的关系就是在这种不断的利益平衡过程中进行调整的。

第一节　中央和地方关系的历史沿革

中央和地方的关系贯穿中国五千年的文明史,一部中国史,一定意义上讲,就是处理中央和地方关系的历史。现实是历史的延伸,回眸历史,有利于帮助我们认清现实,正确处理中央和地方的经济关系。这对现阶段指导地方政府的经济职能和经济行为具有非常重要的借鉴意义。

一、从先秦到清末中央和地方关系的变动

(一) 从先秦到隋唐——集中统一的中央政权模式的初步形成

据现有史料,中国国家开始建立于夏朝,作为早期国家的夏王朝,不仅国家机器简单,国家范围狭小,国王的权力相当有限,而且氏族制度的残余有很大影响,夏朝的这种隶属性与血缘性并存的中央与地方的关系是中央和地方关系的早期表现形式。商汤灭夏桀,建立奴隶制大国——商王朝。商朝的行政机关不仅有中央和地方的明确划分,而且各成体系。中央和地方都是独立性相对较大的政治实体,中央对地方的统辖更多的是形式上的、象征性的,中央离开地方能生存,同样地方离开中央也能发展,地方有人事、军队、财政、宗教等各方面的权力。这种中央和地方的关系被称之为"相对分立模式"。

周王朝的中央和地方关系可以称之为"宗法分封模式"。中央和地方之间有一种血缘宗法关系,中央政府以血缘为纽带进行治理,地方有很多的自主权,包括财权、军权、行政权,所以在这种模式下,虽然有个中央,实际上是诸侯崛起,到王朝末期更是诸侯割据,并导致春秋战国的群雄逐鹿。

秦统一中国,开始加强中央集权制度,实行郡县制。郡县没有或只有极小的自主权,一切权力都集中于中央;郡县和中央的官员皆由皇帝直接任免,一概不世袭,各级权力只对上负责,不对下负责;中央权力无所不在,无孔不入,社会生活的所有权力都由中央权力派生;中央权力高度集中于统治者个人手中,中央和地方的关系于是又表现为皇帝个人与地方政府之间的关系。秦朝的这种中央和地方之间的关系影响了历代王朝,以后历代王朝的中央和地方之间的关系都是从这个模式引申出来。

以汉代秦,仍属封建,但是中央和地方的关系有了新的态势,开始是郡国并行,后来是一封两制(皇族侯与功臣侯并存),分封制同郡县制相比是一种落后的行政管理体制,对中央政府的集权来说,分封制是一种离心力、反集权力、分散力。随着诸侯坐大,中央政府又实行削藩以巩固中央的政权,这样中央和地方的分权几经变化,最后是三国鼎立,被认为是"没有中央的地方"。从两晋到南北朝,中央和地方的关系一片混乱,政治之争与经济之争相互交错,直到隋唐才有统一的中央政权。

(二)隋唐——中央集权模式的进一步发展

隋唐以来才有真正意义上的中央和地方的关系,中央和地方的集权模式得到了进一步的发展。

隋朝虽然时间不长,但是它在处理中央和地方关系方面给后人留下可贵的依据,那就是建立三省六部制,建立科举制。隋朝通过职责明确的三省六部制这种新的组织形式,加强了中央工作的效率,使中央能够有效地处理地方政务,从而加强了专制主义的中央集权制。在调节中央和地方关系上,隋朝通过制定统一、贯通的法律制度,既保持中央的集权统一,又能使地方有效地行使自己的权力。为了使中央和地方关系实现上下流动,加强中央集权,使地方政府官员能够成为朝廷意志的忠实执行者,隋朝首创了科举制。科举制保障平等择优的各种制度问世,如统一的文化水准、从政素质等。科举制也使地方政府官员的个人利益和中央政府的权利逐渐一致起来,使中央政府权力的加强找到了一个可靠的基础。

唐朝是个盛世,"贞观之治"、"开元之治"为史家所赞扬,其在处理中央和地方关系上也有许多新举措、新思路。在中央和地方关系的法律化方面,唐朝不仅实现了中央和地方在处理行政事务方面的法律化,而且还制定财政法令和财政制度以规范中央与地方的财政关系,并且唐朝还实现了法律关系的规范化、制度化,以保证皇帝个人意志的权威性。唐朝直接以法典、敕令的形式明确规定了国家最高立法机构与修律制度的权威性,确立立法权、修改法律的权力集中于中央的原则。这是历史上的一个突破。但是这种体制并不是一劳永逸的,中央和地方之间的矛盾一直存在并起变化,使这个关系越来越复杂。唐玄宗对中央和地方关系进行了一些调整,但还是不能从根本上解决中央和地方存在的矛盾,最终导致"安史之乱",带来藩镇割据,中央政府的统治区大为缩小。此后百年,中央和地方之间的关系分分合合,处于一种相对分离状态。与这种中央和地方相对分离的关系相适应,唐朝的经济逐渐衰退。随之而来的五代十国是唐末藩镇割据的继续和发展,是割据混战的顶峰,这一时期中央与地方关系处于一片混乱之中。

(三)宋元明清——中央集权模式的正式形成

宋代统一中国,经过"杯酒释兵权",终于走上了集权主义的道路。这种模式被称为"中央独一模式",所有权力皆集中于中央和皇帝,"一兵之籍、一财之源、一地之守,皆人主自为之也","百年之忧,皆上所独挡,而群臣不与也"。但是这种模式显得"强干弱枝",高度集权不利于地方经济的发展,后虽有王安石变法也不能挽救宋朝改朝换代的命运。

元代在处理中央和地方关系方面最大的贡献就是建立行省制,其行政体制由行省、宣慰司、路、府、州、县等六级组成,使地方成为中央政府的延伸。在财政体制上元朝实行路府州县归一省。财政分配主要以行省为单位进行,中央和地方的财政关系主要表现为中央和行省的财政关系。中央和地方有一定的分成比例,其分成比例有利于中央发展,而地方政府由于支大于收,带来官吏腐败、民怨鼎沸,最终导致元朝覆灭。

明朝也从中央专制主义起步,把地方权力收归中央,中央权力又集中于皇帝,皇帝总揽一切权力,达到"收天下之权以归一人"之目的。明朝的这种模式被称之为"中央至上模式"。这种模式也不能持久,转而采取分封制,又转成尾大不掉。再度进行削藩,未能恢复原状,而是风风雨雨,动乱不息,卒至闯王进京,女真入关。清朝延续将近300年,由盛到衰,中央和地方的关系也有嬗变,大致可以分为几个阶段:顺治、康熙时代的集权主义,雍正、乾隆时期由集权主义走向极权主义,这都带来了经济发展;到了太平天国起,中央和地方的关系有了消长;从甲午战争到戊戌变法,清政府想再次确立中央的高度集权,无奈海关大权旁落、洋务运动兴起,抵消了清廷中央集权化的努力。甲午战争和戊戌变法的失败使得清政府开始丧失其存在的合法性,最后虽有1906—1911年的"中央与地方改革",像是要推行地方自治,但清朝灭亡的命运已不可挽回。

从漫长的历史中我们可以看出,在我们这样的大国,中央和地方的关系是极其复杂和重要的,处理得当,政局稳定,经济发展;处理不当,政局动荡,经济混乱。在处理统一和分散关系上要讲究一个"度",过于集中和分散都是不利的。

二、近代以来中央与地方关系的变动

辛亥革命推翻了统治中国几千年的君主专制制度,首次创立了"民国",打开了民族民主革命的闸门,也为中央和地方关系的调整提供了新的机遇。

(一)辛亥革命后的中央与地方关系

孙中山原来设想,以美国的"合众政府"为样板,倾向于联邦制,以地方分权、地方自治为基础,但是辛亥革命的胜利果实被袁世凯所窃取,袁世凯极力推进他的中央集权化进程,他不断强调"统一政令"、"统一政权"、"统一国权"、"统一行政"、"统一制度"、"统一秩序"、"统一民国",还插手地方事务,欲收权于中央。1914年在袁世凯指使下通过的《中华民国约法》其中心就是搞中央集权,取消地方政府的自治权力,为其皇帝梦铺平道路。

(二)军阀混战时期的中央与地方关系

护国战争结束了"洪宪帝制",但随后出现的却是整个国家的极度混乱。从护国战争到1928年张学良在东北"改旗易帜",这一期间列强采取分裂政策,各自支持一派军阀进行"代理人战争",于是大大小小的军阀拥兵自重,自成派系。各派军阀各自割据一方,互相火并。在这样一个混乱时期,中央和地方关系完全处于无序状态。不同的中央军阀和地方军阀对于中央和地方关系的处理有不同的方式、方法。军阀的强大导致了财政上中央财力越来越弱,中央和地方传统的中央集权的财政体系遭到了破坏。在此期间孙中山在处理中央和地方关系上的均权主义思想也在不断发展成熟。他提出中央集权和地方分权不可偏执,凡事务有全国一致之性质的划归中央,有因地制宜性质的划归地方的均权主义原则。在孙中山看来这是一个既吸取了单一制集权长处,又吸取了联邦制分权优势的好方法。但是孙中山的这一思想仅仅是理论构想。

(三)蒋介石统治下的中央与地方关系

经过宁汉合流、东北易帜后,蒋介石完成了中国在形式上的统一,中央和地方的关系有必要和可能进行调整。当时开始所谓的"训政"时期,强调统一,针对地方实力割据的状况,蒋介石采取远交近攻、政治打击与军事进攻并重的策略,致力于"削藩",由此造成了1929年军阀新混战。蒋介石暂时取得胜利后,对中央和地方提出"均权制度",包括课税之划分,意在求得相对稳定。实际上做不到,尤其在红色政权兴起后,仍是经济服从政治,政治服从军事。抗战八年,既有大片国土沦陷于日寇,又有越战越强的红色政权。后者名义上有所隶属,实际上独立自主,经济上也是如此。抗战胜利后,接着是解放战争,最后人民的胜利埋藏了蒋家王朝。

三、建国以来的演变轨迹

(一)改革开放前30年的中央与地方的关系

1949年新中国的成立解决了中国社会的稳定性问题(政权的统一、国家的安定),但直到十一届三中全会前没有解决好社会的活力性问题。在中央和地方关系上也是如此,中央政权的集中、统一问题解决了,但地方政府的活力性即积极性却没有很好地加以解决。当然中央政府为解决中央稳定性和地方活力性的问题作了大量工作。

1949年至1952年是国民经济的恢复期,为了稳定社会,促进经济发展,面临当时存在的财政赤字和物价上涨等不稳定局面,中央颁布了《关于统一国家财政经济工作的决定》,采取"统一领导、统一管理"的高度集中的经济管理体制,对当时财政经济状况的根本好转起了积极的作用。进入第一个五年计划时期后,这种体制仍然有利于集中全国的财力、物力,完成以苏联援助的156项重点工程为骨干的大规模建设,但是,开始出现了不少弊病。1954年取消了大区建制,感到对工业、农业、商业、基建、交通、文教等都要实行以中央各部门"条条"为主的垂直管理,不利于发挥各级地方政府(和企业)的积极性,因此采取了"统一领导、分级管理"的体制,但总的说来中央还是管得太多,统得过死。随着建设规模的扩大和社会化、专业化生产的发展,过分强调"条条"管理,割断了地区内和地区之间不同部门、企业之间的联合、协作关系,其矛盾也越来越显露。毛泽东在《论十大关系》、周恩来在《关于发展第二个五年计划的建设的报告》中都指出,应在中央统一领导下,给地方一些权力和独立性,发挥中央和地方两个积极性。1956年和1957年中央制定出一系列关于改进体制以调整中央和地方、政府和企业的关系政策,把一部分工业、商业和财政管理的权力下放给地方和企业,以便发挥地方和企业的积极性。总的说来,"一五"时期形成的经济管理体制,在中央和地方的职能分工上是大集中、小分散或大计划、小自由,基本上属于传统的指令性计划经济体制或中央集权型体制。这种体制符合当时中国国情,促进了生产力的发展。只是到了后期某些方面集中过多,对市场调节也不够重视。一些改进的意见也未能完全实施。

1958年—1960年的"大跃进"时期,"左"的错误在经济领域占了上风。以高指标、瞎指挥、浮夸风和"共产风"为主要标志的扩张冲动在全国泛滥,与此相适应,体制演变的主要特征是盲目地下放管理权,包括下放企业的隶属关系,下放计划管理权、基建项目审批权、财税权和信贷权,下放商品流通和物资管理权、劳动管理权等,用意在于通过以"块块"为主的体制,建立各地独立完整的工业体系。"大跃进"时期的大放权固然调动了地方的积极性,促进了地方的发展,但由于对原有的管理体制不加分析,一概视为条条框框,对放权的复杂性认识不足,一哄而起,权力下放过多过急,严重妨碍了国民经济的综合平衡,助长了急于求成的指导思想,造成经济上的极大混乱。中央察觉后,于1961年开始实行"调整、巩固、充实、提高"的方针,在此期间,除了其他体制上的纠偏外,在中央和地方的分工上,把"大跃进"中下放过头的企业、劳动、物资、价格、财政、银行、计划、商业、交通、税收、港口、军工等管理权陆续收归中央,实行中央统一领导,当经济形势好转后,又注意在搞好宏观经济控制下调动地方、企业的积极性。但是由于对历史经验总结不够,有的采取了简单恢复过去的做法,导致在经济形势好转后,集中过多的弊端又暴露出来,中央和地方的矛盾又突出起来。

十年动乱对建国十七年来的中央与地方关系进行了全盘否定,把加强中央对经济工作的必要的集中统一领导视为"条条专政","扼杀地方积极性"。大搞自成体系、各自为政的分散主义。在这段时间,全面、大规模地下放企业,由于仓促下放,管理跟不上,使人、财、物权相互脱节,亏损面达到1/3;无准备地实行财政、物资、投资"大包干",导致财力分散,增加了国家财政预算平衡的困难;简化劳动、税收、信贷等制度,削弱了经济杠杆的运用,特别在地方更无法运用任何经济杠杆。在这其中的某些年份,周恩来和邓小平同志主持工作,采取了一些有力措施,使形势在排除干扰中得到不同程度的扭转和整顿。虽然他们作出的一些规定没有全部实现,但对当时抵制"左"的错误起了相当的作用。总体而言,文革中的中央和地方关系,不仅没有克服"大跃进"时期的"左"倾错误和原有体制上的弊病,反而有所发展,加剧了全社会的无政府状态。

(二)改革开放以来的中央和地方关系

粉碎"四人帮"后,针对经济生活中存在的严重问题,在经济体制上作了一些局部调整,主要是加强集中统一,上收财权、物权,纠正无政府状态。1978年党的十一届三中全会后,无论是经济体制改革的要求,还是政治体制改革的要求,抑或是行政体制改革的要求,都集中到一点,那就是权力下放。三中全会的决议明确指出:现在我国经济管理体制的一个严重缺点是权力过于集中,应该有领导地大胆下放,让地方在国家统一指导下有更多的经营管理自主权,采取这些措施,才能充分发挥中央部门、地方、企业和劳动者个人四方面的主动性、积极性、创造性。

十一届三中全会后推进改革,内容广泛,地方政府的权力进一步扩大了,中央政府为了调动地方的积极性,从计划、投资、财政、物资、外贸等各个方面层层向地方政府下放权力,分解目标,特别是从1980年开始实行的各种形式的财政包干制,使地方政府的财力和财权大大增加。地方政府有条件根据本地区的实际情况,研究和制定自己的经济发展战略和计划,并运用经济政策和经济杠杆以及非经济手段,来管理、指导和调控本地区的经济活动。权力下放极大地调动了地方的积极性,地方政府作为一个独立的经济主体使出最大的力量来发展自己的经济,促成了中国地区经济的空前的发展和从未有过的建设高潮。一部分地区、一部分人率先富了起来。但是,地方分权在推动改革和发展的同时,也为改革和发展的顺利推动造成了许多障碍。它造成了政府财力的极度分散,中央政府的财力急剧下降。国家财政收入占国民生产总值的比重从1979年的26.7%下降到1993年的14.7%,中央财政收入占全国财政收入的比重从1981年的57.6%下降到1992年的38.6%。随着改革的深入,这种"地方包干"的分权思路越来越显示出弊多利少,亟待调整或寻找出路。

20世纪90年代后,随着市场取向改革的逐渐深入,特别是邓小平南巡讲话以及党的十四大确立经济体制改革的目标是建立社会主义市场经济体制,开始触动了中央和地方关系的实质。中央和地方之间关系的调整不再是权力的下放和上收,而是跳出了对企业管理权的转换,进行以中央与地方产权关系为中心的体制改革,从而明确地方和中央的宏观调控权。近年来,我国相继对财税体制、金融体制、计划体制、价格体制、投资体制、社会保障制度等进行了改革,其市场化程度不断提高,给中央和地方之间的关系的演进提供了新的理念。

1. 财税体制。20世纪80年代国家在这方面已有三次改革,主要集中在一个"包"字上,有"收入递增包干"、"总额分成"或再加"增长分成"、"上解额递增包干"等。当时中央财政收入所占的比重下降,地方财政收支也有赤字,已是难以为继。90年代后为了改变这种财政上的困境,采取了"分税制"来划分中央和地方的财政收支。这在市场经济确立的次年就与金融、计划、投资等体制划分一并推进,是10年来改革幅度最大的一次。所谓分税制就是按照中央和地方的事权,合理规定各级财政的支出范围,把税种分为中央税、地方税和中央地方共享税,并分设机构,分别征管。以分税制为中心,中央和地方的事权、财权分开了,两级调控职能也分开了。这符合市场经济体制下中央和地方关系的界定,基本上解决了长期未能攻克的难点,使中央和地方关系取得了"双赢"。

2. 金融体制。在转变政府职能、加强宏观调控的进程中,金融体制的重要性日益突出。过去,金融只是为财政记账,各级银行要受当地党政领导的支配,人民银行不是专司调控的中央银行,专业银行也不是自主经营的商业银行,以致金融市场发育迟缓,金融运行十分混乱。通过金融体制的改革,建立在国务院领导下,独立执行货币政策的中央银行宏观调控体系,建立政策性金融与商业性金融并存的金融组织体系,建立一个统一开放、有序竞争、严格管理的金融市场体系。把人民银行办成真正的中央银行,把专业银行办成真正的商业银行。结合对金融市场的整顿和对金融活动的监管,中央和地方关系在金融上也初步理顺了。

3. 计划体制。改革开放以来,尽管中央直接管理的指令性指标大大减少,但是计划仍是政府的重要职能,政府若不对所管事项进行计划,行政活动过程就会间断,行政效率就会降低,甚至失败。自觉地履行计划职能既是政府工作的客观需要,更是一种责任。但是在市场经济条件下需要政府转变计划职能,改进计划调控的范围和方法。中共十四届三中全会做出的《中共中央关于建立社会主义市场经济体制若干问题的决定》第 21 条指出了计划体制改革的方向:国家计划要以市场为基础,总体上应当是指导性的计划。计划工作的任务,是合理确定国民经济和社会发展的战略、宏观调控目标和产业政策,搞好经济预测,规划重大经济结构、生产力布局、国土整治和重点建设。计划工作要突出宏观性、战略性、政策性,把重点放到中长期计划上,综合协调宏观经济政策和经济杠杆的运用。建立新的国民经济核算体系,完善宏观经济监测系统。

第二节　中央和地方关系的国际比较

一、发达国家的分权协作——美国

美国是联邦制国家,从政府体制来看,美国大体分为联邦、州和地方三级政府。联邦宪法明确规定,联邦地位高于州,但同时也规定联邦和州实行分权,各州对联邦拥有一定的独立性。联邦政府与州政府之间的权力划分,是在历史中演进,在实践中发展的。美国建国之初,盛行"主权在州",权力主要集中在州和地方,1777 年大陆会议通过的《联邦条例》,在规定联邦政府有国际、外交、铸造货币、建立邮政和处理各州之间的纠纷等项权力外,各州保持其"主权、自由和独立",联邦政府不得干涉。但政治家们要建立一个统一的国家,发展一体化的经济,必须使州权上交。1787 年,由宪法确定的联邦制度的实行,使相当一部分州权转移到了联邦政府手中,并由此掀开了州权上交的序幕。南北战争后,许多州实施了"地方自治"改革,赋予了市和县更多的自主权、决策权。但是地方的自治并没有改变地方政府的从属于州的地位,地方政府在享有更多自治权的同时,在财政上愈来愈深地依赖于联邦和州的拨款。20世纪30年代的大萧条后,面对社会、经济、政治发展的新形式,有越来越多的问题是州政府难以单独处理的,而是需要联邦政府进行协调。于是联邦政府承担的权责有所增加,而州的权力相对削弱。尼克松的"新联邦主义"和里根的"新保守主义"以及布什、克林顿也倾向于发挥州政府作用的思路,都使分权协作的原则得到了发展。

美国中央与州的权力范围由宪法加以规定,受宪法保护,双方独立行使,其权力不受侵犯。权力来自于人民而不是对方,中央可对各州人民直接行使权力,无须经各州同意。在权力的划分上中央和州非常明确,中央采取列举方式,宪法明确规定联邦中央究竟有多少项权力,各州权力采取概括和保留的形式,即除宪法规定属于中央的权限和禁止各州行使的权力外,其余权力均由各州保留。联邦宪法还明确规定了禁止双方使用的权力:联邦政府未经州同意不得改变州界,不得剥夺州在参议院的平等权力等;州不得缔结条约、发行货币。总之,联邦和州在权力划分上可分为中央专有权力、地方专有权力、中央地方共有权力。中央不能干涉地方专有权力,地方也不能干涉中央专有权力。除了分权外,中央和地方之间还相互协作,在一些具体事务上,美国往往是联邦中央和州或联邦中央、州、地方共同采取行动,协作管理;在组织形式和政府管理体制上,为了更好地调节和协调联邦中央和州、地方之间的关系,特别是为了争取更多的中央拨款援助,各级政府都在首都华盛顿设有院外活动集团,以便在国会、联邦行政部门和其他机构里表达城市、县和州的利益。在某些事务上,中央和地方之间还相互合作,包括组织关系上的协同,如全国州长会议、市长会议和县联合会。

美国的中央和地方关系,在经济上主要表现在财政体制特别是分税制上。分税制表现为美国的每一层政府都有一个主税种成为它的主要财源,同时拥有若干辅助税种成为其财源的补充部分。联邦政府财源的主要税种是个人所得税,辅助税种有公司所得税、社会保险税和关税等;形成州政府财源的主要税种是销售税,辅助税种有州的个人、公司所得税以及消费税等,所得税率低于联邦;形成地方政府财源的主税种是财产税,辅助财源有地方销售税和个人所得税,不征公司所得税。财政支出,各级有不同范围:联邦主要用于国防和联邦政府经费、国债的还本付息、社会福利和救济;州和地方主要用于教育、修建公路和港口、公共福利和债务利息等。

美国的分税制以中央收入为主体,在美国联邦制的权力结构中,中央与州和地方权力分配是"六四开",与此相适应,分税制也使税收收入划分总格局基本稳定在"六四开"的水平上,即中央收入占六成,地方收入占四成。当地方政府的经费不足时,中央政府通过经费补助、财政转移支付,一方面帮助地方发展地方经济和事业,另一方面,可以监督和适当控制地方政府,维护中央的统一领导和国家的全局利益。

总体来说,分权协作的中央和地方关系中,财权的划分是以事权的划分为前提的,财权划分开来后,又会保证事权的实施。没有事权的合理划分,财权的划分将会十分混乱。

二、发达国家的中央集权——日本

日本在战后处理中央和地方关系上选择了中央集权模式有其深厚的历史背景。首先,在历史上,日本有着中央集权的传统。从公元645年大化改革开始,确立了古代天皇制,也确立了中央集权的基本格局。其后随着天皇权力的沉浮,中央和地方之间也随着分分合合。明治维新打破了诸侯分割制和等级制,建立统一国家,加强中央集权。其次,二战后日本经济混乱,物资严重短缺,日本人民强烈要求改变经济落后、生活贫困的状态,走上富强道路。在这种情况下,采取中央集权模式有利于实现日本的经济发展目标。故而战后的日本自然而然地走上了中央集权的道路。

1946年11月颁布的《日本国宪法》规范了中央与地方的关系,就是要保持中央集权,防止中央专权,加强地方自治。与《宪法》同一天颁布的还有调节中央和地方关系的《地方自治法》。法律规定了中央和地方政府事权的划分,中央政府承担的是立法、司法、外交、国防、货币发行、国际收支、物价指数控制、产业政策制定等关系国家全局、地方无力承担的事务,地方政府承担社会福利、公共卫生、医疗保健、社会治安、教育文化、基础设施等事务。同时,法律也规定普通地方政府不得处理的国家事务,在经济上有邮政、通讯、航行、气象和水路设施以及国立医院、国立教育和国立博物馆、图书馆等。总体而言,日本处理中央和地方关系的特色是法律规定了中央和地方的权限划分,法律将中央和地方政府的职责、权限规定得明明白白,中央和地方在行使自己的权力时,把对方作为权力伙伴来看待,中央和地方权力的行使都以民族利益为准绳,当民族利益需要权力集中时,地方自治就会自动让出一部分权力给中央政府,当民族需要权力分散时,中央政府就会主动将一部分权力下放给地方政府。

事权的明确划分有助于日本分税制的执行。日本的分税制和其他国家别无二致,特色在于内容和范围不同。日本特色的分税制保证了宪法要求的保持中央集权的目的。分税制明确规定了中央和地方的税源,全国有57个税种,其中属于中央管理的国税25个,所得税、法人所得税、酒税占国税总收入的75%左右,属于地方管理的地税为32个,主要有居民税、企业税、机动车辆税、矿产税、财政税等。在全部税收中,中央税收入占据主体地位,财权以中央政府为轴心,中央税占税收总额的65%,地方税占35%。强大的财力保证中央政府能自如地运转国家的调控机器。中央政府把大部分事业都委托给地方政府去办理,对于由此形成的地方预算大大高于中央预算支出的状况,日本政府建立了一整套健全的税收转移支付制度。中央财政通过国家交付税(下拨税)、让与税、国库支付金,对地方财政实行再分配。这三部分资金占地方预算支出的40%以上。日本特色分税制的实行既保证了中央的集权,又保证发挥地方的积极性。

三、发达国家的其他模式——德国、法国、英国

德国、法国、英国都属于发达国家,地处欧洲,各有悠久的历史,但其人口和面积与我国相比要小得多。它们在中央和地方的关系上,给我们提供了多样化的模式。

德意志帝国统一于普法战争后,本是极为集权专制的国家,以"铁与血"著称。第一次世界大战后,德皇帝退位,建立了中央和地方的联邦制国家,在魏玛宪法中规定了中央与地方各有不同的立法权力,各邦拥有很大的自主权,不受联邦控制,一邦之内又是高度集中的。希特勒上台后,中央和地方关系"纳粹化",中央政府的权力日益强化,邦政府隶属中央政府。二战后,东西德分治,西部为联邦共和国,从集权到分权,出现了准中央和地方关系,州不隶属联邦,是欧洲各国权力下放最突出的国家之一。联邦和州的权力划分原则是"残余权力"归州,不同于美国的"残余权力"归联邦。在分税制上,被称为"日耳曼模式",倾向于地方分权,表现在联邦政府、州政府、地方政府三级都有各自独立、自主的财政,三级之间互不依赖。但是,财政收支的范围仍有划分,使财政与事权一致。国防、外交、高校以外的科研和发展、社会保障、国有企业的支出

等由联邦负责;经济发展、运输和邮电等是州政府支出的重要项目;保健、体育和休养、公共服务等支出主要由地方政府负责。与此相应,名目繁多的税种划分归三级政府,也有部分是共享税。在此基础上,联邦政府要进行协调,在"富强州"和"贫困州"之间有所划拨和补助。

  法国的中央和地方的关系变化显示出它的革命性的特征。从声称"朕即国家"的路易十四到"马背上的神"拿破仑,都坚持中央集权,排斥法律。二战后的两部宪法,仍坚持中央集权,排斥地方分权,地方行政只是对中央行政的辅助和补充。戴高乐对中央集权情有独钟,他认为高度中央集权国家长期以来一直是法国统一的不可缺少的条件。20世纪80年代的地方制度改革,减弱了中央对地方事务的控制,对地方单位的合法性的司法审查取代了行政监督与财政适宜性监督,这使地方政府有更多的自主权。但是在财政体系上,权力还是高度集中于中央,表现为税收管理权限集中于中央,地方政府只是按照国家的税收法律、政策执行;中央和地方采取完全划分税种的方法,把大宗税收划入中央政府囊中,没有共享税,以致中央财政收入占各级财政总收入的比重很大,大约占80%左右,有的年份还占90%。这对于保证宏观经济的稳定,使全国性的公共产品(国防、外交)和准全局性公共产品(教育、交通、能源等)得到有效配置的供应,并协调地区间的资源分配、对维持地区间发展的均衡是非常有利的。

  英国的中央和地方关系是在政党政治的推动下发展的。作为一个联合王国,有四个传统地区,都有各具特色的地方政府,但是在英国纷繁复杂的中央和地方关系中,中央政府一直控制着一条主线,就是地方权力由中央授予。中央政府通过立法、司法和行政监督的方式实现对地方政府的控制,并通过政党组织建立起相互依赖的关系,中央政府控制着地方政府实现其目标所需要的有利条件,地方政府也控制着中央政府所要求的有利条件。为了实现各自的目标,中央和地方两级政府通常在制度范围内讨价还价,以争得最有利的结果。这种关系反映在财政关系上是中央高度集权,英国地方政府的财政来源,主要是地方税、中央政府的补助拨款、贷款和各种收费。其中,中央政府的补助拨款占相当大的比例,约占40%多,这使中央政府有权监督地方政府预算的制定和执行。中央政府一方面提供经费给地方,另一方面又监督这些经费的使用和用于地方基本建设的贷款,使得中央政府在有力调动地方积极性的同时又把对全局的控制权牢牢地控制在手中。

四、俄罗斯特殊的中央和地方关系模式

苏联之前的俄罗斯,由沙皇统治,中央和地方的关系是高度集中的,即使在必要时沙皇的代表在地方上行使相当大的权力,也是靠同中央政权的联系得到的。苏联成立后,在处理中央和地方关系时,强调遵循民主集中制原则,但是由于沙皇传统的影响、斯大林时期的扭曲、传统社会主义模式的强化,民主集中制原则成了集中制原则,后来更进一步成为"极权"原则。

苏联的解体,俄罗斯作为独立的国家,开始走上了中央与地方关系规范化的道路。俄罗斯联邦首先强调运用法律原则来处理中央与地方之间的关系。通过法律明确划分中央和地方之间的管辖对象、职权范围,以避免无法可依、朝令夕改的情况发生。法制的强化,有利于中央和地方关系的稳定、政局的稳定。其次,俄罗斯联邦在处理中央和地方的关系时,突出强调在分权的基础上实行集中,对于不服俄联邦政府的地方政府,中央给予坚决打击。

但是在财政分配体制上,俄国走的是一条财权下放、财力分散和讨价还价的道路,中央受制于地方,使其宏观调控能力受到极大的影响,中央在调整产业结构和军转民等经济政策上均告失败,严重阻碍了中央和地方关系的改革。所以,政治权威的基础在于经济上的权威性,中央和地方的经济关系与政治关系不应该是两张皮。

五、东亚模式——韩国

韩国从20世纪60年代初起在20年的时间内实现了现代化,创造了经济起飞的奇迹,这一奇迹的取得在一定意义上与韩国正确处理了中央与地方关系密切相关。韩国由于长期形成的中央集权体制,形成了一种"垂直式行政控制",主要表现是:地方自治团体的主要决定由中央提议和决定;中央官厅单方面地把中央的意图贯彻到地方自治团体;基本上通过权力手段控制地方等。中央对地方的干预方式,一是国家指导,中央政府通过向地方政府发出适当的劝告、建议等指导地方行政,还通过制定各种经济法明确规定政府对行政事务的行政指导;二是中央控制,分为行政控制、司法控制、立法控制和财政控制。行政控制有法律上明确规定的控制和事实上控制,事实上的控制主要是人事上的控制;司法控制是司法机关对地方自治团体行使间接监督,主要

是通过法院的诉讼活动实现；立法控制是国会通过法律来具体规定地方自治团体的种类、地方法人的组织、权限等，国家通过这些立法活动来行使立法监督权；财政控制是中央通过财政补助的控制、调整地方财政制度和预算程序的控制等手段来实现对地方有效的控制。

中央政府的这些控制一方面保证了经济起飞时期政府的主导权，另一方面助长了中央权威主义的盲目扩大，导致地方过分依赖中央，影响了地方积极性的发挥。因此需要对中央和地方的关系进行一些调整和改革，中央既要合理地干预地方行政，又要尊重地方行政的自律性、民主性，尽可能寻找两者保持协调的各种条件。为此，政府采取了四个方面的措施：第一，减少中央对地方的委任事务，扩大自治事务的范围。第二，提高地方财政能力，从经济上保证地方具有相对的独立性，自主地处理地方自治事务。第三，缓和中央对地方人事的控制。第四，从人权保障角度出发，以保障人权作为协调中央和地方关系的基础，尊重地方自主权实际上就是对基本人权的保障。

第三节　正确处理中央和地方的经济关系

中央与地方的关系问题是一个老问题。前面回顾了我国中央和地方关系的演变史和世界各国在处理中央和地方关系上的经验教训，在此基础上，我们可以归纳出正确处理中央和地方的经济关系的若干基本原则。

一、发挥中央和地方两个积极性的意义

我们党历来十分重视处理好中央和地方的关系。充分发挥中央和地方两个积极性，是国家政治生活和经济生活中的一个重要原则问题，直接关系到国家的统一、民族的团结和全国经济的协调发展。毛泽东同志在《论十大关系》中专门提到"中央和地方的关系"，他说："处理好中央和地方的关系，这对于我们这样的大国大党是一个十分重要的问题。""有中央和地方两个积极性，比只有一个积极性好得多。"在新时期，江泽民同志又在《正确处理社会主义现代化建设中若干重大关系》中提到正确处理中央和地方的关系，提出在新形势

下,必须更好地坚持发挥中央和地方两个积极性的方针。

我们国家大、人口多,情况复杂,各地经济发展不平衡。正确处理中央和地方的关系其重要意义在于:① 赋予地方必要的权力,让地方有更多的因地制宜的灵活性,发挥地方发展经济的积极性和创造性,有利于生产力的发展和国民经济的快速增长,增强整个经济的生机和活力。发展生产力,一要靠生产力的合理组织,中央和地方都是组织者,要通力合作和适当分工;二要靠生产关系的调整和适应,中央和地方的关系也是生产关系的具体表现之一。② 全国经济是一个有机整体,中央必须制定和实施全国性的法律、方针、政策,才能保证总量平衡和结构优化,维护全国市场的统一,促进国民经济有序地运行和协调发展。只有正确处理中央和地方的关系,调整和完善政府职能,才能建立一套适应于市场经济运行的经济体制,为经济发展提供内生动力和机制保证。③ 正确处理中央和地方的关系,有利于为经济发展和政治稳定提供巩固和坚实的条件。政治是经济的集中体现,经济体制和政治体制是相辅相成的。中央和地方的关系包括了经济关系和政治关系两个方面,同样要相互依存、相互适应。正确处理中央和地方的经济关系,既受制于两者之间的政治关系,也为正确处理中央与地方的政治关系创造物质基础。

二、正确处理中央和地方关系的基本原则

建国以来前 30 年,我们国家在处理中央和地方关系上,经常处于一种"放—乱—收—死"的怪圈,循环往复。改革开放以来,实行权力下放,地方积极性得到充分发挥,有力地推动了改革和发展,但是也出现了一些新的问题和矛盾。有的地方和部门过多地考虑本地区、本部门的局部利益,贯彻执行中央的方针政策不力,甚至出现了上有政策、下有对策,有令不行、有禁不止的现象;应当由中央集中的则集中不够,某些方面存在过于分散的现象。在新的形势下处理中央和地方关系的原则应当是:既要有体现全局利益的统一性,又要有统一指导下兼顾局部利益的灵活性;既要有维护国家宏观调控权的集中,又要在集中指导下赋予地方必要的权力。也就是要坚持统一性和多样性相结合的基本原则来处理中央和地方关系,该集中的集中,该分散的分散。

所谓统一性,主要体现在中央政府的作用和职能上。

第一,宏观经济管理必须是统一的。只有中央政府才能对指导宏观经济稳定具有影响力,通过财政政策、货币政策和其他经济政策调控整个国民经济

活动。各地方政府无权抵制或改变中央政府的宏观经济政策。

第二,社会保障和收入分配必须是统一的。只有中央政府才能充当全社会利益和财富分配的"调节器"。如果由地方政府来承担收入分配功能,即使能在每个地区内实现收入和财富的分配符合公平原则,在全国范围内,收入分配还会是十分不公平的。按照国际通用做法,中央政府应当掌握全部社会保障金的支出,在全国范围内指定统一标准,对全国居民的收入进行再分配。省级政府掌握失业补偿金,对当地失业人员进行失业保险帮助。

第三,国内市场体系必须是统一的。各地方不得任意征税,各省不得对外省居民实行歧视,各省不得对外省商品征税或变相征税,严禁地区之间的封锁、歧视和报复。

第四,全国税制必须是统一的。为保证市场经济的公平竞争,国家在指定税率时,不能对某些地区采取区别税率,即优惠税率和歧视税率。进口税、出口税和国内货物税必须是统一的。严禁各地方破坏全国统一税率,地方政府只能以减免地方税的方式鼓励对本地区的投资,严禁减免中央税。

第五,公共服务标准必须是统一的。这包括与国际通用标准一致的技术标准、产量标准、商标标准、专利标准以及其他知识产权标准。制定统一的供水、供电、道路、通讯等公共基础设施标准。

所谓多样性,主要体现在地方政府的作用和职能上。我国的许多地方,自东向西,由南向北,不仅自然条件、社会条件和发展水平有很大不同,更在文化背景和生活习惯上有不少差异。如果漠视或忽视这些多样性,只有中央统一指挥,什么事情都搞一律化、一刀切,将会严重影响国家各方面的建设。按宪法规定,各地方有权制定与国家法律不相冲突的地方法规和行政法规。在地方管理范围内,地方政府有权抵制成文宪法规定之外的命令和规定,包括来自中央政府及各部门不符合宪法或法律程序的各种命令和规定。多样性原则就是保证中央政府不得随意对地方政府的活动进行干预,保证政府权力在纵向上分权。同时在法律范围内,调动地方积极性。

三、正确划分中央和地方的事权和财权

正确处理中央和地方的经济关系要理解和把握"统一性和多样性"相统一的原则,其进一步体现在具体划分中央政府和地方政府的经济职能和财权上。

划分经济职能就是中央政府和地方政府在政府应有的经济职能中各自承

担什么样的责任和完成什么样的任务。政府经济职能主要是国有经济所有者代表职能、宏观调控职能、经济基础设施建设职能，这些经济职能要在中央政府与地方政府之间分工，由中央政府与地方政府共同来完成。也就是说，理顺中央和地方的经济关系，就要正确确定中央政府与地方政府在作为国有经济代表、宏观经济调控主体、经济基础设施建设者方面各自应有的作用。

（一）正确划分中央政府和地方政府作为国有经济所有者代表的职能范围

中央政府和地方政府都是国有经济所有者代表，都有确保国有资产保值增值的职能，但是必须分清中央政府作为中央国有经济的所有者代表，地方政府则作为地方国有经济的所有者代表，分别负责中央国有经济与地方国有经济的保值增值。一般来说，关于国民经济整体发展的国有企业应划归中央国有制经济，如能源与原材料工业等，都应划归中央国有经济；那些不关系整个国民经济发展而又能体现地方经济特点的国有企业，则主要划归地方国有经济。在划分了中央国有经济与地方国有经济后，中央政府就主要负责中央国有经济的保值增值，而地方政府就主要负责地方国有经济的保值增值。这里还需明确三点：第一，中央政府和地方政府确保国有资产的保值增值，都不是指中央政府和地方政府直接经营企业，而是指中央政府与地方政府作为国有资产的所有者代表者，负责国有资产的保值增值。第二，中央政府和地方政府在对国有资产的保值增值过程中，都必须接受宏观调节，必须符合国家的产业政策要求，在符合国家产业政策的基础上实现保值增值。第三，中央国有经济和地方国有经济的划分，并没有行政级别的高低之分，当然也没有某种非公平性的优惠政策，而仅仅是从有利于国有经济的保值增值出发，将国有经济分成两部分。

（二）正确划分中央政府和地方政府作为宏观调控主体的分工和权限

政府作为宏观调控主体其调控宏观经济的职能不可能仅靠中央政府来实现，必须实行中央政府与地方政府分级调控体制。中央政府与地方政府分级调控的原则是,既要保持中央政府有绝对的调控权威,又要充分发挥地方政府的调控积极性。中央政府和地方政府虽然都拥有调控权限,但他们在调控中的地位和作用是不同的,中央政府调控的范围是整个宏观经济,因而涉及宏观全局的调控权限必须掌握在中央,不能分散到地方。但是宏观调控职能不能完全由中央包揽下来,而是应该将那些易于由地方完成的调控职能交给地方,以调动地方的积极性,保证整个经济既有活力又有序。地方的宏观调控职能有两类:一类是贯彻中央政府调控的法令和宏观经济政策,这部分宏观调控职能地方是没有权限的,只有贯彻执行的权力,而没有随意修改的决策权限。另一类是在中央和地方分权基础上地方行使的调控职能,主要包括地方经济发展、市场稳定、区际关系协调、结构优化等。这部分调控职能地方政府具有决策权限。当然,这种决策权限是以与中央宏观调控决策相吻合为前提的。地方政府与中央政府的调控目标是一致的,所不同的是调控范围和调控力度。例如,在结构调控上,中央政府要求在全国范围进行结构协调,而地方政府则并不一定需求得本地区内的结构协调,而是把注意力主要放在发挥地区结构优势上,即主要追求结构优化,包括产业组织结构、产业技术结构、产业和产品方向的优化等。总之,中央政府与地方政府在宏观调控上是通过分工而实现协作,最终共同完成宏观调控的经济职能。

(三)正确划分中央和地方在经济基础设施建设上的任务和职责

中央政府与地方政府作为经济基础设施的建设者,都应具有建设经济基础设施的经济职能,但是其所承担的任务与责任不同。一般说来,经济基础设施建设的总体发展规划必须由中央来定,各地不能自行其是。在此基础上,那些与全国全局相关的经济基础设施由中央来担当,那些同地区相关的经济基础设施由地方来担当,涉及几个地区利益的,还可由相关的地方政府联合进行。在这里,要把投资与利益享受有机地联系起来,实行权责利相统一的体制。地方性的经济基础设施,主要应由地方政府来筹措资金和组织建设,不能向中央政府推诿,这对调动地方政府在这方面的积极性是很有效的。影响全局的经济基础设施,主要由中央政府筹措资金和组织建设。中央对于地方的某些经济基础设施也应给予必要的、适当的支持,由中央和地方共同承担,但总的来说,还是要更多的发挥地方政府的积极性。

划分财权,是指与划分事权(主要是经济职能)相适应,明确中央和地方在财政收支上的职能和权限。划分了中央和地方的经济职能,不划分财权,经济职能的划分就要落空;两个划分如不适应,也会产生矛盾,不论是事大财小还是事小财大,都不恰当。划分财权主要通过实行分税制来实现。中央和地方的经济关系最终也靠分税制来落实。中央财政主要承担国家安全、外交和中央国家机关运转所需的各项经费,承担调整国民经济结构、协调地区发展、实施宏观调控所必须的各项支出,以及由中央直接管理的事业发展支出;地方财政主要承担本地区党政机关运转所需的各项经费,地区经济建设及文化、教育、卫生等事业发展所需要的各项支出。在税种的划分上,将维护国家权益、实施宏观调控所必需的税种划分为中央税,作为中央财政的固定收入。主要包括关税、海关代征的增值税、消费税,中央企业所得税及上缴利润,非银行金融企业所得税,铁道部、银行总行、保险总公司等集中缴纳的收入(包括营业税、所得税、利润和城市建设维护税)等。将同经济发展直接相关的主要税种划分为中央与地方共享税,包括增值税、资源税和证券交易印花税。将适合地方征管的税种划分为地方税,主要包括营业税、个人所得税、地方企业所得税、城镇土地使用税、土地增值税、城市维护建设税、固定资产投资方向调节税、房产税、车船使用税、印花税、屠宰税、农业税、耕地占用税、契税等。

四、中央和地方经济关系的体制化和法制化

中央和地方的经济关系,说到底是一个体制问题。我国从1994年起全面实行分税制的财政管理体制,这是建国以来我国对财政体制实施的一项最重大的改革。这标志着在中央和地方已经从"放权让利"进入到体制创新的新阶段,将对今后我国经济建设和改革开放事业的发展发挥深远的影响。

在旧的体制下,连同财政包干,几放几收,没有走出传统框架,使中央和地方关系存在和潜伏着不少隐患。分税制使中央和地方的税收机制实现了质的转换,使中央和地方的关系走上体制化道路,但也并不是说"一分就灵"的。因为一方面分税制需要在改革中逐步完善,另一方面,真正实现中央和地方关系的体制化还需要其他体制改革的配合。所以只有整个市场经济构建了基本框架之日,市场经济体制占领了主导地位,才是中央和地方关系实现了体制化之日。

中央和地方关系的体制化要与法制化相衔接。法律是人类历史和世界文

明最杰出的优秀成果之一,是安邦治国的最有效的工具。中央和地方关系的法律化,依法治国,可以保证和加强中央的权威,建立以法律为基础的稳定的中央与地方关系,从而改变中央与地方关系中随政治经济甚至领导人的变化而变化的状况。

复习思考题

1. 试述历史上不同阶段我国中央与地方关系的特点。
2. 试述建国以来我国政府处理中央和地方关系的演变轨迹。
3. 各国政府在处理中央与地方关系上各有什么特点?
4. 发挥中央和地方两个积极性有什么意义?
5. 如何正确理解处理中央和地方关系应掌握的原则?
6. 如何正确划分中央和地方的事权和财权?

第九章 西方发达国家政府经济行为的实践

在社会主义条件下,政府与市场的关系如何处理,一方面当然需要我们在实践中积极探索,另一方面也要学习和借鉴现代市场经济国家的有益经验。

第一节 美国的自由经济与政府经济行为

一、美国市场经济体制

美国是个具有自由主义传统的国家,是当代资本主义各国中最崇尚经济自由主义的国家之一。在美国没有像欧洲那样的长期的封建历史传统,这就为其实行资本主义的自由进取和平等竞争提供了广阔的空间。美国的市场经济体制是一种自由比较大、国家干预比较少的体制模式。具体表现在以下几个方面。

(一)实行自由企业制度

所谓自由企业制度,它包含三个方面的内容:① 私人财产所有权。美国宪法规定:私有财产神圣不可侵犯。私有权和契约受到法律的严格保护。私有财产的所有者可以自由处置自己的财产,选择自己财产的使用领域。② 个人可以自由地创办和经营企业。在美国,公民只要依法办理登记,承担纳税义务,就可以成立新的企业。企业有充分的经营自主权,可自由地选择和确定生产什么、生产多少和怎样生产,以及采取何种营销策略、各种生产要素价格如何确定等,当然,企业也要自担风险、自负盈亏。与生产者相对的,市场上的消费者或商品的需求者也是自由的,他们根据自己的利益自主选择可接受其价格的商品,自主决定消费的数量。作为生产要素的劳动力,也是通过市场自主

第九章 西方发达国家政府经济行为的实践

择业,找到其适宜的工作岗位。这里,独立的生产者和消费者的经济活动对社会经济生活起决定作用。③ 企业与政府之间是"球员"和"裁判员"的关系。个人可以自由地创办和经营企业,但这并不是说,政府就不起作用或是其作用可有可无。事实上,美国政府始终在一定程度上、一定范围内干预调节经济。政府不对企业的内部事务进行干预,而是为企业的生产经营活动创造良好的外部环境,例如确保公共安全,维护契约和财产权,保证货币供给和币值稳定,维护市场秩序和有效竞争,以及提供其他的公共服务;政府对企业的管理要以法律为依据,不存在行政性的直接干预。

(二)限制垄断,保护自由竞争

在美国的市场经济中,竞争和垄断是并存的,垄断并不排除竞争。垄断在自由竞争中产生,大大促进了现代经济的发展,另一方面却是对有效竞争、公平竞争的限制和破坏。因此在市场经济中必须对垄断加以控制、调节,使其对有效竞争的损害达到最小。垄断是市场经济运行中必然产生的一种缺损,而对市场经济缺损的修补,只能是国家的事,或者说国家的职能之一就是对垄断所造成的缺陷进行处理和校正。

在美国,政府主要是通过反垄断法来消除垄断的不良作用的。美国是较早利用反托拉斯法来对付垄断的国家,自19世纪以来,美国通过了一系列反托拉斯法,比较著名的有1890年的《谢尔曼法》、1914年的《克莱顿法》和《联邦贸易委员会法》、1936年的《罗宾逊—帕特曼法》、1950年的《塞勒—凯弗威尔法》、1962年的《反托拉斯民事程序法》等。这些法律对维持适当的竞争秩序起了重要的作用。

(三)扶植和支持小企业的发展

二战以来,美国的小企业同大企业一样获得了长足发展,不仅数量在增多,而且所从事领域也越来越广阔。但是,在一个垄断已经形成的社会中,小企业和大企业之间存在着价格、资金、税收等方面的不平等竞争,小企业的生存和发展是很艰难的。为了创造一个自由竞争的环境,美国国会于1953年通过了《小企业法》,对小企业的问题从法律上予以关注,通过这项立法及其相应的措施来实现对小企业的扶植。同时授权美国联邦政府在商业部内专门成立了小企业管理局,负责处理小企业事务,为广大小企业提供资助和支持。比如给小企业提供直接贷款和贷款担保,向小企业提供市场信息、技术和管理知识,帮助小企业在联邦政府购买中获得"公平份额",减轻小企业的负担等。这些支持政策对美国小企业的发展起到了积极的推动作用,小企业的数目达全部企业数量的98%,为整个美国经济的持续稳定与发展作出了应有的贡献。

(四)实行有限度的宏观调控

美国长期以来保持自由主义的传统,市场能解决的问题政府就不介入。尽管政府从20世纪30年代开始对宏观经济运行进行经常性的、有效的调节,但与东亚各国和欧洲相比,政府的干预程度相对比较低。既没有像日本和韩国那样通过全国性的经济计划和系统的产业政策推动经济的发展,也没有像德国那样强调市场经济发展中的社会公平。美国政府对经济的干预和调节主要是以各种法律作为依据的,无论采取经济手段还是行政手段,都要通过法律规范来实现。这使得美国政府的宏观经济调控比较规范、有序,减少了随意性行政干预的可能。从经济手段方面来看,财政政策和货币政策是美国政府进行宏观调控的主要手段,这两大政策都是间接的调控手段,美国政府很少直接干预生产和分配。

(五)建立比较完善的市场经济法律制度

美国市场经济运行的法制化程度比较高,无论是企业、个人的经济行为,还是政府对经济的干预和调节都要以相应的法律为基础。在美国,有关经济的立法已形成了比较完整的体系。在经济主体方面的法律有《公司法》、《合伙法》等,在经济管理方面的法律有《金融法》、《银行法》、《贸易法》、《税法》等,在规范市场秩序方面的法律有《反托拉斯法》、《破产法》等。这些法律的制定和实施,对保证市场经济的正常运行,保护市场主体的正当权益,维护市场竞争的秩序,规范政府的宏观调控,都起了重要作用,使美国的市场经济有一个稳定的制度框架,也体现了美国市场经济的高度发展。

二、美国政府经济管理的主要内容

美国虽然以自由经济制度相标榜,但政府对经济的干预、管制、规范还是很多的。特别是从罗斯福实行"新政"以来,美国政府对市场经济运行进行管理和干预已经形成了较为完善的制度和方法。

(一) 制定经济发展战略,规范和维护市场经济秩序

自由竞争是资本主义国家促进社会经济资源合理配置的有效手段。但在实际经济发展中,充分竞争受到垄断的挑战。因此,尽管美国一直主张经济自由,但还是认为,国家为创造一个良好的市场环境而干预经济是必要的。上面所提到的一系列措施,包括通过法律限制垄断,通过各种手段来扶植小企业,主动为市场竞争创造有利条件,通过规定严格的产品质量、卫生和安全标准以保护消费者利益等都是美国政府为提高市场竞争度所采取的一系列措施。

此外,美国政府还在经济发展战略的制定上寻求市场机制与政府干预之间更好的结合点和结合方式。最具代表性的是 20 世纪 90 年代克林顿执政后实行的"加强竞争和开放市场"的新经济战略。克林顿政府经济构想的一个鲜明特点是着眼于长期,认为要恢复美国经济的竞争力,必须从长期入手,对劳动力的素质、资本的质量、技术潜力、资本设施的状况等,进行变革和创新,实现经济各个部门的有效结合和有效运行。政府奉行"解放市场力量"的政策,逐步废除使各个经济部门脱离竞争和加重企业负担的、没有成效的经济管制条例。放松对产品和劳务价格、企业经营范围和企业进出口的限制,以打破垄断,促进生产要素的流动,鼓励企业竞争和提高工作效率。美国政府还在经济政策上作出了较大的制度创新,既鼓励企业为主体的私人创新,又进行以政府为主体的公共创新,最大限度发挥市场的自我调节功能。

(二) 稳定宏观经济的有效市场调控

尽管在微观经济中,美国政府放任私营部门,尽量发挥市场机制的调节作用,但在宏观经济上政府却有着一套相当严格的调控运作系统,从而保证了市场作用的有效性。与大多数市场经济国家一样,美国政府对宏观经济的调控

主要目标有四个,即经济增长、物价稳定、充分就业和国际收支平衡。但在美国的宏观调控过程中,最为突出的问题是如何处理充分就业和物价稳定之间的关系。不过美国对宏观经济的干预和调控主要是通过制定和实施各项经济政策实现的。经济政策是在一定经济理论指导下,把理论具体运用于社会经济生活实践的中介、桥梁和手段,对宏观经济活动的调节和控制都是一定经济政策的实际操作与运用。就美国来说,主要的宏观经济政策手段是宏观财政政策和宏观货币政策的相机选择来调节宏观经济的稳定。政府不起草国民经济计划,与国民经济计划最相似的只是总统在年度经济报告中关于目标的陈述,它强调的是具体的经济目标。

第二次世界大战结束到70年代期间,美国政府的宏观调控目标集中在经济增长和充分就业上。宏观调控以凯恩斯理论为基础,主要是刺激有效需求,而在私人企业不愿发展的地方,只能靠国家的购买来刺激需求,这样财政就必须有一定的收入来满足这种政府购买,从而形成一定的有效需求,此外还包括国家兴办公共工程等来增加就业,这也要靠财政资金来支持。这一时期的宏观经济政策中,最主要的就是财政政策,政府通过财政的收支活动来影响和调节宏观经济活动,达到预定的宏观经济目标。比如在经济不景气的时候,政府通过兴办公共工程、政府购买、转移支付和减税等扩张性的财政政策来刺激经济;当经济过热膨胀的时候,为防止经济高峰后的低谷和经济周期的剧烈震荡,政府则采取增税、缩减政府开支等紧缩性的财政政策。人们称这种财政政策对经济的调节为"逆经济风向行事"。在凯恩斯主义理论的指导下,美国经济在战后经历了很长一段时间的繁荣。

进入20世纪70年代后,凯恩斯主义的弊端日益暴露出来,最主要的是庞大的财政赤字使政府背上了沉重的包袱,出现了通货膨胀、失业和经济停滞并存的"滞胀"现象。美国宏观调控目标转到反通货膨胀,调控的重心也由需求领域转向供给领域。在货币主义、理性预期理论、供给学派理论的影响下,政府宏观调控的手段由注重财政政策转向多种政策工具并重,尤其是重视货币政策的作用。80年代,里根时期为了对付通货膨胀采取了"紧"的货币政策,成功地降低了通货膨胀率,但也造成了80年代初的经济衰退。于是美国政府又及时采取了减税、发行国债、增加政府支出等,创造了80年代中期美国经济低通胀高增长的业绩。但这些措施所造成的高财政赤字和高贸易逆差又致使美国进入90年代初的经济衰退。克林顿政府上台以来,通过对高新技术产业的大力扶持,采取稳健的财政政策和货币政策,使美国经济走上了新一轮高增

第九章 西方发达国家政府经济行为的实践

长低通胀的持续增长道路。

(三)对特定产业部门的干预和调节

美国政府除了对经济总量进行宏观调控外,为了协调不同时期产业之间的发展关系,提高产业的竞争力,从而提高国民经济的整体竞争力,还对一些特定产业部门的活动进行干预和调节。其中对高新技术产业和农业的政策最具特色。

近几年来,美国在高技术领域的长足进步使美国的国际竞争力大大提高,也使美国经济保持着持续的繁荣,这主要得力于美国政府对高新技术的支持。美国政府对高新技术产业领域的政策包括以下几个方面:① 增加科研投入,促进科技进步。联邦政府增加研究与开发经费的支出,1996年全球信息技术产业投资为6 100亿美元,其中美国占41.5%,超过日本和欧洲对该产业投资总和,投资的重点向高新技术产业倾斜,使美国成为世界新技术的"发源地"。另外美国国家科学基金委员会直接出面组织大学——工业合作研究中心,联邦政府每年向国家科学基金会提供专款,用于资助大学和工业界的合作研究。接受政府资助的合作研究中心还享有各种优惠待遇。② 重视发展教育,培养高素质人才。美国政府为了保证美国在大多数领域的领先地位,着力从抓教育系统开始加强技术基础,并为此制定了一个旨在促进培训更多的教师、鼓励教师更新知识的计划。③ 鼓励企业研究创新,使企业成为技术创新的主体。为了鼓励企业积极研究创新,美国政府放宽对反托拉斯法的解释,允许企业联合研制开发新产品;在税收上为高新技术产业提供优惠;政府的军事定货也为高新技术的发展起了巨大的推动作用。

农业是一个国家的基础产业,美国政府对农业的支持是不遗余力的,自20世纪30年代开始,对农业采取了一系列支持政策,具体有:① 支持农业基础设施建设和农业教育、科研工作,为农业发展与应用研究提供经费。② 政府每年制定有偿休耕、限耕计划,以控制农产品生产,协调供求关系。③ 政府采取无追索权贷款和政府购买的手段对一些主要农产品进行价格支持,稳定农产品价格,保证农民收入。④ 政府通过设置目标价格和差额支付的手段直接给农场主提供收入支持,保障他们的收入稳定。⑤ 美国政府还采取多种措施扩大农产品的国内消费和农产品的出口,为农产品的销售创造市场。这些政策使农场主的收入稳定提高,使他们应付经济危机的能力得到加强,从而保证了美国农业发展的稳定。

（四）政府对社会发展过程的干预和调节

市场经济不可避免地导致美国社会出现贫困、失业、疾病、养老等问题，这些问题如果得不到及时有效的处理将会对社会稳定构成极大的威胁。自20世纪30年代的经济危机后，美国政府开始重视社会保障工作。1935年国会通过了美国第一个《社会保障法》，确立了联邦政府在社会保障工作中的领导地位。以后随着社会经济的发展，社会保障制度也逐渐完善，一方面，参加社会保险人数和收益人数剧增，另一方面，社会保障的范围不断扩大。目前美国的社会保障项目有几十项，其中最重要的是社会保险，它包括老年与遗属保险、残疾保险、健康保险、失业保险、工伤事故保险等具体项目。其次是社会救济，包括公共援助、收入保障、社会服务、食物券等内容。最后是社会福利，它包括退伍军人福利、保健与医疗、教育、住房、职工培训、儿童营养与福利等项目。

社会保障制度对于保证社会经济的稳定起了重要的作用，但是也产生了不少问题，如社会保障支出不断扩大，成为财政的沉重负担；有些社会保障项目助长了懒惰依赖心态；社会保障税不断提高，引起公民对政府不满等，所以在不同时期政府会出面干预和调节社会保障制度，但各政党常常会把社会保障与争取选票以及防止经济衰退的应急措施纠缠在一起。

综观美国的社会保障制度，较之欧洲的一些高福利国家，其保障项目和福利标准较为节制，取得社会福利和救济的条件较为严格，所以其社会保障水平较低。

三、美国宏观经济管理政策的演变

自美国独立开始，政府就已经在促进经济发展方面发挥其经济方面的职能和作用，但是运用宏观经济政策对经济运行全面、系统的干预，却是从"罗斯福新政"开始的。在此之后，由于各个历史时期不同的经济背景，不同理论的指导，政府对经济运行的干预所采取的措施各有不同，国家干预的程度时重时轻。

第九章 西方发达国家政府经济行为的实践

（一）罗斯福新政时期

在美国政府干预宏观经济的历史上，"罗斯福新政"有着重要的意义。它不仅标志着美国政府干预宏观经济运行的开始，也为其他资本主义国家宏观经济管理提供了一个典范。

"罗斯福新政"的实施是与1929—1933年席卷资本主义世界的大危机分不开的。在这场大危机中，美国的经济遭到了沉重的打击，面临崩溃的边缘。这场危机表明，在现代市场经济中，如果仍然采取放任主义的经济政策，政府不对经济生活进行积极的干预调节，就可能出现严重的经济危机。"罗斯福新政"就是在持传统自由主义观点的经济理论家尚未找到治疗经济危机药方的时候，由政治家提出的由政府出面，加强对经济生活的干预，从而治理经济危机，使国民经济走上了平稳发展道路的尝试和创举。

罗斯福一上台，针对大萧条的局面，首先采取的措施就是改革银行制度，通过银行来调控处于危机的美国经济。另一方面，利用政府的力量解决失业问题。在危机中大量的失业工人的出现是一个巨大的社会经济问题，由于经济不景气，企业纷纷倒闭，不可能要求私人企业大规模吸纳失业工人，这时必须由政府出面来协调解决全社会的失业难题。在罗斯福的努力下通过的社会保障法案，以开展社会救济、以工代赈和举办公共工程项目来增加就业机会，并通过经济立法和社会立法来使这些措施制度化。此外，罗斯福新政在农业方面也有许多举措。如通过农业方面的立法加强农业的复兴和发展，使国民经济的基础得以巩固。总的说来，罗斯福新政主要是通过政府对财政、货币、金融和产业部门的干预和调节来克服经济危机，缓和矛盾。罗斯福的实践告诉我们，在市场经济条件下政府可以、也应该在某些方面对经济生活进行干预，美国的经验在这方面具有首创性。

（二）二战结束到20世纪70年代初

这是凯恩斯主义占主导的时期，也是美国宏观经济调控全面推行并取得成就的时期。按照凯恩斯主义的观点，战后美国经济面临的主要问题是对劳动力的需求不足，而就业不足必然导致消费需求下降，以至生产严重过剩，由此又大大影响投资需求的扩大，这样就形成一种恶性循环。因此，凯恩斯认为,要避免美国重蹈 1929—1933 年的覆辙,关键在于如何实现"充分就业"。而 30 年代的经验证明,只有国家才有可能担负起这个重任。1946 年美国国会通过的《就业法》就把实现充分就业、促进经济繁荣作为政府的基本职责,并确立履行这种职责的程序和政策。

这一阶段宏观调控的核心是总需求管理,主要政策工具以财政政策为主,兼用货币政策。它对经济的推动作用表现在:① 扩张性的财政和货币政策刺激了总需求,从而在一定程度上缓和了资本主义生产无限扩大与有支付能力需求相对缩小的矛盾,为生产开辟了新的市场。② 巨额投资不仅刺激了总需求,也推动了科技发展,提供了完善的基础设施,为总供给的增加创造了条件。③ 政府社会福利开支的增加,一定程度缓和了社会矛盾。因此,这一时期成为战后美国经济增长最快的时期。50 年代美国经济平均年增长率为 5.8%,60 年代达到 6.9%。

但是,这一时期的政府宏观调控也同时产生了一系列副作用。特别是 1963 年约翰逊执政后,扩大越南战争,推行"大炮加黄油"(战争和福利)的政策,使矛盾进一步加剧。表现在:① 扩张性财政和货币政策,特别是巨额财政赤字,导致债务增长,通货膨胀日益严重,这也破坏了宏观经济的稳定,并引起社会动荡加重。② 过多的社会福利,既增加了政府财政负担,又降低了个人积极性和经济效率。③ 国家干预不断加强,一定程度限制和破坏了市场机制的正常运用,不利于资源合理配置。加上政府宏观决策的失误,加剧了经济的不稳定。上述负面影响集中地表现在 70 年代中期后出现的高通胀和高失业并存的"滞胀"上,使凯恩斯主义总需求管理政策陷入困境。

(三) 从 70 年代中期到 1992 年

面对严重的经济"滞胀",凯恩斯主义失灵了,新自由主义走向复兴。美国政府宏观调控的目标和手段都发生了很大的变化,转折点是,卡特政府后期国会通过《1978 年充分就业和经济平衡增长法》。该法案在立法上明确规定,货币政策是实现宏观经济目标的重要手段,法律上明确了联邦储备委员会的地位。接着,1979 年 10 月又开始实施控制货币供应增长的新战略。

里根上台后,采取以货币主义、供应学派和凯恩斯主义理论为基础的混合经济政策。政府在宏观管理上的最大变化是,把政策目标明确地从保证充分就业的经济增长转为低通货膨胀的经济增长,即以反通货膨胀为首要任务。

在政策重点上,从需求管理转为供给管理为主。主要包括以下内容:① 削减社会福利等政府开支,以减少财政赤字,同时却扩大军费开支,以加强美国对前苏联的军事优势。② 实施历史上最大规模的减税计划,既降低个人所得税率,也减少公司所得税率。③ 简化和放宽政府管理企业的规章制度,放松对企业的管制。④ 实施紧缩的货币政策,严格控制货币供应量,以抑制通货膨胀。实际上这些政策旨在通过减税刺激投资和消费,放松政府对经济的干预和管制以灌注经济活力,通过压缩政府开支以缩小财政赤字,严格地管住货币龙头以遏止通货膨胀,从而实现无通货膨胀或低通货膨胀条件下的经济增长。继里根以后的布什,在经济政策上基本追随前政府的做法,并无多大创新。

里根的宏观经济政策在治理通货膨胀方面是成功的,并刺激了美国经济从1983年后走向复兴,出现了80年代低通货膨胀下适度增长的情况。但同时也带来了高财政赤字、高债务、高利率的"三高"后遗症,严重制约了美国经济的扩展,从而导致了1990年爆发了战后持续时间最长的一次经济衰退,执政10多年的共和党政府也终于下台。

(四)90年代克林顿政府对宏观经济政策的再调整

里根—布什时期虽然标榜反凯恩斯主义和放松国家干预,实际上是前门送出去,后门又请进来。虽然曾多次发誓要平衡预算,实际上在他们执政期内,美国的财政赤字达到了创纪录的水平。这说明,在现代市场经济中,市场调节虽起基础性作用,但决不能取代政府的宏观调控,问题在于如何把握"两只手"结合的度。

1992年克林顿政府上台后,面对美国经济所处的周期性和结构性衰退的形势提出了"变革"和"重振美国经济"的主张和政策,被称为"克林顿经济学"。自90年代以来,美国经济以平均每年2.7%的速度稳步增长,而且没有任何经济衰退的迹象,稳定的经济增长率提高了经济增长的可持续性。在这次经济扩张中,强劲的经济增长是与低通货膨胀率、低失业率、低财政赤字并存的。美国经济的出色表现,被誉为进入了"新经济时代"。

克林顿认为,美国经济脆弱的症结在于投资赤字(储蓄不足)和预算赤字长期被忽视,因此要振兴经济必须把政策重点从长期以来强调消费转向强调投资。为此,克林顿的"经济振兴计划"包括两个部分:① 针对当前美国经济困难,短期内实行刺激经济,以扩大就业。即一方面增加政府用于基础设施项目、教育和医疗等方面的支出,刺激经济增长,扩大就业机会;同时运用税收优惠政策鼓励私人企业扩大投资;② 长期设想是,增加投资和削减联邦财政赤字,为美国经济的长期稳定发展创造条件。为此,克林顿提出节支和增税。节支通过裁减联邦雇员、军费开支等支出来实现;增税则主要是增加富人所得税税率和公司最高所得税税率。

除此之外,克林顿政府加大产业结构调整的力度,1993年,克林顿政府发表了题为《促进美国经济增长的技术——增强经济实力的新方向》的总统报告。提出了政府的高技术战略和政策,首次把"信息高速公路"放在突出地位。克林顿政府还高度介入国家贸易发展活动,实行经济外交,把"经济安全"置于美国对外政策的首要地位,1993年9月克林顿总统公布了国家出口战略,确定半导体、电脑、通讯、环境保护、咨询软件工业及服务业等高科技产业和知识密集型产业为6大重点出口产业,该战略的目的就是要强化美国企业的对外竞争能力,通过扩大出口带动经济的进一步增长,并创造更多的就业机会。

从目前来看,美国经济正处于越南战争以来经济高增长低通胀的最辉煌时期,但同时也伴随着潜在的通货膨胀威胁、社会贫困化、收入差距扩大等问题,给美国的宏观经济政策调整带来了新课题。

四、美国市场经济模式中政府行为的启示

美国是最发达的资本主义国家,其市场经济运行的高效率是举世公认的。尽管美国的市场经济模式与我们正在建设的社会主义市场经济体制有着很大的差别,但是研究美国的市场经济模式政府的作用,能够给我们在经济体制改革中建立符合我国国情的市场经济体制,正确发挥政府在经济中的作用提供有益的启示和思路。

(一)高度发达的市场经济要求政府实行有效的宏观管理

美国的实践表明,无论多么发达的市场经济都不可避免地存在缺陷。20世纪30年代的罗斯福新政开创了政府大规模干预宏观经济运行的先河。此后,美国政府不仅对市场经济的制度和秩序进行规范和监督,还运用各种经济政策对经济运行进行积极干预,并一定程度上直接参与一些公共产品的生产和管理。但是,这些管理和调节都是以不妨碍市场机制的正常运行为前提

的,是对市场机制作用的补充。政府的宏观管理也要讲求效率,尤其是1993年克林顿入主白宫以来,面对信息时代的挑战,对政府干预的效率提出了更高的要求,力主建立"更小但更好"的政府。

我国要由计划经济体制向市场经济体制过渡,政府干预的范围和方式都要发生根本性的变化。但目前来看,这种变化还不够彻底,原来的那种直接管理和行政审批的方式仍在很大程度上存在,政府管理经济的效率有待提高。

(二)政府应重视通货膨胀带来的后果,及时采取措施,加以适度调节

美国战后政府经济调节政策的实践充分表明,即使在发达的市场经济条件下,不顾通货膨胀而片面追求经济增长是要付出沉重代价的。前面介绍的美国政府宏观经济政策的演变主要是在不同时期对通货膨胀与经济增长关系的处理及其政策效应,这对于我们是很有借鉴意义的。我国作为一个发展中的国家,面临着快速发展经济和大量人口就业问题的重要任务,经济发展又面临着"一放就乱,一收就死"的困扰。近几年,通过宏观调控实现经济的"软着陆",我国经济运行出现了"高增长、低通胀"的理想态势,但失业问题又严峻地摆在我们面前。因此,如何处理好经济增长、物价稳定和增加就业之间的关系,是我国当前宏观经济政策选择的难点所在。美国的政府宏观调控的实践告诉我们,通货膨胀、失业、经济萧条都是经济运行的非正常状态,政府在实现经济发展的目标时都应予以重视,及时采取措施,加以适度调节,否则重视一方放弃另一方,就会导致一系列严重的后果。

(三)运用财政政策进行宏观调控要注意保持财政收支基本平衡

按照凯恩斯主义总需求不足的理论,美国曾长期推行扩张性的财政政策,有意识地编了一个又一个的赤字财政预算。1992年政府财政赤字高达290亿美元。巨额财政赤字给美国经济带来了严重的通货膨胀威胁。保持财政收支的基本平衡现已成为美国朝野的共识。克林顿政府对削减财政赤字作了大量的努力,如精简机构、减少福利开支等,使美国的财政赤字有明显的下降,

1998年,美国的财政首次出现了1969年以来的盈余。这为美国经济减轻通货膨胀威胁,步入良性循环的轨道创造了很好的条件。我国在经济增长的同时,也伴随着日益膨胀的财政赤字。如何根据我国的宏观经济形势,采取正确的财政政策,以保证在经济持续增长的同时免受通货膨胀之苦,是我国在运用财政政策时所需考虑的原则。在这方面美国已作出了很好的例证。

(四) 在调控经济运行中要重视发挥货币政策的作用

美国的金融体系中起领导和核心作用的是联邦储蓄系统,国家的货币政策就出自这个系统。近年来美国经济实现在低通胀低失业状态下的持续增长,与联邦储备委员会坚持对通货膨胀采取以预防为主的方针分不开的。在1990—1991年的经济衰退中,美联储虽然在一定程度上松动了货币政策,但仍对通货膨胀保持着足够的警惕。在1992年以来的美国经济持续稳定的经济增长过程中,格林斯潘领导的美联储通过及时、小幅调整利率和货币供应量的货币政策,调整经济增长速度,减少物价和工资上涨的压力。同时,增加了货币政策的透明度,通过及时发出倾向性的信号,引导投资和消费行为,避免经济过热和过冷。货币政策对美国经济保持当前的良好运行格局起着非常重要的作用。

美国的经验给我们的启示是:通过实施货币政策来控制货币供应量,掌握货币供给的"闸门",对于实现经济稳定增长是至关重要的。货币政策的有效性需要强有力的中央银行体系为保障,因此,进一步完善我国的中央银行体系,健全我国货币政策的运行机制,更好地发挥货币政策的作用,是我国宏观经济管理的一项重要内容。

(五) 政府要加强对产业结构的调控

美国政府虽然没有一个全面的产业政策,但是对于不同的产业部门和不同领域有着明显不同的调节方法和重点。美国一直采取保护和扶植农业的政策来保障农业的发展,对交通运输、通讯等基础设施也实行特殊的扶持政策。从早期的铁路建设、二战前后的公路建设、机场建设、州际高速公路建设,到现在的信息高速公路建设,美国政府都采取了诸如出资修建、直接经营、补助运营成本、支持研究与开发以及制定规划、发布信息等扶植政策。与此同时,政府还借助于产业组织政策来促进市场机制的完善,通过扶植小企业发展和反垄断的政策,以形成良好的市场竞争基础,通过产业技术政策,提高高新技术产业和战略性传统产业的国际竞争力。

美国政府对产业结构的调控对于保持美国工业强有力的竞争力,创造就业机会,实现经济增长、结构改善和效益提高的统一提供了良好的条件。美国在干预产业方面的做法启示我们,当今世界各国经济实力的竞争,关键是产业结构的竞争,谁能够在产业结构调整方面保持产业技术的优势,谁就能在竞争中取胜。我国目前正面临着通过产业结构的调整来提升产业素质、实现经济增长、增加就业机会的重要任务,合理的产业政策对我国非常重要。美国在产业结构调整方面的做法对于我们具有非常重要的借鉴意义。

第二节 德国的社会市场经济和政府经济行为

一、德国的社会市场经济

德国社会市场经济体制的理论基础是德国弗莱堡学派的新自由主义理论。20世纪30年代初建立的弗莱堡学派的代表人物瓦尔特·欧根和弗朗茨·贝姆首先提出社会市场经济的基本理论。经济学家弗雷德·米勒—阿尔马克和路德维希·艾哈德等人从二战后德国的实际出发,在"社会市场经济"的构想中进一步发挥弗莱堡学派的经济政策思想,使之成为经济活动的基本准则,从而成为当时的联邦德国政府制定经济政策的理论依据。

所谓社会市场经济,就是既依据市场经济规律进行,又以社会补充和社会保障为特征的经济体制。或者说,它不是放任不管的自由主义的市场经济,而是有意识地从社会政策角度加以控制的市场经济。社会市场经济的构想基本上根据弗莱堡学派的经济和社会政策蓝图制定。新自由主义所提倡的经济体制原则、经济政策目标以及经济政策手段基本上在社会市场经济构想中得到体现,但社会市场经济并不等于新自由主义。它同新自由主义的一个重要区别是更强调社会政策目标。新自由主义在更大程度上是一种经济理论原则,而社会市场经济则不仅是一种理论原则,更重要的是关于经济体制的实践原则。

(一) 社会市场经济的实质是市场经济

社会市场经济是按照市场经济的规律行事的,因而市场经济的基本原则——自由原则和竞争原则,自然就成为社会市场经济的基本原则。自由和竞争是社会市场经济的基础。这里的自由首先是经济自由,每个人都有自由地参与市场活动的机会,并独立地进行决策。其次是价格能够自由地形成,从而协调经济过程和实现整个经济的资源配置。

社会市场经济离不开自由的市场价格,而自由价格又以自由竞争为动力;只有竞争,才能活跃市场,防止经济呆滞,提高劳动生产率。生产率的提高一方面必然使物价下降,导致实际收入增加,消费者受益;另一方面,也降低成本,提高产品的国际竞争力使生产者受益。总之,竞争可以刺激经济进步,同时有助于实现社会公平和提供社会福利,它是经济发展的保证,是通往繁荣的必由之路。

(二) 社会市场经济的目标是实现社会安全、社会公平与社会进步

社会市场经济的目标是实现大众福利,或者说,不是使富人变穷,而是使穷人变富,从而消除贫富的对立,实现社会公正和社会进步。社会市场经济的目标使它与自由放任的市场经济划清了界限。在自由放任的市场经济中,如果说贫富对立不是其初衷,那么无疑是它的结果。贫富对立作为自由放任的市场经济的一种普遍现象,不仅产生于而且加剧于自由放任的市场经济,根本不可能消除。而社会市场经济的目标就是要消除贫富对立,使全民均能享受到经济发展的果实。这是社会市场经济和自由放任的市场经济的根本区别所在。德国主要是通过实行收入再分配、全社会的社会保障制度、劳动和工资的保护政策等措施实现社会公正的。

(三) 社会市场经济的实现是通过国家的努力,为市场经济运行创造条件和环境来达到目的

社会市场经济中国家发挥其作用的方式与凯恩斯政策主张的国家调控的

市场经济有着本质的区别。凯恩斯的国家调控的市场经济主张在市场经济的基础上，国家直接运用财政政策和货币政策干预经济过程。而社会市场经济则主张国家不应该直接干预经济活动，国家的任务在于通过立法和制定政策为经济运行搭建起框架条件，创造一个良好的运行条件。当然，在50多年的社会市场经济的实践中，德国政府对经济过程的直接干预一直现实地存在着，只是在不同时期干预的强度不同，但是国家为市场经济运行创造条件和环境的任务是明确的、一贯的。在社会市场经济建立之初，国家采取有限的调节，目的是促进从统制经济向市场经济的转轨。20世纪60年代以后，为了克服经济的衰退和大量的失业，社会市场经济从"有限调节"转变为"全面调节"，但是政府对经济过程的干预是以《经济稳定和增长促进法》为先决条件的，经济秩序管理是对经济过程进行干预的基础。80年代后科尔政府表示要回到纯正的社会市场经济中去，减少国家对经济过程的干预，把关注的重点置于对经济秩序的管理上。东西德合并后，面临着合并后的失业增加、经济衰退等诸多问题，国家又更多地干预经济过程。

二、德国政府经济管理的主要内容

德国的社会市场经济体制的特点是在私人企业制度和市场自由竞争的基础上，通过国家的适度干预来保证经济效率和公正。在这一体制下，政府经济管理的主要内容包括下列几个方面。

（一）建立和维护经济秩序

德国政府对经济秩序的管理主要是指政府为保障社会市场经济的正常运行，通过设置各种框架条件和各种行为规则，建立起经济秩序，并使之得以遵守和执行，从而维护市场经济秩序的活动。经济秩序管理是基础性管理，政府的其他经济管理只能是在经济秩序管理的基础上进行。这里主要包括下列三点内容：

1. 为保护竞争、稳定竞争秩序确立各种规则和法律规范。竞争在市场经济中的重要作用和地位决定了要保障市场运行秩序首先要保障竞争秩序，而市场秩序的动态性和不稳定性又决定了国家要将保障竞争秩序置于秩序管理的重点和核心地位。德国政府一方面通过陆续制定通过《反对不正当竞争法》、《折扣法》、《附赠法》、《调整一般交易法》、《商标法》、《专利法》、《第二项反经济犯罪法》等来约束竞争行为,防止不正当竞争;另一方面又通过制定《反对限制竞争法》来鼓励竞争和防止限制竞争。

2. 制定各项规定和政策来保证货币体系的正常运行,保持货币稳定。德国从历史上两次灾难性的通货膨胀的惨痛教训中感悟到,杜绝通货膨胀的货币供应关键在于保持中央银行对政府的独立性。1957年7月政府颁布的《联邦银行法》从法律上规定和保障了联邦银行在人事方面、决策方面、经济方面的独立性。联邦银行法还对再融资政策、再贴现政策、最低准备金政策、公开市场操作、存款政策、通过外汇市场控制流动性的政策、控制国际货币和资本流动的政策等六项政策工具的操作都作了具体的规定。

3. 发挥国家对经济活动的一系列监督功能。如对金融业的监督,联邦银行和隶属于联邦经济部的国家信贷监督局依据《信贷机构事务法》共同监督和管理德国所有的银行信贷机构。

(二) 制定多种形式的计划

德国政府通过制定多种形式的计划来引导市场经济的发展方向。计划的主要形式有财政预算计划、总体经济规划、各项政策的循环式总体计划和一次性经济计划、短期经济计划。

财政预算计划有年度预算计划和财政五年计划。政府在制定年度预算计划时必须解释该计划对实现宏观经济目标的意义。财政五年计划是德国一项很有特色的计划,它反映了国家用于投资的支出安排。这项计划由联邦和州的财政部长提出,政府决定后提交议会通过。财政五年计划又是年度预算计划的依据。

总体经济规划分为中期和年度的总体经济规划。这项规划包含有规划期内经济增长、价格水平、就业率和外汇收支的定量指标,中期和年度规划的区别在于后者的指标比前者划分得更细。这项规划由联邦的州经济部长制定,提交联邦政府批准。总体经济规划又同时是财政五年计划的基础。

各项政策的循环式总体规划依据某项经济改革或某一部门的发展而制订,从周期上看,它可以是短期奏效的,也可以是较长期才见效的计划。制定这些计划的依据是法律规定的国家义务,如联邦公路交通计划、全国教育计划、产业结构调整政策、研究和技术发展促进政策等等。

一次性经济计划是国家在经济过程中为达到某项政策目的而实行控制的措施,在倾向国家干预经济的时期,这种计划相对较多。短期经济计划一般为三个月至一年左右,主要是针对当时的经济形势采取的临时措施,所列指标比中期经济计划更多更仔细,而且大多带有反周期的性质。

(三)采取别具一格的财政政策和货币政策

由于市场经济体制可能引起孕育危机的宏观经济失衡,因此国家肩负着反周期的总体调节的任务。为此国家需要调整货币政策和财政政策,在持续和适度增长、稳定物价、充分就业和国际收支平衡方面发挥作用,实现宏观经济的稳定。从理论上讲德国的社会市场经济属于新自由主义范畴,但是实际上从社会市场经济建立之初,德国的宏观经济管理一直存在而且很有特色,特别是在财政政策和货币政策的运用上。

1. 德国政府的财政政策。德国的财政体制是一种分级管理体制,设联邦、州和地方三级财政。各级财政均掌握一定财力,但联邦财政居中心地位,掌握的财力在45%左右,以保证联邦财政的宏观调控能力。联邦政府通过财政对经济进行调控,主要是通过预算、财政支出和财政收入三大类财政政策工具实现的。财政支出主要包括对商品和劳务的购买、转移支付。财政收入主要是税收和公债。在德国税收政策的作用过程主要表现为国家配合财政政策目标,通过调整税种、税目、税率和税基,以及加成与减税等,影响私人投资与消费,以达到稳定经济的目的。在德国严密的法律的规定下,政府调整税收较多通过调整税率和税基,以及税收减免。当财政出现赤字时,发行公债成为德国弥补财政赤字的最主要的途径。德国公债政策通过调整公债规模、公债的期限构成和资金来源、公债利率水平和价格来实现稳定经济目标。

在德国转移支付政策中财政之间的财政纵向平衡和横向平衡是很有特色的。从纵向来看,三级财政之间的平衡是动态的,根据各级政府所要完成的任务的变化,财政收支也会相应作出调整,以适应情况的变化或有意向财政政策所要调节的目标倾斜。如联邦对州改善农业结构、改善地区经济结构给予资助;联邦和州对地方的一些建设给予资助等。横向平衡指的是州际之间和州内各地方之间的财政平衡,通过在人均财政收入从高的州向低的州捐赠,以及州内人均财政收入高的地区向低的地区的捐赠,使得全国各州以及每个州的不同地区之间的发展水平和居民生活水平能接近一致,从而调节地区之间的关系。

2. 德国政府的货币政策。社会市场经济理论认为在竞争的市场经济中货币政策是促进经济稳定的最适合、副作用最小的工具。所以德国在宏观调控政策的运用上更加重视货币政策和手段的运用。联邦政府将币值稳定作为货币政策的核心和目标,以确保市场机制的有效运转,这是由法律所规定的。不论是出现通货膨胀的时候,还是物价稳定的时期,不论是经济增长比较稳定的时候,还是经济增长相对停滞的时期,这一目标从未被放弃过。德国政府认为,在自由竞争的市场经济中,如果失去了货币购买力的稳定,则意味着丧失了市场调节机制的基础,特别是通货膨胀势必破坏价格制度和经济自由;同时,也只有在稳定通货的条件下,货币有目的投放和收缩才能影响经济的运动,货币政策也才能在防止和克服经济出现"过冷"或"过热"中起作用,以实现经济持续和均衡增长。在现实的经济增长与发展中,稳定通货的目标往往与经济增长、充分就业与国际收支平衡之间的目标相背离。在这些目标中何者优先考虑,各国有不同的选择,而德国政府则将稳定通货置于首位,这是其货币政策的独到之处。

(四)建立功能齐全的社会保障体系

德国社会市场经济体制强调社会与经济关系的协调,政府在相关领域和适当范围内对社会经济生活进行干预和调节,其中社会政策或社会经济政策是德国体制中一个不可忽视的方面。德国在社会市场经济体制下的政府对社会的干预和调节其目的非常明确,不是为调节而调节,为干预而干预,或国家有意要有所为,而是为了市场经济有效竞争制度的顺利运行而进行干预和调节的。社会政策设计的目标主要是在市场经济充分发展的基础上,为社会所有成员提供福利,并防止经济自由和社会公正之间出现矛盾和冲突,这又要以建立健全社会保障制度和社会保障体系为主要手段。德国的社会保障体系主要由社会保险和社会救济以及其他一些社会福利项目构成,其中社会保险是最主要的部分,它又可分为四大支柱:失业保险、养老保险、事故保险和医疗保险。

德国是西方国家中社会保障事业最发达的国家之一。德国的社会保障涉及社会成员基本生活的各个环节,几乎包括了生、老、病、死以及教育和疗养等每一个方面。在长期的实行过程中,政府在其中的作用主要不是通过直接干预和管理来实现的,特别是联邦这一级,主要是制订大的原则,为之创造外部条件,在社会自治原则下,推动社会各方面协调行动,由个人、企业和政府三个主体共同参与构建社会保障体系。德国的社会保障制度是通过一系列的社会立法而得以确立、发展和完善的。政府主要通过法律手段对社会保障在宏观上进行引导和管理,并在适当时进行必要的调节。德国的社会保障机构具有法律上和财务上的独立性,在内部实行自我管理。这些机构一般是自我管理、自负盈亏,政府只在必要时给予帮助,正常情况下不仅予以指导和监督,有时协调一下相关机构之间的关系或行动。

三、社会市场经济体制与德国经济的发展

（一）社会市场经济体制下的德国经济发展

二战后社会市场经济理论成为德国政府恢复和发展经济的指导原则,并形成社会市场经济体制,其主要原因除了德国公众对长期的集权统制经济不满,渴望经济自由之外,还由于社会市场经济理论提出的"公平分配"受到战后处于饥寒交迫的德国公众欢迎;提出的自由竞争观点适应了垄断资本自由贸易、向外扩张的要求。同时,二战后,东欧和亚洲一批国家相继建立社会主义制度,它吸引着资本统治和剥削下的劳动人民,垄断资产阶级迫切需要一种能与社会主义相抗衡的经济理论,社会市场经济理论正是适应了这一要求,而获得顺利的发展,成为德国政府制定经济政策的理论依据。

对社会市场经济体制在德国的建立起决定作用的是德国新自由主义学派重要代表人物艾哈德。在二战后近 20 年期间,艾哈德主持德国的经济工作,完全奉行社会市场经济理论与政策。1947 年 10 月,艾哈德任美、英占领区财政管理委员会货币与信贷特别处主任时,就负责筹备货币改革。1948 年 6 月,艾哈德以法兰克福经济委员会名义,签署了《关于货币改革后的经营管理与物价政策原则的法令》,宣布废除一百多项战后军管当局颁布的物价管理条例和管制经济的法令,取消配给制度和对物价工资的强制控制,允许居民自由地从事市场经济活动,并取消旧的帝国马克,实行新的德意志马克,这就标志着德国社会市场经济体制的确立。这种社会市场经济体制以私人企业和个人经济活动为基础,通过市场机制调节国民经济的运行,通过国家立法,建立市场竞争秩序,防止"不道德竞争",达到经济权力分配上的社会公正,实行积极

的经济政策,干预社会经济运行,以保证经济利益分配上的社会公平,实行健全的货币制度和有效的货币政策,以实现经济的稳定增长。由于社会市场经济体制适应了德国垄断资产阶级的需要,符合当时的西德广大民众的心理,因此,迅速有效地促进了战后西德经济的恢复和高速发展。

第二次世界大战结束时,德国领土丧失四分之一,居民死亡十分之一,国外财产全部损失,国内粮食奇缺,交通瘫痪,货币金融混乱,通货恶性膨胀,1946年,整个德国国民收入仅相当于战前1936年的54.4%。如按1945年8月公布的第一个工业计划和1947年8月美、英、法军管当局的第二个工业计划规定的经济发展速度,那么"每个德国人每5年才能有一只盘子;每12年有一双鞋子;每50年有一套衣服;每5个孩子中间只有一个能用上自己的尿布;每三个德国人只有一个能有机会躺在棺材里埋葬。"但从1948年到1950年,工业生产水平就恢复到战前1936年的最高水平;50年代中期,工业生产超过英国,居资本主义世界第二;60年代初期,国民生产总值超过英、法,成为资本主义世界第二经济大国。1973年世界资本主义经济危机后,德国经济处于低速增长阶段,1984年比1973年仅增长20.7%。1992年以后,经济才明显回升。

面对经济全球化的加速发展,德国社会市场经济正面临着严峻挑战。高福利制度对经济发展和竞争力的局限性日渐显露。20世纪90年代以来,德国政府也在探讨和实践着对社会市场经济体制的变革。1998年艾伯特基金会未来委员会集体撰写的《三个目标,一条道路》的新书中指出,"三个目标,一条道路"即在"有活力的经济、协调的社会和生态的持久性三个目标"平衡的基础上寻求一种"新的德国模式",以此作为未来10年德国改革的基本战略。德国总理施罗德也提出走"中间道路"的政策,即在实现经济现代化的同时,保持社会公正。但他同时指出,公正并非指社会财富分配上的平等,而是要力争创造财富的机会平等。从历史发展的眼光看,德国社会市场经济体制符合德国国情,受到德国公众的认可,21世纪它仍将具有活跃的生命力。

（二）德国经济发展中存在的问题

但是在德国经济发展中也存在着这样或那样的问题,这些问题的存在从特定的角度反映了国家干预的局限性。

1. 严重的失业问题。德国的失业率1997年为11.5%,各类失业人数逼近500万,远远超过美国和日本。严重的失业问题给德国经济发展蒙上了阴影。造成失业的原因是多方面的,但最重要的是德国劳动成本过高而造成的投资不振。高工资费用、高税负和高社会保障费用,降低了德国对国内外资金的投资吸引力。德国失业问题的产生,从一个侧面反映了国家在财政、工资和社会政策等方面存在的问题。

2. 社会保障对社会、经济发展带来负面影响。德国社会保障制度的负面效应表现在一是对经济持续发展的动力具有较大的抑制作用,二是对社会继续进步具有较大的抑制作用。过大的社会保障支出加重了政府的财政负担,削弱了政府通过财政支出刺激生产发展的能力,并且过高的税率使企业成本上升,而这又减低了德国企业在国际上的竞争力。过高的保障水平一定程度上降低了人们的生产积极性和事业进取心。

3. 产业结构调整缓慢。德国的企业和政府不太重视开辟高科技发展领域,而把注意力更多地放在保持和发挥传统工业的优势上,80年代以来德国科研主攻方向选择有失偏颇,过分重视传统强项汽车、化工等次高技术,而相对忽视了信息技术等最新技术领域的开发研究,造成了德国目前仍是汽车、化工、机械制造和电子等已受新兴国家挑战的"四大金刚"唱主角,而对煤、炼钢等传统工业的过度保护则延缓了其产业结构调整和转换的进程,经济缺乏新的增长点。政府长期、大量地补助那些夕阳产业,给财政造成很大的压力,这不仅没有促进而且在某种程度上延缓了产业结构的调整,使产业体系缺乏竞争力。高科技和产业结构调整的缓慢,使德国在国际上的竞争力下降了。

五、德国社会市场经济模式中政府行为的启示

(一)建立市场经济体制,并不能因此放弃或削弱国家政府对经济的管理职能

德国从二战后的统制经济向社会市场经济体制的过渡中,关注的不是削弱国家对经济的管理职能,而是怎样实施国家对经济的管理,他们甚至认为,对经济的秩序管理需要一个强大的国家。尽管艾哈德在实行社会市场经济之初反对国家干预经济过程,但是在实践中,国家从未停止过干预经济过程,甚至连艾哈德本人也改变了他的看法。德国的经济奇迹是多种因素促成的,但如果没有国家有效地发挥其经济管理职能,很难想像会发生德国的经济奇迹。

我国目前正处于由高度集中的计划经济向市场经济转变的过程中,德国的经验告诉我们,放弃和削弱国家经济管理职能都是不可取的,我们应该重视在经济转型过程中如何更有效地发挥国家的经济管理职能。

(二)建立和维护经济秩序、调节经济运行过程与修正经济运行结果缺一不可

从德国的国家干预实践来看,政府在建立和维护经济秩序、调节经济运行过程与修正经济运行结果的工作缺一不可。首先,国家要通过制订和实践有关的法律,营造经济运行的秩序环境,保障市场经济的正常运行;其次,国家要运用财政政策、货币政策等调控经济运行过程,熨平经济波动;再次,国家要通过对经济收入再分配和建立社会保障体系,来修正市场竞争中产生的不公正的结果。

当前,我国在经济运行上出现的经济秩序混乱、各种不正当竞争行为屡屡发生,这反映出我国在营造经济秩序上不是国家干预过度,而是严重不足,因此国家要加快立法速度和严格监督法律的实施和执行。我国目前个人收入分配呈现扩大趋势,且社会保障制度刚刚起步,德国的实践经验启示我们,我们对收入分配调控还有待加强,作为社会主义国家,实现社会公正仍然是国家的重要任务,国家需加强在社会保障领域的干预。

(三)货币政策和财政政策应有效配合,而不是放弃它们的独立性

德国的财政政策和货币政策都具有较强的独立性,它们的独立性得到体制的保证,政府联邦银行制定和实施货币政策的独立性受到法律的保护,财政政策和货币政策各有其明确的政策目标,有各自明确的任务和职责。德国的财政和货币政策是在保持各自独立性的基础上实现的配合,这样就在一定程度上避免了政策的滥用。

从实践上看,我国货币政策目标缺乏一贯性,其目标基本服从于政府宏观经济调控的需要。从长远看,这会给我国政府调控经济带来一定的不利影响,我们应当借鉴德国的经验,在逐步加强货币政策独立性的基础上,实现财政政

策和货币政策的有机配合。

（四）社会保障制度的建立和发展要与经济发展水平相适应

德国的社会保障制度的经验告诉我们，社会保障的发展要和一个社会的经济发展水平相适应，否则就会给社会经济发展带来压力。根据我国国情，我国目前社会保障制度的发展，应尽快改革养老保险制度，建立和完善待业保险制度，改革现有医疗保险制度，逐步建立和完善其他保险制度。吸取德国的教训，我们要注意在为人民提供基本生活保障的同时，要努力刺激人们的工作积极性，同时应在社会保障中合理确定公民负担的部分，明确个人在社会保障中承担的义务，国家要采取有效措施提高社会保障资金的利用效率，把资金集中用于真正需要救助的人。

（五）必须把发展科技置于经济发展战略的核心地位

当今世界，科学技术是第一生产力。德国科技相对于美、日科技落后在一定程度上影响到经济发展水平的教训告诉我们，在知识经济的世界潮流中，我们制定和实施新世纪的经济发展战略来促进经济的可持续发展，就必须把发展科学技术置于总战略的核心地位。我国提出的"科技兴国"正是这种战略思想的体现。

第三节 日本的"政府主导型"市场经济与政府经济行为

一、日本的"政府主导型"市场经济模式

日本所实行的是一种以自由市场制度为基础，充分发挥政府作用的"政府主导型"市场经济体制。这种市场经济模式的基本特征是以私人企业制度为基础，资源按市场经济原则进行配置，政府以强有力的计划和产业政策对资源配置实行导向，以达到某种短期和长期的增长目标。政府对经济的干预远远

高于欧美国家,仅中央各省厅拥有的许可认可权就多达1万多项,此外还有无法可循的"行政指导"和"窗口指导"。直至20世纪90年代,GDP的40%仍处于政府控制之下,而美国只有6%。也正是在这个意义上,日本可称为"政府主导型"的市场经济国家。

1. 在政府和市场的关系上,既充分发挥市场机制的基础性作用,又保证政府对资源配置的导向作用。一方面,日本的市场经济以私人企业制度为基础,市场机制对资源配置起基础性的作用,日本的所有制结构中,国有经济的比重很低,国有企业占企业总数的10%,多是为国民生活提供服务的基础性部门。80年代日本国有企业的主体——电信电话公司、烟草专卖公司和国有铁道公司的民营化壮大了日本私人企业的力量。同时,日本政府预算在国民生产总值中的比重也是偏低的,远低于发达国家的平均水平。这表明日本政府尽量避免通过直接聚敛财力干预经济运行,而让市场机制在决定收入分配和资源配置中有更大的作用余地,另一方面,政府通过经济计划和产业政策对资源配置实行导向,以达到相应的增长目标。日本的经济计划虽不具指令性,但它通过发布信息引导民间企业,并配合相关经济政策指导企业行为,使经济信息引导与经济政策刺激结合,对企业发挥作用。日本的产业政策通过信息引导、政策刺激、法律保证甚至"行政指导",对企业进入、重点产业的发展和产业结构升级进行强有力的指导。可见,"政府主导型"市场经济模式在充分发挥市场机制的基础性作用方面,与欧美国家完全相同,但是在政府对资源配置的导向作用上,却与其他国家有着明显的区别。

2. 在政府与企业的关系上,采取"官民协调"的方式,保证政府经济政策的实施。所谓"官民协调",就是政府对民间企业的指导和民间企业对政府指导的反映趋于统一。这种政府和企业的关系,既不同于美国的"裁判员"与"运动员"的关系,也不同于中国、前苏联传统体制下的"父亲"与"儿子"的关系,而是"朋友"关系、"伙伴"关系。在日本之所以能形成"官民协调"的政企关系,除了其特定的文化背景之外,关键在于它有一整套严密有效的组织关系。从政府机构到半官方的经济审议会,再到民间的行业团体和企业间内部的横向联系,形成了一个官民相互联系、互通信息、协调利益的稳固渠道,既有利于使政府制定的政策符合实际经济发展需要,又有利于经济政策得到民间企业的响应和自觉执行。这种政企关系加强了宏观与微观目标的一致性,为政府主导作用的发挥创造了条件。

二、日本政府经济管理的内容

日本与欧美资本主义国家一样,实行的是市场经济体制,但是日本资本主义经济是在政府的大力倡导和扶植下发展起来的,从一定意义上,与其说日本政府要对经济进行干预,还不如说民间企业离不开或乐于政府的指导和扶助。同时,日本的市场结构也与欧美国家有很大的不同,例如,战后相当长时间里证券市场欠发达,民间资本积累有限;企业集团内相互投股、企业与银行关系密切、系列化的生产体制和终身雇佣制的存在等等。这些均成为政府对经济进行干预的切入点。

面对不断发生的周期性危机或衰退,如何加强和完善对经济的宏观调控,成为日本政府尤其是战后历届政府的主要职能。日本政府对经济的干预主要有以下几方面。

(一) 制定经济计划和提供情报信息

日本政府以计划手段规范市场的运作,经济计划大致可以分为三种:年度计划,也称之为"政府的经济预测",正式名称是"经济预测与经济运营的基本态度"。它是政府制定财政预算的依据,具有重要意义;中期计划,一般为5年至7年,个别为10年,从1955年开始正式实施指导性经济计划,即鸠山内阁制定的第一个"经济自立五年计划",至今已制定和实施了13个中期计划,以上两种计划均由总理府经济企划厅负责制定;长期计划,通产省制定的"产业结构长期展望"和总理府国土厅制定的"全国综合开发计划"均属此类。这些经济计划的作用体现在三个方面:第一,通过计划的制定来约束政府各部门的经济行为;第二,经济计划的提出为民间企业的行动提供指导和鼓励,一定程度上减少了经济活动的盲目性;第三,计划的制定过程广泛吸收了各方的意见,使各方面的信息得以顺畅沟通,各方面的利益得到一定协调,从而缓和了社会矛盾。

日本政府的另一职能,即运用现代化技术,对市场信息进行搜集和研究。一方面,可以为政府决策提供依据,另一方面也是最主要的,为民间企业提供服务。《经济白皮书》、《年度经济报告》等就是政府定期发表的有权威性的经济文件。与此同时,政府各部门的统计数据也在出版物上定期发表。以《经济统计年鉴》为例,上面发表的资料是由经济企划厅等 37 个政府部门和日本银行等 18 个与政府有关的机构提供的,包括日本工矿业生产指数、定货额、物价、财政和国民收入等 780 个数据。此外,民间企业集团和经济团体等也设有搜集和研究市场行情的专门机构。信息传递的便捷和迅速,克服了盲目投资和生产。

(二)以产业政策进行平衡协调

20 世纪 50 年代以来,日本政府为了实现经济振兴和经济赶超,实现经济结构调整和结构转换,实施了独具特色的产业政策。产业政策和一般的短期政策不同,它总是与经济振兴、经济赶超以及保持领先地位等经济发展战略相联系,总是表现出事先、长期、优化、整体协调与系统性等特征,因而产业政策的发展始终伴随着人们对社会经济发展过程认识的深化,在一定程度上反映着人们在社会经济活动中对规律的自觉运用。同时产业政策和经济计划又有着不同,任何产业政策的实施,不论是否带有强制性,都是通过微观利益主体,根据利害关系自我选择而得以实现的。政府不是代替微观利益主体进行决策,而是通过产业政策影响他们的决策依据。

政府根据不同时期的经济发展目标,通过财政、金融、技术和能源等方面的一系列政策刺激和扶助一些具有战略意义的工业部门,使它们尽快得到发展,与此同时抑制另一些处于衰退状态的工业部门的增长或使它们平稳地退出市场竞争,有步骤地使资本和劳动力从长期不景气的部门和地区向更有前途的部门转移。从 20 世纪 50 年代中期到 70 年代初期,日本政府通过产业政策重点扶助了能带动经济全面发展的以钢铁、石油化工、造船和汽车为主要内容的重化工业部门。在此期间,作为日本传统工业部门的纺织、制丝和采煤等部门,已不受政府的重点扶助。从 70 年代到 80 年代初,日本政府重点扶助了微电子、光学机械和新材料等产业部门。由于受到石油危机冲击和贸易摩擦的影响,对资源能源高消耗的钢铁、炼铝和化工等工业部门进行了压缩和调整。90 年代初泡沫经济崩溃以来,日本已经进入了由制造业向技术化、服务化、信息化的第三产业转移的阶段,日本政府力图从产业结构的调整来战胜日本由于泡沫经济崩溃所带来的经济萧条和衰退,一方面,靠高科技产业来实现出口产品的高附加值化,另一方面,又十分重视提高传统产业的高科技含量,努力推动整个产业结构的不断进化,走"科技创新立国之路",以迎接信息化、国际化时代的到来。二战后日本经济史表明,在每个时期都有这样一批工业部门,它们较少受到周期的影响,即使在周期的危机或衰退阶段,它们的生产下降幅度也较小甚至还有所上升。与那些表现为结构性生产过剩的衰退的工业部门相比,这些工业部门显得十分活跃,而它们恰恰就是日本政府在不同时期所重点扶植的新兴工业部门。日本政府正是通过产业政策的实施,在一定时期内刺激某一部门的发展,抑制和调整另一些部门,使得在经济发展过程中的结构性失调得到一定程度的控制,实现了其在经济发展中的赶超战略,并保持其经济领先与优势地位。

(三)对企业进行行政指导(又称窗口指导)

所谓行政指导就是日本政府为实现宏观经济目标,通过协商的办法对民间企业进行的说服、劝导、警告和建议等。行政指导既非行政命令,也不一定有法律依据,只是一种规劝和指向,但是对企业却有着较强的约束力,这是因为它是由拥有下述权力的主管经济工作的省厅官员进行的,诸如贷款、拨款、减负税、政府订货和外汇许可证等。

政府的行政指导常与经济手段相辅相成,如果民间企业服从政府的行政指导,按照政府的意图行事,有时可获得补助金、长期低息贷款或者减税等经济上的好处。反之则会受到政府的经济制裁,即听招呼的有优惠,不理会指导的会在经济上受到限制或制裁。例如,1965年的经济危机时期,为了缓和钢铁生产过剩的矛盾,日本的通产省要求钢铁企业实行紧缩政策,住友公司反对通产省的方案,拒不服从指导。于是,通产省的事务次官表示,如果住友公司不改变态度,政府将减少它的原料煤的进口配额。后来,住友公司不得不改变对抗的立场,表示服从政府的指导。因此,这种行政指导也被称为"糖块加皮鞭"的政策手段。

日本政府的行政指导在政府的金融活动中也表现得比较突出。日本银行(日本的中央银行)在短期金融政策的操作中,利用"窗口指导",在紧缩期直接限制各银行的贷款额度就是例证。

日本政府为实现对经济的有效干预,制定了政府中长期计划、产业政策和大量法规,但其普适性和有效性是相对的,都具有一定的片面性和滞后性。因为经济形势千变万化,而且变化很快,如果事事要等立法解决,恐怕会延误许多时机,而行政指导具有灵活机动、收效较快的特点,代表政府意志的官员可以凭自己的学识、经验及掌握的信息,结合实际情况相机进行指导,这样可弥补法律手段之不足,更有利于全面实现政府计划、政策所要达到的目标。

经济立法、财政政策和货币政策的操作及配合,同样是日本政府干预经济的重要行为,但就其基本内容而言,这些政府经济行为与其他发达国家没有特殊的区别,故不专门论述。

三、日本政府主导型市场经济中政府行为的启示

日本的"政府主导型"市场经济体制模式是后起国家赶超发达国家所采取的一种典型的体制模式。它使日本在二战后的废墟上建立了一个高度现代化的资本主义强国,从而为国家在选择体制模式时提供了榜样。而近年来,日本经济又困难重重,难以摆脱低迷状态,尤其是在亚洲金融危机中显得脆弱不堪,这又引起了人们对其经济体制和政府行为的重新思考。

(一)任何一种经济体制都应适时进行调整和改革

政府主导型的市场经济体制并不是指政府可以随意超越市场的需要,超越经济发展的阶段而主导资源配置。相反,政府的主导作用只有在适应市场发展前景、遵循经济规律要求的前提下,才能起到促进经济发展、推动国民福利水平提高的作用。

任何一种经济体制模式都有它生成条件和适用环境,"政府主导型"模式在战后特定的政治、经济环境下生成,又在日本经济高速增长中不断发展,其积极作用是有目共睹的,但进入20世纪90年代以来,日本在泡沫经济破灭后,陷入难以自拔的困境,金融市场危机四伏,这主要是由于在信息化和管理不断创新的新形势下,政府行为没有及时进行调整和改革造成的。首先在市场发达、市场机制已能发挥正常作用的情况下,政府对经济活动仍限制过多。据日本政府总务厅的一项调查表明,1993年,日本民间企业的生产经营活动须政府审批认可的事项达11 402项,这在很大程度上限制了企业的活力。其次,日本政府对金融、汽车、建筑、零售等许多产业的过度保护,影响了这些产业竞争力和效率的提高。特别是在金融业表现得尤为突出,由于过度保护又缺乏严格的监控,日本的金融机构丑闻迭出,金融业陷入危机。

日本的经验告诉我们,政府在经济中的作用不是全面参与,而应引导经济

第九章　西方发达国家政府经济行为的实践

的发展。政府对经济的干预在总体上应是对市场机制作用的补充。在市场机制不发达、市场机制不能正常发挥作用的时候,政府部分地替代市场,弥补市场内在缺陷,从而对资源配置发挥较强的导向作用。当市场机制已经能够正常发挥作用时,政府对经济活动的干预则应减弱。

（二）实施产业政策要选准战略产业,遵循市场规律

日本政府根据不同时期的要求,提出产业结构调整的总体设想,选择相应的战略产业,采取财政、金融政策加以重点扶植,有力地促进了日本产业结构的升级,从而为日本经济持续增长提供了契机。进入20世纪90年代以来,日本选定信息产业为其战略产业,但是并没有获得快速发展,这与日本在与信息时代相适应的主导产业方面的空白有着密切的关系。当前我国也面临着产业结构调整时期,只有正确选择战略产业,不断促进产业结构的升级,才能使我国的经济保持稳定的增长。

市场经济条件下的产业政策必须要以市场机制为基础,产业政策无论是采取经济手段、法律手段还是行政手段,都必须遵循市场规律,尊重企业自主权。如限制进口的各种保护措施,虽然对幼稚产业有利,但长期执行会保护落后,使企业丧失竞争活力。日本通产省提出的汽车工业"集团化设想"的行政指导遭到失败,就是违背了汽车工业发展的市场机制原理和否定了企业的自主权的结果。我国政府在制定和实施产业政策时,也必须把产业政策和市场机制更好地结合起来,更多地采用经济手段落实产业政策。

（三）政府和企业之间协调的方式与手段要不断更新

"官民协调"是日本政府处理政府和企业之间关系的有效体制,是政府顺利实现宏观调控的关键。没有官民协调,政府的宏观调控,特别是中长期的倾斜式的产业政策是难以奏效的。日本的"官民协调"体制在政府和民间企业之间架起了一座桥梁,使这两个主体能经常地交流信息,协调利益关系,从而使政府的宏观决策和企业的微观决策之间减少冲突,增加和谐。"官民协调"体制构筑了日本宏观管理模式的特色,为指导日本经济的发展作出了一定贡献。但是也应该看到,"官民协调"体制从决策效率的角度来看,是一种慢节奏的决策,这种自上而下、自下而上的协商决策需要耗费较长的时间和较大的成本。

随着信息时代的到来,市场形势的变化更为迅速,这种决策方式将与快节奏的经济生活发生冲突。因此,"官民协调"的方式和手段都需要随着时代的变化而不断更新。

(四)实行市场经济不能放弃经济计划的手段

我国目前正处于经济体制改革时期,改革的目标是建立社会主义市场经济体制。市场和计划都是经济手段,在建立和健全社会主义市场经济体制时,我们不能完全放弃计划手段,只是计划的形式和功能要发生根本的变化。日本经济计划的指示性、协商性、预测性对我国计划形式的改革是富有启示的,也为我国指导性计划的制定和实施提供了具体的参考。当前我国的计划管理已经由指令性计划为主转向以指导性计划为主,由年度计划为主转向中长期计划为主,计划对我国经济的发展提供预测、指导、协调功能是其他管理手段所不能代替的。

复习思考题

1. 美国自由市场经济体制有哪些内容?美国政府对市场经济的干预有哪些内容?
2. 在美国历史的不同时期,政府对经济干预的措施各有什么特点?
3. 什么是社会市场经济?在社会市场经济条件下,德国政府的经济管理包括哪些内容?
4. 社会市场经济模式在德国经济发展中有何利弊?
5. 什么是政府主导型的市场经济体制?在这种市场经济模式下,日本政府是如何对经济实行干预的?
6. 我们可以从世界发达国家政府经济行为的实践中得到什么启示和借鉴?

参考书目

1. 伍柏麟 《社会主义市场经济学教程》 1993年 复旦大学出版社
2. 陆丁 《看得见的手》 1993年 上海人民出版社
3. 〔美〕沃尔夫 《市场或政府》 1994年 中国发展出版社
4. 周开年 《政府与企业：角色如何安排》 1994年 湖北人民出版社
5. 高帆 《行政权力与市场经济》 1995年 中国法制出版社
6. 朱光华 《政府经济职能和体制改革》 1995年 天津人民出版社
7. 〔美〕奥斯本·盖布勒 《改革政府》 1996年 上海译文出版社
8. 徐仲华等 《如何领导市场经济》 1997年 人民出版社
9. 王绍光 《分权的底限》 1997年 中国计划出版社
10. 〔美〕斯蒂格利茨 《经济学》 1997年 中国人民大学出版社
11. 黄少军等 《政府经济学》 1998年 中国经济出版社
12. 周绍朋等 《中国政府经济学导论》 1998年 经济科学出版社
13. 吴易风等 《政府干预和市场经济》 1998年 商务印书馆
14. 刘瑞 《政府经济管理行为分析》 1998年 新华出版社
15. 〔美〕斯蒂格利茨 《政府为什么干预经济》 1998年 中国物资出版社
16. 吴俊培等 《公共部门经济学》 1998年 中国统计出版社
17. 华民 《转型经济中的政府》 1998年 山西大学出版社
18. 〔美〕保罗·萨缪尔森 威廉·诺德豪斯 《经济学》 1999年 华夏出版社
19. 〔美〕曼昆 《经济学原理》 1999年 生活·读书·新知三联书店 北京大学出版社
20. 郭小聪 《政府经济职能与宏观管理》 1999年 中山大学出版社
21. 杨祖功等 《国家与市场》 1999年 社会科学文献出版社
22. 胡鞍钢等 《政府与市场》 2000年 中国计划出版社
23. 陈东琪 《新政府干预论》 2000年 首都经济贸易大学出版社

24. 桑玉成等 《政府角色》 2000年 上海社会科学院出版社
25. 李小宁 《政府经济学》 2000年 团结出版社
26. 樊勇明 《公共经济学》 2001年 复旦大学出版社

图书在版编目(CIP)数据

政府经济学/孙荣,许洁编著. —上海:复旦大学出版社,2001.12 (2020.12 重印)
大学行政管理学通用教材
ISBN 978-7-309-03032-7

Ⅰ.政⋯ Ⅱ.①孙⋯②许⋯ Ⅲ.政府经济学-高等学校-教材 Ⅳ.F20

中国版本图书馆 CIP 数据核字(2001)第 079107 号

政府经济学
孙 荣 许 洁 编著
责任编辑/邬红伟

复旦大学出版社有限公司出版发行
上海市国权路 579 号 邮编:200433
网址:fupnet@fudanpress.com http://www.fudanpress.com
门市零售:86-21-65102580 团体订购:86-21-65104505
外埠邮购:86-21-65642846 出版部电话:86-21-65642845
大丰市科星印刷有限责任公司

开本 787×960 1/16 印张 14.25 字数 264 千
2020 年 12 月第 1 版第 15 次印刷
印数 64 901—66 000

ISBN 978-7-309-03032-7/D·189
定价:29.00 元

如有印装质量问题,请向复旦大学出版社有限公司出版部调换。
版权所有 侵权必究

复旦大学出版社出版

复旦博学·MPA 系列

1. 当代中国公共政策(第二版)   刘伯龙、竺乾威主编
   定价：31.00 元

2. 公共行政学(第三版)   竺乾威主编
   定价：34.00 元

3. 公共行政学经典文选(英文版)   竺乾威、〔美〕马国泉编
   定价：48.00 元

4. 行政法学(第二版)   张世信、周帆主编
   定价：33.00 元

5. 公共经济学(第二版)   樊勇明、杜莉编著
   定价：35.00 元

6. 领导学原理——科学与艺术(第三版)   刘建军编著
   定价：40.00 元

7. 政治学(第二版)   孙关宏、胡雨春主编
   定价：30.00 元

8. 组织行为学   竺乾威、邱柏生、顾丽梅主编
   定价：33.00 元

9. 定量分析方法   张霭珠、陈力君编著
   定价：29.00 元

10. 公共经济学导引与案例   樊勇明编著
    定价：27.00 元

11. 公共政策分析   张国庆主编
    定价：35.00 元

12. 土地资源管理学   刘卫东、彭俊编著
    定价：30.00 元

13. 比较公务员制度 周敏凯著
定价:28.00元

14. 行政伦理:美国的理论与实践 〔美〕马国泉著
定价:34.00元

15. 公共管理学 庄序莹主编
定价:35.00元

16. 公共行政理论 竺乾威主编
定价:45.00元

17. 公共部门人力资源管理 吴志华、刘晓苏主编
定价:39.00元

18. 政府绩效评估与管理 范柏乃著
定价:35.00元

复旦博学·政治学系列

1. 当代中国政治制度 浦兴祖主编
定价:19.00元

2. 政治学概论(第二版) 孙关宏、胡雨春、任军锋主编
定价:32.00元

3. 新政治学概要(第二版) 王邦佐、王沪宁等主编
定价:30.00元

4. 政治营销学导论 赵可金、孙鸿著
定价:32.00元

5. 选举政治学 何俊志编著
定价:27.00元

6. 西方政治学说史 浦兴祖、洪涛主编
定价:20.00元

复旦博学·国际政治与国际关系系列

1. 当代西方国际关系理论 倪世雄等著
定价:48.00元

2. 近现代国际关系史 唐贤兴主编
定价:40.00元

3. 当代中国外交(第二版) 颜声毅著
定价:38.00元

4. 国际政治学新论 周敏凯著
定价:25.00元

5. 全球化时代的国际关系(第二版) 俞正樑著
定价:30.00元

6. 中国国际关系理论研究 赵可金、倪世雄著
定价:39.00元

7. 国际关系与全球政治——21世纪国际关系学导论 俞正樑著
定价:30.00元

8. 中国先秦国家间政治思想选读 阎学通、徐进编
定价:30.00元

9. 国际关系:理论、历史与现实 邢悦、詹奕嘉著
定价:47.00元

其 他 教 材

1. 行政学原理 孙荣、徐红编著
定价:28.00元

2. 政府经济学 孙荣、许洁编著
定价:24.00元

3. 秘书写作 杨元华、孟金蓉等编著
定价:36.00元

4. 社会心理学 孙时进编著
定价:29.00元

5. 办公室管理 孙荣主编
定价:20.00元